Jean-Pierre Baud

L'affaire de la main volée

Une histoire juridique du corps

ジャン゠ピエール・ボー

野上博義 訳

盗まれた手の事件

肉体の法制史

りぶらりあ選書／法政大学出版局

Jean-Pierre BAUD
L'affaire de la main volée.
Une histoire juridique du corps

This book is published in Japan
by arrangement with SEUIL
through le Bureau des Copyrights Français, Tokyo

盗まれた手の事件――肉体の法制史◎目　次

盗まれた手の事件

——肉体の法制史

凡例

一、本書は、Jean-Pierre Baud, *L'affaire de la main volée. Une histoire juridique du corps*, Paris, Éditions du Seuil, 1993 の全訳である。

一、原著中で《 》の箇所は、原則としてカギ括弧「 」でくくった。ただし、本文に頻出する「人」と「物」のカギ括弧は、訳者が独自の判断によって付加したものである。

一、原著中でイタリック体の箇所は、原則として傍点を付した。

一、原著中で引用されている文献などについては、気がついた範囲で邦訳を併記した。また、訳出にあたっては適宜邦訳を参照したが、訳文は必ずしもそれに拠らない。

一、原著の註記は脚注方式をとっているが、本書では（1）というように注番号にパーレンを付して表記し、巻末にまとめて掲載した。

一、本書中でアスタリスク（＊）を付けた番号は訳註を表わす。また、訳註は全章をまたいで通し番号とし、巻末にまとめて掲載した。

一、本書中でキッコウ括弧〔 〕でくくった箇所は、訳者による補足である。

一、事項および人名索引については、原著を参照しながら、訳者のほうで一部整理しなおした。

1　判決 - フィクション

手が切断されるなどということは、想像するだけで誰もが恐ろしくなる。

しかし、私たちは家庭生活の安らぎのなかに、手足を切断したり、火傷を負わせたり、中毒を起こしたり、息をつまらせたり、さらには即座に死をまねくようなものをつぎつぎともちこんできた。日曜大工と家庭園芸によって、労働災害が日常的な市民生活の一部になってしまっている。その結果、手の切断は家庭内事故の統計のなかで大きな位置を占めるようになった。

それにしても、切断された手は私たちを大いに困惑させる。なぜなら、この不幸な物体の存在を直視することがきわめて難しいからである。これはいったい何なのだろう。気味の悪い小さな死体なのだろうか。まだ生きているのだろうか。こんな忌まわしい突飛なことなど、誰も考えたくはないだろう。

ましてや、切断された手を盗もうとする人物を登場させるとなると、なおさらのこと。

＊

かりに日曜大工での事故を考えてみよう。うなるチェーン・ソー、思わぬミス、そして鋸屑のなかの手、おびただしい血。

気を失った直後、この男はたしかに事故の被害者ではある。しかし、まだ手を切断された者とはいえない。少なくとも通常の受けとめ方で切断といえば、もうもとには戻らないという意味が込められているが、体から切り離されてはいても、彼の手はまだ生きている。外科医学と技術の進歩のおかげで、もとのようにつながるという希望を抱くことができ、被害者が実際に切断された者になるのは、誰がみてもこの手術が不可能である場合とか、あるいは手術が最終的に失敗に終わったときに、はじめてそうなるのである。(1)

しかし、いま私たちが考えている状況では、事故にあった男は実際に手を切断された者になるだろう。私たちの仮定には、恐ろしい復讐を狙いつづけ、犠牲者の失神をいいことに血にまみれた手を奪いとり、集中暖房のボイラーのなかにそれを投げ捨てることをいとわない敵の存在が含まれている。

つまり、仮の話として考えているのは、手を盗んだのだから窃盗犯の行為、すなわち刑法典の用語に従えば「財産に対する犯罪」でありながら、結果として切断となり、「人に対する犯罪」に分類することもできる行為である。

それでは、このような不法行為にはどのように対処すればよいのだろうか。

第一の解決——切断について有罪

これは明らかに被害者の視点である。彼にしてみれば、加害者の意図は自分の敵に障害をあたえることであり、その目的が、いまだ体につながっている手を砕くことによって達成されようと、たまたまそれが切り離された後に焼却されたことによって達成されようと、同じことである。被害者の目からみれば、フランス刑法典[*1]三一〇条によって五年から一〇年の懲役刑が科せられる、「切断を生じさせた犯罪」にあたる。

ところで、三一〇条は「人に対する重罪と軽罪」に関する章に入っている。つまり殴打と傷害に対する処罰は、たしかに肉体を保護してはいるが、殺人が人に対する犯罪であるのと同様に、法的に対象となっているのは肉体ではなく「人」なのである。では、「人」とはいったい何なのだろうか、まずこのことを考えてみたい。

私たちは、法的な世界を「人」と「物」に分けるというやり方をローマ法から受け継いだ。ローマの法律家とその後継者にあって、この二分法がどのような意味をもったかについては後にみることになるが、とりあえず、「人」とは、個々の人間——肉体と魂をもつ存在——を法という舞台に登場させ、法のなかの存在にするために考えだされた学理上の観念であることはいっておきたい。法体系によって、「人」はまた「権利主体」（すなわち、権利を享受することのできる主体）とも呼ばれるが、この主体とは、現実に存在する人間の場合もあれば、肉体をもたない存在の場合もある。すなわち「法人」という形態をとり、人間の集まり（会社、組合など）とか、さらには一塊りの財産（財団）が「権利主体」となる形もある。「人」のなかで、現実に存在する個々の人間を法的に表現するためには「自然人」という観念が用いられるが、実はこれもまた、「法人」とまったく同様に肉体をもたない。人間の存在は肉体によって認識され、特定されるものだが、「自然人」はそれに代わるためのものであり、その結果として、肉体が消し去られている。そして、殺人、殴打、傷害に対する刑罰は、間接的にのみ、すなわち「人」にあたえられる保護の反映として肉体を守っているにすぎない。このことは手の窃盗という仮の事件によって、とりわけはっきりとみえてくる。

この事件で、自分の状態を自らの不手際ではなく、敵の残忍さのせいにしたいという被害者の感情は容易に理解できる。しかし、手を盗んだことが実際には手を切断したことになるということを、どのように認めさせるのだろうか。全体としても、あるいはその部分についても、肉体と「人」を分けて考えるとすれば、肉体はひとつの「物」として認識されることになる。ローマ法に由来する法体系では、「人」のカテゴリーと「物」のカテゴリーの間の中間的なものは何もないからである。ましてや、切断された手はどうみてもひとつの「物」である。やがて腐敗し、有害物になるひとつの「物」である。「物」であれば、それは所有権の対象になる。所有権があるとなれば、放棄するか（たとえば埋めることによって）、譲渡するか（たとえば医療施設に提供することによって）、あるいは手術でつないでもらうか、どれでも自由に決めることができる。つながらないことが明らかになったとしても、手を失った者には、別のもの、彼のまったくみたこともないものをその代わりにすること、すなわち新しい所有物を求める道はまだ残っている。今日は義手であっても、おそらくいつの日か、かつては他の人のものであった手を。

法理論的には、切断された手を盗んだことが単なる窃盗ではなく、肉体の侵害であると認めさせたいのなら、体から切り離されたとしても手の法的地位が変わっていないことを論証しなければならない。これが論証されれば、つながっていようと切れていようと手は人間の一部であるがゆえに、切断された手の窃盗は切断と同じことになる。つまり、いまみてきたように、切られたものが「物」であれば、もともとの肉体すべても「物」でなければならない。要するに、肉体の全体を「人」とか「権利主体」と呼ばれる法的抽象体の所有物として考えることなのである。そもそも「物質的 corporel」という形容詞は肉体的という意味でもあり、その形容詞に完全に値する「物」は肉体しかない。たしかに、肉体は侵害に対して手厚く保護され、また使用や処置の方法がきわめて厳密に定められている。しかし、それは肉体が「物」であることと矛盾するものではない。何よりも貴重な「物」であるがゆえに、そうなっているにすぎない。

この捉え方は、侵害に対して肉体を刑事的に保護する理由を、所有の保護という一般的な枠組みのなかで考えるものである。しかし、この考え方はフランス刑法典の起草者たちにはまったく無縁のものであった。肯定することもなければ否定することもないという意味で、無縁であった。「人」という抽象的観念が肉体の現実を隠したがために、彼らは肉体をみることなしに肉体を保護した。刑法典が制定された一八一〇年、肉体と「人」を区別することに何の意味も考えられなかった。どんなものであれ、体から離れたものは腐敗物にすぎず、その処理、あるいは埋葬が問題になるだけで、それとは別の法的な問題が出てくるなどとは考えもしなかった。

自分の肉体に対する所有権を個人に認めることが、肉体的侵害に対するもっとも有効な保護であると考えられるようになるのは、肉体の一部が切り離されたとしてもふたたび接合されることが可能になり、接合される機会を奪われた手という事件がもはや科学的フィクションの世界ではなく、ただ判例的フィクションの世界の出来事にすぎなくなって以降のことである。

第二の解決——窃盗について有罪

この立場は、体から離れた手を何の問題もなく「物」のカテゴリーに入れ、普通の「物」と同じように考えている。たしかに、切断された手は壊疽や腐敗によって、すぐに埋めるか焼くかして処分しなければならない有害物になるにすぎない。そして、いつの日か骨だけが残る。切断された手をみようと思えば、法医学博物館の陳列ケース、あるいは外科教室に行かなければならない。このとき、これが「物」であることに誰も疑問を抱いたりしないし、商品であるといわれても納得するだろう。しかし形状は変わっても、体から切り離された後に、地位の変更をもたらす何かがこの手に起こったということはまったくない。したがって、体の一部である手を「物」とみなしたりはしない人でさえ、切断された後は「物」であると当然のように考えるとすれば、その変化の原因は切断という事実に求められなければならない。

しかし生理学的にみれば、切断された手は本質的に異なった二つの局面をたどっている。つまり、生から死へと進んでいる。そして、体から切り離された手は、接合が不可能になった瞬間に死を迎える。ただし法的地位としては、この生理学的な死の瞬間によってもなんら変わることはない。したがって、切断のとき、すなわちまだ完全に生きている状態であるときに、その地位を変えるような何かが起こったのかどうか、この問題だけが残っている。ともあれ、切断とは、それ以降は手が「物」であるという事実を疑うことができなくなる瞬間であることは間違いない。

切断された体の部分が「物」であるという「現実」[2]は、フランスでは判例となって確認されている。一九八五年六月二七日、アヴィニョンの監獄に収監されていたジャネル・ダウーは、自分の右手小指を第一関節から切断した。彼の意図は、司法大臣に指を郵送することによって、自分の事件に注目させることであった。ダウーはアヴィニョンの病院で治療を受け、その後、病院事務局はこの指を保存液に入れ、その瓶を彼に渡した。そして、この瓶と中身は監獄の当局によって押収された。そこでダウーは、アヴィニョン大審裁判所の急速審理判事[*2]に自分の指の返却を求めた。

ダウーの弁護人は、指は、受刑者から取りあげ、出所時に返還される物品のひとつとして考えることができないと判断した。彼は、人権のほかに、私的生活を保護する法律を援用した。要するに、依頼人の人格が切断された指のなかにそっくりそのまま込められていると考えたのである。急速審理判事は逆に、切断された指は、それが保存されている液体や瓶と同様に一個の「物」であると考えた。そして、物品の押収に関する規則がこれにも適用できるとした[3]。

このように、判例によれば、切断された指や手は押収の対象となる「物」であり、押収が適法になされたかどうかだけが問題になる。「物」であれば、フランス刑法典三七九条のいう「領得する意思による窃盗」の対象であり、それを奪った場合には盗みの罪になる。

しかし実のところ、私たちの判決‐フィクションにおいて、この切断され盗まれた手の所有者は誰なのだろうか。

第三の解決――無罪放免

私はこう断言したい。私たちが考えている事件に対して、フランスの定説では手をもち去った者を窃盗犯とすることさえできず、学説としての筋を通そうとするなら、その者に無罪放免を求めるべきであると。

フランスにおいて定説とは何をさしているのか、まずこの点を説明しておきたい。法律家は、法律、慣習、裁判判例と並んで、学説、すなわち教育し研究する法律家の考えもまた、ひとつの法源であると考えている。そして、そのなかから定説と呼ばれるものが生まれてくるが、通常、定説といえば、学者のなかでなんとなく支配的な見解をさしていると思われがちだろう。しかし、人間の体に関する法については、それ以上のものになっている。この問題は、市民法に関わるものとしては、政府がその伝統的な法律顧問であるコンセイユ・デタ[*3]に対して、法律家の立場を明らかにするように求めた唯一のものであった。「生命の科学――道徳から法へ」と題されたコンセイユ・デタの報告（一般的には起案者の名を取ってブレバン報告と呼ばれている）は、一九八八年時点でのフランスの定説を公式に述べたものと考えることができた[4]。

コンセイユ・デタは賢明な対応を行なうためにひとつの委員会を組織し、説得力と存在感をあたえることのできるものすべてを結集した。法律家の能力と医者の能力がみごとに按配された。このような会合に法史家や民族学者を招くことは、無用であると思われた。フランスがふたたび世界を啓発する立場にたつために必要であったものは、何よりも的確さと明瞭さだからである。

フランスの定説は明確な公理として表明された。「肉体、それは人格である」。この公理には使命感を果たすという気概が秘められている。フランスには文明を推し進めるという永遠の使命があり、今日では、産業社会の金儲け主義に抗して肉体を守ることがそのひとつであると考えられた。そのための錦の御旗が、この理念であった。

これは、このうえなく明快な理論である。法はこの世の現実を「人」と「物」に分けた。ところで、人間は肉体によってはじめてその存在が認識される。そうであればこそ、肉体を人格に吸収させなければならず、「物」、いわんや商品になるようなものがひとつでも人間のなかにあるという考えは、断固として退けなければならない。

人間の体は、その全体が人格と同一視される。そして、体から離れた肉体の部分は当然ながらひとつの「物」である。したがって、フランスの定説によれば、肉体の各部分は体から離れたときにはじめて「物」になる。

しかしそうなると、つまり切断された手は切断されてはじめて「物」になったとなると、それは最初に手に入れた者の所有物ということになる。誰のものでもない「物」に対する最初の占有者の権利が問題になるからである。ダウーの事件において、囚人は切断された自分の指を自分のものとし、それを司法大臣に届けるという意思をはっきりと表明した。ジャネル・ダウーは、切断された指の争う余地のない所有者になった。そして、監獄当局がそれを押収したのは、彼が所有者だからであった。

私たちの判決-フィクションの事件では、被害者は事故のときに気絶し、彼の敵が手を奪ったのはそのときであった。この男は窃盗の罪で訴えられることはない。なぜなら、この「物」は事故以前には存在せず、彼は最初の占有者として、無主物の所有者になっただけだからである。したがって、フランスの定説を論理的に押し進めれば、この架空の手の窃盗犯は無罪放免になる。

もしこのとき、被害者が不正な手段でこの手を自分のものにしたとすれば、窃盗の罪に問われるのは彼本人である。

隣人が自分の手で被害者の手を切断し、被害者が意識を回復する前にそれを自分のものにしたとすれば、切断については間違いなく罪を問われるだろうが、それでもなお、彼はこの手の所有者でありつづける。

これらはすべて、人間の尊厳の名のもとに、自分の肉体に対する所有権を人間に認めてはならないとする原理からきているということ、このことはいっておかなければならない。

こんなことが許されていいのだろうか。

絶対にいいはずがない。そして、この本を私が書こうと思ったのはこのためである。

2　体、この厄介なもの

デモクリトスの原子論と同様に、人格が出現したのも二〇〇〇年早すぎた。[*4]
ダヴィド『人格の構造』(一九五五年)より

オレル・ダヴィド[*5]〔一九〇九―一九八九〕のこの一節をエピグラフとしてあげたいと思う。歴史家にとって挑戦的であり、それでいて、これが書かれたときには誰も注意を払わなかったからである。

基本的なことに立ち返らなければならない。西洋の法思想は、古代の法律家の著作から直接的に伝わったものであれ、あるいは中世の法学者の要約を通して間接的に伝わったものであれ、ローマ法が編みだした観念によってその全体が動いている。この点で、「人」と「物」という基本的区分が二〇〇〇年も前から存在しているというのは、そのとおりである。この区分の発明は、結果として法を非肉体化し、法律家は肉体のもつ野卑さにも神聖さにも惑わされない考察を繰り広げることができた。しかし、生命科学の急成長は、この居心地のよい状況をかき乱した。肉体の問題をつきつけ、どう処理するか、法律家に迫ったのである。

法の新たな受肉

法人格というローマの発明がなぜ、そして、どのようにして人間の肉体を法から消し去る結果になったのか、それについてはすぐ後にみることになるが、それから生まれた学問体系は二〇世紀中頃まで何の問題もなく機能していた。法律家の思考論理のなかから肉体という具体的存在が消え、人格という抽象的存在がそれに代わって場を占めていた。そして、法はこの人格を保護したのであり、肉体はその恩恵にあずかって守られているにすぎなかった。

一九四〇年代末から五〇年代初頭にかけて起こったことは、巨大な地震の第一波にたとえることができる。人間の体の一部をその外部で生きたまま保存できるのではないか、それをその人の体に戻したり、あるいは別の人の体に移しかえることができるのではないか、こういったことを突然に人は考えはじめた。そして実際に、血液を保存するための効果的な方法が完成され、輸血に関する法を考えだすという事態が現実のものになった。一九五二年七月二一日のフランスの法律は、その最初の試みであった。

この地震によって、「人の地層」の表面の、二〇〇〇年前から「物の地層」と接している地点で断層がひび割れを起こした。そして断層は、市民法学者の合理性とは無縁のものであると信じこまれていた神聖さの漂う雰囲気のなか、肉体の現実を地表に出現させた。フランスの法律家は、この現象の観察者ではなかった。彼らのほぼ全員がその当事者であった。彼らのふるまい、輸血に関する法に対する儀礼的態度、用いる言葉、これらは当時、彼らがこの出来事に対して行なった分析よりもはるかに興味深いものであった。血液から発散される、えも言われぬ神聖さに心を奪われて、もはやはっきりと語ることができなくなっていた。ある者はラテン語をふたたび使いはじめた。血液を前にして、大部分の者は基本的な法観念を忘れ去った。もっとも基本的な法律用語を使うことさえ放棄した。かくして、所有に移行することのない「提供」が現われ、売買は「有償での引き渡し」になり、価格はそれ以後「譲渡の料金」と呼ばれなければならなかった。薬剤師は、売り買いをするのではなく、「調剤室で保管される」製品を預かるだけの存在になった(1)。

一九五二年の輸血に関する法律によって肉体がふたたび姿を現わしたのだが、このように、フランスの法律家は神聖さを帯びたものが法のなかに戻ってきたような感覚でそれを迎えた。オレル・ダヴィドだけが、法学という学問分野において、この現象がいかに重大なものかを理解したように思われる。彼の学位論文は、輸血に関する法が新しい動きのはじまりにほかならず、「人」と「物」の区別だけではなく、それと同じくらい基本的なことが再検討されるかもしれないということを、予見するものであった。この若い法学博士は最初の原子爆弾が爆発するのを知り、その七年後に国家的な輸血システムが整備されるのをみた。デモクリトスの原子論と人格の発明を関係づけるという発想を彼にあたえたのは、これであった。ローマ法以来はじめて、人間の何かについて考えをめぐらさなければならない時期がきていた。生きてはいるが、もはや人格の一部とは考えることのできないものについてである。

オレル・ダヴィドの学位論文は、広範な議論を引き起こしてもおかしくはなかった。しかし、輸血に関する一九五二年の法律はあまりにもよくできた法律でありすぎた。いたるところでモデルとして引用

された この法律は、肉体を法のなかでどう扱うのかという問題に対して、分別があり度量の大きな立法による解決で満足すればよく、本質的問題を呼び覚ます必要はないという印象を、フランスの法律家にあたえた。

態度表明を求められる法律家

臓器摘出に関する一九七六年一二月二二日の法律も、激しい議論の機会にはならなかった。生前に不同意の意思表示をしなかった者すべての遺体に対する、一種の集団的所有権を制度化したものであるにもかかわらず、そうであった。これもまた、臓器移植をスムーズに行なうための解決策を示したものであり、ごく当然の有用な法律ができただけのことと考えられた。

三〇年前に起こっていても不思議ではなかった重要な学問的議論が、一九八〇年代になって、生命科学の急成長によってようやく口火が切られた。そして世論は、科学者が自らの研究と実験に対して倫理的で法的な枠をはめるように求めたこと、すなわち自分たちの能力に対する恐怖感を告白したことに驚かされた。

中世末以来、医学の世界は国家という枠組みのなかで地位上昇をめざしてきたが、それは神学と法学の後見から解放されることによって達成されるものであった。一九世紀、医学は公衆衛生学という形で自らの力を世に示したが、ナチス・ドイツの時代に民族衛生学という醜悪な突然変異をこうむった(2)。医学的プログラムが大量虐殺につながる場合もあるという発見は、世界中の医学があらためて法的後見の保護を求めるようになるほどに、深い心の傷であった。一九四七年、アメリカ軍事法廷の判決を受けいれたことは、この姿勢の最初の表われであった。この判決は、ニュルンベルク綱領*6という名のもとに、新しい倫理の台座へと姿を変えることになる(3)。

医学の帝国は自分たちの職業倫理の自律性に細心の注意を払ってきたが、ここにきて、自らの学問的規律の確定という仕事を他の規範学に譲り渡すことには、実はメリットがあることに気がついた。西洋では、宗教はもはや学問の主人にはなりえず、個々の研究者の個人的意識のレヴェルで介入するだけであり、プロメテウス的な先進的研究に、そのルールと可否の決定をあたえるのは国家権力の仕事であった。そこで一九八三年二月二三日の政令は、研究者の野心に正面から向かい合うことのできる道徳的規律について見解をまとめるよう「生命科学と医学のための倫理に関する諮問委員会」に委託し、首相は一九八六年一二月一九日の書簡で、「法的次元で考察を深めること」をコンセイユ・デタに求めた。

実際に当時、法的考察は国家が主導するこのような形で深められる必要があった。一九八六年、フランスの法律家は、いまだ肉体と法の問題の学問的重要性を認識していなかった。ダウーの事件(押収された指)に関して、法律新聞『ガゼット・デュ・パレ』紙は記事を組んだが、それは「一本なら法の指、二本なら良識の指」と題したユーモアあふれる評釈を発表する場にすぎなかった。その記事は、はたして司法大臣が「小指に秘密を託すように」信頼に値するのか不安であっただろうが、いまでは「指をかんで後悔している」に違いない囚人について語り、いちどは「二本の指のように、別々に」歩んでいた法と良識が、最後には幸運にも重なり合ったとして結ばれている。評釈の筆者はこの話題で目にみえて楽しい気分になったようで、「市民法の教授たちの前に、かくして開かれたこの広大な地平」について茶目っけたっぷりに語っている[4]。

体から切り離された手足は「物」である。ダウーの事件は、裁判官にこんな当たり前のことを認めさせただけの平凡な事件にみえるかもしれない。しかし、こんな当たり前のことであっても、一九八八年、コンセイユ・デタの報告のなかに書かれていたとすれば、それは特筆すべきことであった。この報告は肉体を完全に人格に吸収させてしまおうという意図で書かれたものだが、その意図の背後には、肉体を法的に定義することを拒む姿勢が見てとれるからである。

他方、コンセイユ・デタへの意見具申のきっかけとなった外科医学と技術の進歩は、人格とは別の、現実としての肉体の存在を法律家に見せつけていた。早くも一九四三年、実存主義哲学者ジャン＝ポール・サルトル〔一九〇五－一九八〇〕が、レントゲン写真によって私たちの肉体は所有の対象になることがあからさまになった、と指摘してはいなかったか[5]。しかし、フランスの法学説は肉体の所有という考え方を認めようとはせず、肉体という物的で具体的な存在と、人格という法的で抽象的な存在を関係づけることに苦心し、法的用語を用いているようなふりをしてごまかさざるをえなかった。そのあげく、肉体は人格の「実体」であるという言い方を誰もがするようになった。「実体」とは、法的定義をすべてしりごみさせる観念にほかならないのだが。

意識的であれ無意識にであれ、このような言い方には目的があった。法律家の概念体系では、人格と肉体の関係を説明できるものは所有権以外にはありえないという考えを拒否することである。クザヴィエ・ラベは、自分の肉体に対する人間の権利が「学説でも判例でも、いかにも法学然とした言葉によって」表現されると指摘したが、[6]まったく同感である。私はそれに、この問題についてはラテン語の使用が学者ぶったポーズからきているわけではないことをつけ加えたい。肉体は「私に触れるなかれ noli me tangere」という命題が保護する人格の「実体 substratum」であるとか、人間は「自分の肢体の主人 dominus membrorum suorum」であるとか、そして、人間には「自分自身に対する権利 jus in se ipsum」があるとか、[7]こうした表現はすべて、人間が自分の肉体の所有者であることを露骨に語るのを妨げようとする、儀礼的なチェックが働いていることを示している。

フランスの定説が肉体の「現実」を認めることを拒むのはなぜか。実は、自分に課せられたひとつの使命、つまり肉体を商品にしてはならないという使命を意識しているからである。

「肉体は金である」という卑しむべき敵

しかし、フランスの学説体系はその目的を完全にはずしている。そうなるはずと期待していたものと、正反対の結果を生みだすまでになっている。この切断された手の窃盗という作り話によって私が示そうと思ったのは、このことである。ただし、フィクションはフィクションであり、実際に似た事件が起こり、判決が出されなければ何の価値もないといわれれば、そのとおりだろう。

ところが、実際にあった。たとえ人体の保護になるとしても、肉体と人格の同一視という原則を放棄しなければならないのなら、そんな保護は拒否する、とフランスの法学説が告白しなければならないようなことがあった。一九八八年七月三一日、「ジョン・ムーア事件」で出されたカリフォルニア控訴院判決に対する反応がそれである。この訴訟は、判決‐フィクションという私たちの練習問題が現実の世界にきわめて近いことを示している。この場合には、残忍な憎悪という動機を三〇億ドルの取引の魅力に代えるだけでよかった。

白血病が、患者の体内に世界に例のない細胞を作りだしたことに気がついた医者がいたとしよう。それを取りだし、保存し、増殖させることができるということを、彼らは知った。そして、それからつくられる薬品がきわめて高く売れるということも。七年もの間、行なわれたことがこれであり、このことは、ジョン・ムーアが真実を知り、自分の細胞の返還請求訴訟を起こすまで、彼には何も告げられていなかった。カリフォルニア控訴院は、人間には自分の肉体から作りだされたものに対して完全な所有権があるという原理を認め、彼を勝訴させた。

医者側の弁護人の態度は、私たちのフィクションで、「手の窃盗犯」は無罪放免されると主張する者がおそらくとるであろう態度にきわめて近いものであった。彼らの理論は、体から切り離されたものは、いわば法の存在しない領域に入るというものである。たしかに、それはもはや人格として保護されることはない。なんらかの経済的価値が発見されてはじめて、人間の体からの産物は法的評価の場に入ることができる。この立論にもとづき、医者の弁護人は、医者がジョン・ムーアから取りだした細胞の経済的価値を自分たちの研究によって見いだし、それによってその細胞をいわば法の世界のものとしたのであり、当然の結果として彼らに属するものであると主張した(8)。

ムーア事件をフランスに伝えたのは、肉体と法の問題の専門家マリー＝アンジェル・エルミットである[9]。彼女は雑誌記事のなかで、医者たちの態度とカリフォルニア控訴院判決の両方を同じ厳しさでもって批判した。彼女の目には、双方の言い分がともに、産業社会の商業の論理に肉体を軽々しく委ねてきたアメリカ社会の行きすぎを証明するものとうつった。彼女は医者の態度に憤慨したのだが、法廷の立論も認めなかった。たしかに、個人の肉体をきわめて強く保護しているが、しかしそれは、その尊厳を放棄するという代償のもとにである。つまり、人体から生みだされたものを所有権の対象とすれば、結果として、それは「銀製の食器、無記名証券、借用証書と同じ法的カテゴリー」のなかに置かれることになる。このような判決はあまりに危険である、と彼女はいう。なぜなら、「所有権を認めれば、最後には肉体から生みだされたものの取引市場が必ず形成される」からである。

　フランスの判事なら、カリフォルニアの法廷以上に医者に対して厳しく接したに違いない。ただし、財産の問題としてではなく、刑事犯罪として事件を扱っていただろう。研究のためであれ商品開発のためであれ、患者の同意なしに細胞を取りだすことは肉体に対する侵犯行為であり、罰として巨額の損害賠償が命じられただろう。しかし、細胞の商品化によってもたらされた利益の一部を参加分としてジョン・ムーアにあたえようとすれば、現在の支配的な学説を否定しなければならないのである。

　つまり、フランスの判事が現在の支配的学説を尊重しようとすれば、このうえない人格軽視の表われとされるような医学的策謀であっても、そうは簡単に対応できないことになる。実は、ジョン・ムーアの脾臓は、いつの日か外科医によって摘出される運命にあったことを、ぜひとも知っておいてもらいたい。当時、患者の細胞の特性を発見した医者は、手術が終わった後に脾臓を分け合うという約束を外科医と交わしていた。ところで、私たちの法体系では、医療廃棄物は捨てられた財物であり、一般的には焼却されるものだが、それに利益を見いだす者なら誰でも自分のものにすることができる。[10] 私はこのような事件に対して、フランス法が完全に無力であるといっているのではない。やや心許ないものだが、理屈を考えることはできる。たとえば、患者の尊厳に対する侵害を理由に医者の民事責任を問うことができる。しかしカリフォルニアの判事の決定が、その簡潔さと有効性において、人格の尊厳に対しても人間の肉体に対しても、優れた保護であることを認めないわけにはいかない。はたして、人間の肉体とそのすべての部分を所有権によって厳重に保護されたものとして考えること、あるいは人間の体から切り離されたものは塵であるとしても、黄金に変わりうる塵であると認めることは、人間という存在にとってそれほど不名誉なことなのだろうか。

肉体が「物」でないことを証明しようとしながら、「物」であることを示しているフランスの定説

フランスの学説体系は有効ではない。それは肉体を十分に保護するものではなく、この欠陥は人間の尊厳を最大限に保護したとしても埋め合わせのできるものではない。そのうえ、まったく一貫していない。

この一貫性のなさの最たるもの、学説構造の全体を一瞬にして崩壊させるもの、それはコンセイユ・デタの報告のつぎの一節にそっくり表われている。[11]

肉体、それは人格である。すなわち、肉体は財物とか物のランクにおとしめられてはならない。人格だから肉体は自由に処分できるものではなく、財物ではないのだから所有の対象にはなりえず、したがって、財産として取引することはできない。しかし、この原則は明示的な法規範として存在するものではない。それは、「契約の対象になる物は、取引される物だけである」とする民法典一一二八条から演繹されるものであり、言外の意味として認められるにすぎない。

肉体が「物」ではないと断言すること、そして、取引できない「物」について語っている民法典の条文をその論拠にすること、これは不可能である。フランス民法典一一二八条[*7]は、「物」を「取引される物」、すなわち「契約の対象になる物」と「取引されない物」に二分するローマ法の考え方を、そのまま受け継いでいる。つまり、民法典一一二八条は「物」に関する条文なのである。したがって、人間の存在が問題になるときにこの条文を援用することは、そのつど、人間の肉体は「物」であるといっているのと同じことになる。

ただし、一一二八条を参照することは間違っていない。この条文を軸にすれば、フランスの学説体系は内部的に一貫したものになるだけではなく、それのもととなったローマ法の概念全体との調和も見いだすことができる。実は、これが私の主張である。しかしそのためには、フランスの学説がまず第一段階として肉体が「物」であることを認め、第二段階としてそれが「取引されない物」、あるいは取引が限定される「物」であると明言しなければならない。

「肉体は金である」とする風潮がはびこり、そして、フランスの学説の無力さと一貫性のなさがはっきりしてきたいま、法的シーンに肉体が突然に出現したことによって、二〇〇〇年も前から市民法の基礎となってきたものが新たな考察によって検証されなければならなくなっている。それはなぜなのか。この点については、法の歴史が語るべきものをもっている。

その歴史からみた市民法

市民法とは何か、これを明らかにしておかなければ先に進むことはできない(12)。五二八年から五三四年にかけて、東ローマ帝国のユスティニアヌス帝は、ユスティニアヌス法典の名で知られるローマ法の記念碑的法典の編纂を命じた。この法典は四つの部分からなっているが、まず、皇帝の立法を集めた「勅法彙纂」がある。その後、この「勅法彙纂」は、五三五年から五六五年の間の新しい勅法を非公式に蒐集した「新勅法」によって補完された。これと並ぶユスティニアヌス法典の主要な部分は、ローマの法律家の著作から学説を抜粋し、まとめあげた、壮大な「学説彙纂」である。しかし、「法学提要」という小さな作品がなければ、ユスティニアヌスは自分の事業が完成したものとは考えなかっただろう。これは学生向けの教科書であり、他の二つが巨大な事例集であったこととは対照的に、市民法とは何か、というローマ法の神髄を勤勉な青年に教示しようとしたものであった。

「法学提要」は未来の法律家に対して、法とは何かをまず一般論として説明しているが、それは同時に、法を整理し、そのなかで学ぶべき法を限定するものになっている（第一巻第一法文）。まず、「ローマの事物の状態」（ローマ国家、あるいはローマ政体という意味）に関する法である公法があげられ、つぎに六世紀の法学生は、それとは別に、個人のことがらに関する私法という法があることを教えられる。さらにこの私法は、自然法（生命あるもの全体の法）、万民法（人間たる存在全体の法）、そして市民法（ローマ市民の法）に分けられる。

導入部の論理の進み方（一般から個別へ）が示しているように、また「法学提要」の内容がまさにそうであるように、最後にあげられた市民法こそ、この時代に法として教えられていたものの核心をなしていた。このことはユスティニアヌス法典全体とも符合している。この市民法とは、要約すれば、ローマ市民の地位、契約あるいは不法行為によって生まれる市民間の責務、物的財産と市民の関係を扱う法である。それに対し、公法の具体的な内容は「学説彙纂」（第一巻第一章第一法文第二節）に列挙されているが、「神聖な物、司祭、そして政務官」であった。

市民法の歴史を、それ以外の法の事項とされたものからみてみると、ローマ法文化の中心にある市民法が人間の肉体を遠ざけようとしていることが容易に推測できる。「法学提要」は、学習対象からはずすことをあらかじめ伝えておくために公法に触れているにすぎないのだが、この公法の内容を一覧しただけでも、その方向性を確証することができる。「神聖な物」を公法に入れるということは、肉体の聖別の問題を市民法の外部へと排除することを意味していた。至高のものであるがゆえに排除されたともいえるし、人間の体は野卑なものを含んでいるがゆえにそうされたと考えることもできる。肉体とは、食物を食べ、汚物を生みだす何かしら下品なものでもある。ところで、ローマの役人はいうまでもなく衛生の管理者であったが、それに加え、やがて穀物貯蔵という食糧補給にも責任を負うようになった。

神聖なものであると同時に衛生と食糧補給の対象でもある人間の肉体は、市民法学者の学識が相手にするものではなく、宗教と健康を扱う公行政の管轄に属するとみなされたのは当然のことではあった。

さらに、刑法がどうなっているかに注意しよう。ユスティニアヌス法典の時代には刑法はまだ市民法の一部だったが、ローマ法はこの時点ですでに、さまざまな刑法の歴史でなんども見てとることのできる進化をずっと以前からたどっていた。被害者の訴えは賠償を目的とするものでなければならないとする方向であり、国家にとって必要な場合にだけ身体刑を科すようになっていた(13)。

公法とは違い、刑法はもともと市民法とは別の法ではなかった(そうなりつつあったが)。そして、同一の法であった刑法と市民法がやがて離れていくという関係の変化ひとつをみても、市民法の外へと肉体が排除されていく様子を思い描くことができる。他方、幻想にすぎないとしても、刑法自体も、やがて自由剝奪のような非肉体的な刑罰を原則にしようとするときを迎えることになる。

ユスティニアヌス法典の復活*8(一一世紀末)以降、ローマの法律家の学問業績は中世に受け継がれた。この間、キリスト教会のなかで独自の法が形成され、教会法としてまとめられた。この教会法の存在によって、「神聖な物、司祭」をこんどはさらに公法の観念から切り離すことができた。これは肉体の法史においてきわめて重要な瞬間なのだが、このことについては後にみることにする。これによって公法は縮減したが、近代国家の枠組みが固まり、そのなかで憲法と行政法と財政法が発展することによって十分に補われるものであった。同じ頃、市民法は、私法の目録を膨張させるいくつかの小部門(陸上商法、海事法、労働法、その他)を切り離し、また一方で、自然法と万民法は哲学で考察されるテーマになった。さらに刑法と訴訟法も、私法と公法の間に位置することを根拠にして自立性を手に入れることになる。

こういった進化の果てに、現在の市民法がある。それは個人の地位、家族関係、財産制度、契約に関わるものであり、私法のもっとも重要な部分を担っている。

いま、この市民法は、その歴史のなかでもっとも重大な時期のひとつを迎えている。「人」と「物」の区分——市民法はこれを基礎として作りあげられた——が、生命科学の急速な進歩によって荒々しく揺さぶられているからである。この強烈な学問的挑戦によって、学問的合法性の現在のシステムにおける市民法学者の権威が危うくなるかもしれない。(14) しかし市民法学者にとって、肉体の管理という分野で自らの存在を示す好機でもある。現在までこの分野では、公行政を間にはさんで宗教的権威と医学的権威が並びたち、市民法学者抜きですべてが行なわれてきたのだから。

＊

「物」のカテゴリーに分類されても不思議ではなかった時代に、肉体はどのようにしてローマ人の市民法の外に出たのだろうか。その後、肉体は市民法学者の意識のなかにどのような形で姿をみせたのだろうか。最終的には肉体を「物」のなかへ分類しなければならないとすれば、それはなぜなのか。これらの問題を解明しようというのが、この本の主な目的である。そしてこの試みのためには、人間の存在をまず極限の姿から眺めることが何よりも必要になってくる。

医者の例にならって法律家を考えるなら、死体解剖を行なってこそ本質的なものが理解できるからである。

3　終末……まえもって

堕胎、人工授精、遺伝子操作、これらが人間の肉体に関する現在の問題関心の中心テーマであり、したがって、胎児の法的地位についての考察から問題にとりかかることが通常のことになっている。ところで、肉体の法的地位を考えようとする場合、これは問題の立て方としてはもっともまずい方法である。胎児をもちだすと、あらゆる問題がただちに混同されてしまう。親の生命とは別の生命が出現する瞬間、意識ある存在になる時期、そして人間の肉体の法的性格。

このようなアプローチでは、結果として肉体の性格の問題が概して忘れ去られ、人間存在の出現の問題に取って代わられてしまう。時間の議論が本質の議論を打ち負かす。

したがって視点を逆にすること、すなわち、まず死体の法的地位を問題にすることを提案したい。肉体的な死と法的に承認される死の間には違いがあるとしても、死亡日時の問題は、出生のように、妊娠の過程でいつ人間たる存在が出現するのかという問題よりも難しくはない。したがって、時間をめぐる問題が取り除かれる。[*9] 死体はいつまでも死体のままである。さらに、死体はいわば何にもまして肉体である。生きている人は人間であり、死んだ人は肉の塊りにほかならない。

娘の嫁資になる死体

四世紀、キプロスの司祭であった聖スピリドン〔二七〇－三四八〕は、さまざまな奇跡を起こし、生前から名が知れわたっていた。それらはすべて、人を裕福にする奇跡であった[1]。死後、ミイラにされた彼の死体は民衆の熱狂の対象になり、その熱狂によって、ミイラを保有していたコルフー島の一家は、生前の奇跡そのままに、またもや裕福になった（お布施や奉納などによって）。二〇世紀になってもなお、この家族はこの肉体を財産の重要な部分と考え、娘の婚姻契約にあたって嫁資[*10]の欄にそれを記載するほどであった[2]。

この逸話は、風変わりというだけではすまされない何かを私たちに伝えている。風習に特有のむき出しの素朴さでもって、学識をつんだ法律家が婉曲な言い回しによって覆い隠そうとするものを実は明らかにしている。そして、それはつぎのように二つに分けて表わすことができる。

まず、死体は「物」であるということ。

それは「物」であり、収入をもたらす「物」でさえある。

そして、死体は「神聖な物」であるということ。

聖人に限らず、普通の人であっても、死体は神聖である。民族学者や宗教史学者が確言するように、どんな墓であれ、墓が神聖なものであるということは普遍的な事実であり、墓が神聖であれば、いわんや死体が神聖であることはいうまでもない。墓は、死体が埋葬された結果として神聖な場所になったにすぎない。ただ聖人の死体の場合には、私たちはより強烈な神聖さを相手にすることになる。直接的であれ間接的であれ、それに触れることは超自然的な効果をもたらすとみなされるからである(3)。

私たちは逸話を回り道にして何かしら基本的なものに行きつく。死体の神聖さが意味するものである。死体とは肉体が示すひとつの姿であり、それがひとつの「物」であることを誰も疑うことはない。そして、肉体はやがて死体になるというこの「現実」が強く意識されると、肉体はさらに神聖なものになっていく。これは民族学的視点からすれば初歩的な事実である。そしてこの事実は、例のフランスの法学説を修復不能なまでに根底からくつがえす。この法学説が定式化されるにあたって、大きな拠り所になったジャン・カルボニエ*11〔一九〇八―二〇〇三〕のつぎの立論を否定するからである。

> 肉体は人格そのものである。それゆえ、肉体は法において特別な地位をあたえられる。肉体はいわば神聖な性質のものである(4)。

これこそが、フランスの法学説の歴史的誤りが構築されていく原点になっている。というのも、肉体の現実に対して死体からアプローチすると、これとは逆の事実がはっきりとみえてくる。死体が神聖なのは、それが「物」だからである。肉体は人格と同一視される結果として神聖になると語ることは、死によって人格が消滅するとき、それは墓に対する礼拝がはじまるときであるのに、まさにそのときに神聖さが失われると語ることに等しい。しかし、多くの点で賞賛すべきこの学者に敬意を表して、神聖さを意識することがなんらかの役割を果たしうるということ、すなわち法思想の伝統的枠組みを広げなければならないということを、彼はあえてほのめかしたのだと考えたい。しかし、そうだとしても、神聖さをこのように援用するとなると、この学者の目論みとは逆のことが証明されてしまうことに変わりはない。

二〇世紀、宗教史学者、民族学者、言語学者、あるいは数人の神学者は、神聖なものについて、すなわち感覚しうる事象の世界における超自然的なものの発現について、さかんに研究を行なった。とりあえずこの一群の研究のなかで、ミルチァ・エリアーデ[*12]〔一九〇七－一九八六〕の名をあげておきたい。彼の研究は、神聖さに関する私たちの認識に基本的なものをもたらした。「神聖なものは幻想の世界にあるのではなく、何にもまして現実的なものである」という認識、そして、人間の肉体はこの感覚しうる事象の世界の中心にあるという認識である。[5]

こうなるとこんどは、肉体が神聖であることをもちだし、それを論拠にして肉体と人格の同一視を根拠づけようとする学説体系が崩れてしまう。人格という観念は技術的抽象の産物――これについては後にみることになる――であり、本質的に非宗教的な世界のものである。そして、人間のなかには何かしら神聖なものがあると考えるとき、人は肉体を思いやる。それは肉体を人格とは別の世界のものにすることであり、したがって人間の肉体を「人」と同一視することはできず、カテゴリーとしては「物」に分類しなければならなくなる。

どの面からみても、フランスの公式学説とされているものは、自らが基礎としているものの意味を正しく理解せずに理論を作りあげている。肉体の神聖さである。そしてある種の検閲がなされることによって、この無理解がいっそう強められている。これはいつもの悪い癖だが、こんどの場合はおそらく、神聖さという言葉がもつ二重のアンビヴァレンスに原因があると思われる。ラテン語の「神聖な sacer」という語は、崇拝すべきものと恐怖を呼び起こすものを同時にさしている。[6] ドイツの宗教学者ルドルフ・オットー〔一八六九－一九三七〕によれば、それは魅惑し、かつ恐れさせる神秘の直感である。[7] しかし、神聖さには別のアンビヴァレンスが秘められている。神聖さとは、崇高なまでに超自然的なものと、嫌悪を催させるものを奥底に秘めた現実的なものとの接点にある。死体は神聖なものだが、その一方では栄養物であり、薬にもなり、有害物でもある。死体のこの複雑な状況がまさに、神聖さのアンビヴァレンスの例証になっている。

治療する死体

感じとることのできる現実（時間と物）だけが神聖なものになることができる。神聖さとは、超自然的なものと、現世的で現実的なものとの交わりの産物だからである。だからこそ、大衆の熱狂は具体的な「物」に向けられる。

聖スピリドンのミイラ話の背後には、キリスト教世界における聖遺物をめぐる壮大な歴史がある。私たちはこの歴史からひとつの確かな事実を引きだすことができ、それを強固な出発点にすることができる。肉体の「現実」と神聖さのつながりが、死によって露わになるという事実である。聖人の死体は神聖なものだが、その神聖さを信者が活用することができるのは、それがひとつの「物」だからである。この点において、聖遺物の分配と、死者の生命力を生きている者に移しかえるための儀式としての人肉食の間には、共通点があることを指摘しておきたい。死体が「物」であるという「現実」からさまざまな帰結を導きだせば、最終的には、それを自由に処分してもかまわないということになるが、二つの場合ともに、この処分行為（一方は譲渡、他方は各人が口にすることによる解体）がなされたのであり、しかもそれは死体の神聖さを最大に活用するためであった。言いかえれば、死体の神聖さを意識すればするほど、それを「物」として扱うようになるのである。

つまり、宗教あるいは人間的尊厳の名のもとに死体を崇拝する行為と、それを食べる行為は、死体の性格をどうみているのかという点では、なんら異なるものではない。人間が死者を食べるにせよ、あるいは動物に委ねるにせよ（チベットに残っている昔からの風習だが、すべての海洋民族にみることができる）、死体を食糧にすることは死体の崇拝と矛盾しない。実のところ、他人の死体によって自分の体を治療するという発想の原点にあるものが、まさに人肉食であった。死体は、古くは生存をかけて人間が動物と奪い合う食糧であり、ついで医薬品になり、さらには移植される臓器になった。生命力の素を自分のものにするために死者のなにがしかの器官を咀嚼し飲みくだす行為は、二〇世紀初頭のフランスの医学者が人間臓器抽出液療法の名のもとに研究した極東アジアの医療風習だが(8)、目的という点からすれば、臓器移植と変わるところはない。いずれの場合も、その器官の恩恵を受ける者の命を救うか、健康を回復させることを目的にしている。この二つの行為は、期待される効果を説明するための議論の本質が異なっているにすぎない。最初の場合は魔術的・宗教的議論、二つ目は医学的議論。そして、この最初の知の世界から二つ目の知の世界に移りゆくための、間に入る鎖の環が存在した。聖遺物の効力に対するキリスト教徒の信仰がそれである。

　西洋の野蛮さは、民族学者が南洋の国々で驚嘆のうちに発見したものときわめてよく似ている。人類学者ルシァン・レヴィ＝ブルール〔一八五七－一九三九〕は、未開の魂の描写を完全なものにするために、インドネシアの「不快な風習」を読者に紹介しなければならなかった。死体を消費しつくすために、腐敗しつつある死体から流れでるものすべてを回収するという風習である(9)。ところで、この風習は中世ヨーロッパではごく身近なものであり、聖遺物崇拝の一環として行なわれていたことであった。聖人の肉体、墓、そして聖人が触れたものすべてがワインで洗濯するかのようなワインづけにされ、また、その墓からしみだしてきたものすべてが回収された。そして、そのワインと液体が外科的あるいは内科的な治療に用いられた(10)。

　間に入る鎖の環のことに触れておいたが、それは未開状態がキリスト教化されたというだけの平凡なことではない。儀式としての人肉食から今日の死体からの臓器移植へと、まるでスムーズな横滑りのように移行するためには、魔術的・宗教的世界と近代医学の間の中間的な教義が必要であった。私たちはこの教義をキリスト教のなかに見いだすことができるのだが、キリスト教が、古代の異教の時代に支配的であった治療理論に自らの医療理論を取って代えようとしたとき、それは姿を現わした。

西洋の医療を担ってきた知的世界についての私たちの知識は、『古代後期のガリアにおける信仰』と題されたアリヌ・ルセルの研究によって重要な一歩を踏みだすことができた。この研究は、ほぼ現在のフランスにあたるガリア地方で、キリスト教が泉の信仰にもとづく超自然的な治療法に出会ったことを明らかにした。古代の医者たちはこの巡礼地の近くに住み、この信仰を巧みに利用することを心得ていた。やがて水を使った三つの療法、すなわち異教の信仰にある療法、キリスト教の奇跡による療法、そして医学的湯治が並行して発展することになるのだが、キリスト教がそれにどう関わったかについては後にみることにして、いまここで取りあげなければならないのは、聖遺物の信仰を泉の信仰に取って代えるために、四世紀のキリスト教会で展開された議論である。アリヌ・ルセルが指摘しているように、その主張をもっとも的確に表明したものが、ルーアンのヴィクトリーチェ司教の『聖人讃歌』(三九六年頃)であった。

聖遺物に関するキリスト教の教義は、すべての人間は単一の肉体の一部であるという考え方からはじまる。たしかに、エヴァをつくるために用いられた肉はアダムから取りだされたものではなかったか。そして、私たちはすべてこの最初のカップルの末裔ではなかったか。この肉体の単一性という考え方に、キリストを頭部としてキリスト教徒が結合する神秘的体の理論がつけ加えられる。問題のこのような捉え方はきわめて重要である。聖遺物に触れることには治療効果があるという信仰が最初に根拠としたものは、まさに互換性にもとづく移植理論にほかならなかった。この考え方がまず固まれば、残りのものはそれから派生してごく簡単に出てくる。聖人とは神と交わる存在であり、その交わりによって聖人の肉体には治療する力が生まれるという考え方、そして、その力はすべて肉体の各部に散らばっているという考え方である（それが聖遺物になる）[11]。

ともあれ強調しておきたいのは、肉体共同体の理論からすべてがはじまったということであり、この共同体は物質的であると同時に、法的なものでもあった。実際にフランス法では、死体のある種の集団的所有権が臓器摘出に関する一九七六年一二月二二日の法律によって復活した。ただし、この肉体共同体理論は医学界の最高権威の口から出たものだが、理論としては純朴なものであり、そのことについては後にみることにしたい。法律家の考えることなど、どんなものであっても、科学的発見によって明日にでも無意味なものになってしまうという考え方にたっていた[12]。

死体、有害物の原型

人は死体をみると嫌悪感を覚える。この嫌悪感は神聖なものに対して人が感じる別の側面を表わしているが、それだけではない。衛生の点からみてもアンビヴァレンスがあり、肉体は人間の健康の所在地であると同時に、死体となると有害物の原型になる。ここからも嫌悪が生まれる。たしかに、排泄物と死体は人間的廃棄物であり、生きている者の安楽と健康を脅かすものといえなくもない。実際に一九世紀の衛生学者の書物では、ごみ、排泄物、墓の問題がひとつの表題のもとで論じられていた。たとえば「ゴミ捨て場と墓地」、これが、著名な衛生学者で法医学者でもあるアンブロワーズ・タルデュー（一八一八－一八七九）が一八五二年に提出した学位論文のテーマであった。つまり、肉体の「現実」は不浄な側面もみせている。そして死体になることによって、肉体の不浄さはグロテスクなものに変わる。私たちは後に、グロテスク芸術が物語っているものに触れることになるが、それは人間の肉体と物質が相互に浸透しあい融解する様子、物質の世界のなかに肉体が消化されていく様子を表現していた。ところで、生理学者は腐敗と消化の間には類似点（ペプトン、ロイシン、チロシンの発生）があることを、かなり以前から明らかにしてきた。そうなると、腐敗が進行するということは、まるで消化されるように、有機化学が分類し命名する多様な物質に分かれるだけのことになる。まさにグロテスク芸術の世界である。

死体には、それを管理する専門家が存在する。神聖な儀式のためには司祭、有害物として処理される場合には医者である。ひとつだけいっておきたい。この問題では、当然のことのように、法律家にお呼びがかかることはなかった。司祭と医者は、死体をめぐって競合と協力の入り交じった複雑な関係にある。たとえば死体に防腐処理をほどこす者、この「死体の医者」のおかげで信者は聖人の死体に近づくことができた。医者は信仰を助けていることになる。一八世紀に医者が教会のなかでの埋葬をやめるように求めたとき、医者はいまだ司祭との協力関係にあった。フランスでこれを禁止した一七七六年三月五日の布告は、信者の気持ちには反していたが、間違いなく聖職者の願望にそうものであった。

しかし、医者の権威が確立した時代、工業化が進んで人口が過密になると、内科医と外科医はこの時代背景のもと、有害物を全面的に再利用しようという計画を抱き、死体もその対象になった。なお、この話題にはおぞましい一面があった。人体の一部が売買されていた。この事実は行政当局と医療業界が示し合わせて隠蔽したがために、一般にはほとんど知られることはなかったが、脂肪の売買は危うく一大スキャンダルになるところであった。第一帝政期、パリの墓地の過密状態（共同墓穴に一五から二〇の死体床）のせいで死体泥棒が横行し、日常的な出来事になっていた。それから恩恵を受けたのは解剖学の教室であったが、あまりに大量にもちこまれたので、解剖後の残骸をどう処理するのかという問題が生じた。この教室の管理者が、人間の脂肪を主な燃料にする暖炉を備えるようになった理由はこれである。その後、医学部と解剖学教室の下働きは、この脂肪をエナメル工、模造真珠づくり、いかさま医者（素人治療薬をつくるために）、荷馬車屋（車軸のすべりをよくするために）、ろうそく業者（とくに医学部の照明に使われ、ナポレオンとマリー＝ルイーズの挙式の際にはルクサンブール宮殿の照明にも使われた）に売り渡すようになった。一八一三年にこの売買に終止符が打たれたとき、売人のアジトで二〇〇〇から三〇〇〇リットルもの人間の脂肪が見つかった。この脂肪は、排泄物と動物の死体を処理する方法にならって、モンフォーコンのゴミ捨て場に投棄された[13]。また、製本に使うために人間の皮膚が売買されるということもあった[14]。

この信じられないような話を透かしてみると、一九世紀の医学が意識していた問題がその背後からみえてくる。死体を処理するにあたっては、それを崇拝する感情を尊重しなければならず、また有害物の除去という要請にも応えなければならない。埋葬はたしかにひとつの妥協策ではあるが、はたしていつの時代でも有効なのか。産業社会の都市の過密状態でも埋葬をつづけることができるのか。衛生学隆盛の時代にふさわしい葬儀、すなわち有害物を除去することにもなる宗教儀式を考えだす必要があるのではないか。建築家ピエール・ジローが学士院の懸賞論文に応募した際の問題意識は、まさにこれであった。彼はその論文で、死者の肖像の刻まれたガラスのメダルを二枚、ひとつは墓地用に、もうひとつは自宅用につくるというガラス化による死体の再利用の方法を提案した。

どれほど多くの子供たちが、自分たちの立派な祖先のメダルを見るだけで、ごく幼いうちから犯罪や、さらには放蕩の道から自然と離れることになるだろうか(15)。

ただし実際には、フランス法がようやく火葬を承認したのは一八八七年一一月一五日のことであり、カトリック教会はかなり遅れてから聞く耳をもったにすぎなかった。現行の教会法典では、「火葬を禁じることはない」が、埋葬の方を「心から推奨する」（一一七六条第二項）となっている。

市民法学者が死体をみることを拒むところ

中世（死と親密な関係にあったことで知られる時代）に、死がもたらす法的効果について研究しなければならなくなったとき、市民法学者は肉体的な死を嫌悪するあまり、肉体的ではない死――民事死――に救いを求めた(16)。

中世の市民法学者（すなわち註釈学派[*13]と呼ばれたローマ法学者）は、自分たちの祖先であるローマの法律家にはじまる死体嫌悪の伝統に従った。ローマの法律家は、埋葬が人間の物質性をまるごと、法がもはや介入することのできない神学の世界へ運び去ることを願った。人間の意思は遺言の文言のなかで生きつづけることができるとしても、死体という「現実」そのものは市民法の外に追いだされた。そして、まるで他国の人に接するかのように、死体に特別な保護をあたえた。市民法が墓を神聖なものにしたことによって、死体は手を触れてはならないものになった。この位置づけからすると、聖遺物の取引はすべて許されないはずであったことを指摘しておきたい。この取引が組織だって行なわれたという事実は、キリスト教の慣行がこの点ではローマ法に勝ったことを意味している。

ローマ法で、墓は「宗教物」と呼ばれ、いわゆる「神の法」に属するものとされた。したがって、埋葬された死体が厳重に保護されたのは当然であったが、埋葬されていない死体についても、金銭の動く取引が禁止されただけでなく、あらゆる取引が不法なものとされた。墓はいかなる契約の対象にもなりえなかったが(17)、墓の神聖さは死体の神聖さの反映にほかならず、この「市民法の外に置くことによる保護」が、いわんやの理屈ですべての死者の肉体に適用されたからである。

ローマの法律学の知的相続人である近代の法律家は、葬儀や死体処理の問題に関しても相続し、同じように意図的な沈黙を通した。この問題は国家権力の仲裁のもと、司祭と医者の判断に委ねられた。まず、司祭の立場が重きをなしたことによって禁句が生まれた。ローマ文明のひとつとして人肉食があったなどとは誰も口にしなくなった。刑事的取り締まりが、精神異常者といえども通常の犯罪者と変わらない明晰な瞬間があったことを探し求め、それによって彼らへの支配を維持しようとつねに努める一方で、一九世紀にもなって、飢餓に追いつめられた一人のアルザス人が自分の息子を食べるために殺したなどと認めるくらいなら、「人類の名誉のために」医学の認めない狂気の事例を考えだす方がましであるとされ、刑事罰を科さずにすませたこともあった(18)。

また医者のように、死体を神聖なものとしてではなく有害物として処理することも、法律家にはきわめて困難であった。たしかに、行政実務が新しい種類の法律家――行政法の専門家――を生みだし、彼らのうちの何人かは――ごく少数ではあるが――この領域に手をつけた[19]。しかし、ますます多様化する法律家の世界で、人間の法的地位の専門家たることを変わることなく自任する市民法学者は、少しでも葬儀に関わるものであれば、そのすべてに対してきわめて強い嫌悪をみせつづけることになる。この点について、一九世紀中期の「ダローズ判例集[*14]」という学問的大海を踏査してみると、ことのほか意味深いものがみえてくる。「コミューン（地方自治体）」という項で、葬儀の問題は「行政権限」「救済院」「ユダヤ人」「賃貸借」「医学」「罰」などの項目で扱われると予告されており、本来なら「墓地」という項目におさまるべき解説を探すためにはこの項目を調べていけばよいのだが、ひとつずつ探していって最後まで行きついても、さきにあげた項目すべてが参照すべきものとされているのに出会うにすぎない。まさに循環論法にも似たはぐらかしである。

この態度の背後に感じられるもの、それはつぎのように言い表わすことができる。死体は埋められるべきものであり、したがって市民法のカテゴリーからはずされなければならない。大地が引き受けたのだから市民法が引き受けることはない。それを口にするというへまを犯した市民法学者は、死体に「人」としての資質を認めることはできない、かといって、「物」のカテゴリーに入れることもしないと告白せざるをえなくなる。そうなると、死体は法的には無であるという結論になる。しかし、これは驚くべき言葉である。市民法は空白ができることを何よりも嫌う。そして、これこそ市民法学者リペール〔一八八〇‐一九五八〕がプラニョル〔一八五三‐一九三一〕の『民法概論』を検閲した理由であった。

「死者はもはや人格ではなく、無であるにすぎない」とプラニョルは書いた。この文章はリペールにはあまりに耐えがたいと思われたので、彼はプラニョルを改訂するときにそれを削除した。[20]

この出来事は単なる逸話としてかたづけられるものではない。死体を検閲し削除するメカニズム、実際は人体を検閲するメカニズムなのだが、それはほとんどの場合、暗黙のうちの現象としかいうことができない。しかし、まれなこととはいえ、一度だけ目にみえる形で働いたということをこれは示している。

近代市民法には、かつての「宗教物」、すなわち市民法学者の理解を拒む神聖なものがいまだに残っている。たしかに、民事裁判で墓地の区画に関する訴訟に判決を下さなければならないこともあった。しかし、この問題が、私たちの市民法の基本原理、すなわち個人のみを存在するものとし、家族に法人格を認めず、その結果、家族はどんなに小さな権利であろうとその主体にはなれないとする原理からはずれたところにある、ということを告白するだけであった。一〇〇年以上前の判例によって、フランス民法典の譲渡と分割の規定は、墓地の区画については無視され、適用されないということが確定した。そして市民法の基本原理に反して、墓地は家族から外に出ることなく、家族によって永遠に共有されるべきものとされた。[21]法史家ならこの判例を容易に解読することができる。ローマでと同様に、家族が崇拝する神聖なものである以上、墓地は市民法の外に出なければならない。

そのアンビヴァレンスによってみえなくなる死体

死体の考察によって、私たちは揺るぎない事実を手にすることができた。

一、死体は「物」である。
二、死体は「神聖な物」である。
三、死体は食糧であり医薬品である。
四、死体は有害物である。
五、死体の管理は当然のように司祭と医者が分担する。
六、市民法学者は死体の管理に関わることを嫌う。

これらはすべて、ひとつのアンビヴァレンスを表わしている。神聖なものに典型的なアンビヴァレンスである。神聖なものとは、超自然的なものと物的なものが接する場所にある。前者にはこのうえなく崇高な何かがあり（神にまつわること）、後者はこのうえなく嫌悪すべきものを秘めている（糞尿にまつわること）。神聖さはこの二つを関係づける。したがって、神聖なものの奥底には言葉にできない何かがある。これは、とりわけ死体を検閲して隠そうとする態度からみえてくるものであり、この態度には生体をも隠そうとする意図が早くから見え隠れしている。

すべては、死体の「現実」のまわりをぐるぐる回っていることがわかる。では、この「現実」が率直に語られないのはなぜだろうか。死体の法的地位をあえて考察しようとした者から、この告白を引きださなければならないのはなぜだろうか。答えは、すべてがこの検閲に加担しているということである。死体を神聖なものとして管理する立場にある者（二）は、それが食糧や薬であること（三）、有害物であること（四）に触れることはしない。有害物である死体を科学的に管理しようとする者（四）は、実はその神聖さによって悩まされ（二）、また、食糧や薬に使われる（三）という野蛮さに頭を痛める。司祭（二）と医者（三と四）は、結果としては一致して行動するときでさえ、死体に対してまったく正反対のアプローチを行なっており、その点で競合関係にある（五）。神聖とされる「物」と、有害物であり食糧であり医薬である「物」は、お互いを隠そうとする。そして最終的には、「物」であること自体を検閲して隠すことで一致する。そして、市民法学者が長い間この問題の外にいたこと（六）は、「物」であるという明白な死体の「現実」（一）と矛盾する。彼らはその専門家のはずである。つまり、ここでもまた私たちは循環論法の形をした隠し合いに出会う。

科学の名であれ、宗教の名であれ（あるいは、神学的言説の近代的言いかえである人間的尊厳の名であれ）、それぞれの見方によって、死体の四つの要素（ひとつの「物」／神聖なもの／食糧と薬／有害物）が明白な事実であったり、あるいは沈黙すべき何かであったりする理由がここにある。たしかに、まさにこのアンビヴァレンスがある限り、死体が何であるかを確定しようなどとは誰も考えたりしない。死体から医薬品をつくるとか、死体の有害性を少なくするためであれば、食糧であることに目をつむる

――文明の高さゆえに――医者のなかには、それとは逆の神聖さをみる司祭の姿はない。死体のアンビヴァレンスによって、それぞれの観察者は自分のなかにどれかの視点をもつようになる。

多くの人びと、とりわけ法律家が死体を遠ざけ、理解しようとはしないのはなぜか。その答えも、結局のところ、死体のこの本質的なアンビヴァレンスのなかに見つけることができる。すでにローマ人にあって、法律家が死体についてあえて考えを述べるなどということはまずなかった。死体の神聖さについても、また死体の「現実」についても触れなければならなくなるからである。このように神聖さと「現実」の間にはさまれると、肉体のなかには神聖なものが住んでいる場所とそうでない場所があるに違いないと、人は考えるようになる。肉体は大地と同じひとつの空間になる。そして、神聖さの地形図が描かれる。ユスティニアヌス法典では、切断された肉体の各部が別々に埋葬された場合、頭部が埋葬された場所だけが神聖なものとされたが[22]、これはその地形図の一例であった。

しかし、このアンビヴァレンスは死体に特有なものだろうか。死体について確認したことを生体にまで広げることができるのだろうか。

死体から生体へ

死は人間の肉体の「現実」を作りだすのだろうか、それとも、単にそれを追認するだけなのだろうか。死体の「現実」を論拠にして、生きている人間の肉体の「現実」を演繹することができるのだろうか。

ピエール・ルジャンドル[*15]のように、逆に、「死によって肉体は『物』のカテゴリーに入る」というべきなのだろうか(23)。

私はこの著作が、生きている人間の肉体は、ローマ法が伝える分類を尊重するならば、「物」のカテゴリーに置かれるべきであること、人間の肉体は死の瞬間に法的性格を変えるものではないこと、人間の肉体の各部分は、肉体につながっていようとそうでなかろうと、同じ「物」としての性格を保持すること、これらのことを立証するものであればと願っている。

とりあえずはいくつかの手掛かりでよしとしなければならないが、神聖さのアンビヴァレンスと地形図について語ったことは、死体から生体へと完全に置きかえることができる。この点は確認したいと思う。

生物学的な機能は多面的であり、分けて考えることができる。このことは死体を全体としてみたときに認識できた。そうなると、私たちには生体と死体を同じように考えることのできる最初の手掛かりがある。つまり、死体と同様に生体もまた、神聖なもの、栄養になるもの、治療に使われるものを内にもっている。そして、体内にはまた有害物もある。血は明らかに神聖なものであり、母乳はいうまでもなく栄養物であり、血清と移植用臓器は当然ながら治療に使われる。ところが、糞便は有害物のひとつの原型である。それを全体として考えると、生きている人間の肉体は、死体と同じく、アンビヴァレントな性質の混ざったもののようにみえる。そして、この性質の基本的な共通点は、どれも肉体の「現実」を表わしていることにある。この最初の手掛かりからすれば、どう考えても、生体が「物」ではないなど推測することはできない。

また、私たちはキリスト教を文化的背景にして歴史を歩んできたのだが、キリスト教の典礼でも、肉体が死とともに法的性格を変えるなどとはなんら教えていないことを確認しておきたい。むしろ、死ぬということは、信者の心に刻まれた人間の肉体の「現実」、その物質性をあらためて見せつけるものであるように思われる。「あなたは塵にすぎず、塵に戻るだろう」、教会は少なくとも年に一回、四旬節のはじまりを告げる灰の水曜日の儀式で、信者の一人ひとりにこのことを心に銘じるよう説いている。また、聖パウロ〔生年不詳―六四頃〕が「ローマの信徒への手紙」(七、二四)のなかで、生きた人間の肉体を「死の肉体」と定義するとき、彼は人間の肉体の本性が永続することをはっきりと述べていた。

さらに判例のなかにも手掛かりがある。一八四四年三月一四日、セーヌ県軽罪裁判所は、死体の防腐保存処理の事業化に対して、「人間の肉体は、死の前であれ後であれ、商品とはみなされない」という理由で、それを認めなかった(24)。この判例は、墓を「取引されない物」とするローマ的観念を再発見した点、また、生体と死体を同じ法的カテゴリーに入れた点、すなわち、生体も死体も取引されることはないが、それでもなお、ともに「物」であることに変わりはないとした点で、とりわけ興味深い。すでに述べたように、この「取引されない物」というカテゴリーは、肉体に関する私たちの法をより確かなものにするために、ふたたび生気をあたえられるべきであると私は考えている。

また、考え方としては同じ方向を向いている法律がある。フランス法ではじめて臓器提供を扱った一九四九年七月七日の法律は、「遺言によって自分の目を贈与すること」を認めた。これによって医療手術は遺贈制度に組みこまれ、「物」の所有権を移転させるひとつの技術になった。死後、目は「物」である。そして、遺言でそれを処分することができるためには、法的性格が死の前と同じであることが不可欠であり、生前から目は「物」ということになる。そして、目と他の部分では法的性格が違うなどとはどう考えてもいえるものではなく、したがって、この法律の原点には、生前と死後で肉体全体の法的地位が変わっていないという認識があった。

最後に、私たちが考えた判決‐フィクションでは、どの部分をとってみても、人間の肉体は生理学的な死の段階を超えたとしても法的性格を変えるものではないということを、明らかにすることができた。体から離れた手足や他の部分は、腐敗が進んで、移植も接合も再注入もできなくなった時点ではじめて「物」になるのではなく、それ以前から法的には「物」であった。これらが全部集まって人間の肉体を形づくるのだが、この全部集まったものが、その部分の総計と異なる独自の法的性格をもつなどと考えることは、やはり無理があると私は思う。

法的な死が認められると、権利主体としての法人格が消滅する。後にみることになるが、この死は医学的な死、ましてや単なる肉体の腐敗とはまったく別物である。つまり、この法的な死が認められても、その肉体の法的性格はなんら変わることがない。このような死が存在することからしても、死体の「現実」をみることによって、生きている人間の肉体の「現実」をしっかりと推測することができるのである。

＊

死者の国を最初の行き先にしたこの旅は、市民法の学問体系では肉体が回避されていることを教えてくれた。しかし、ここ数年の医学と生命科学の急激な進歩を前にして、いつまでも回避したままではいられなくなっている。

二〇世紀末という時代は、法の歴史において、法的思考が肉体を再発見しなければならなかった時代として後世に残るだろう。二〇〇〇年も前に、肉体を回避するための思想体系が築きあげられ、法的思考はそのなかを歩んできた。その結果、法律家は肉体について語ることはなく、肉体の法的性格について態度を決める必要もなかった。肉体の神聖さは司祭の手に委ね、その卑俗さは医者の手に委ね、法律家は現実の人間世界を、人格という法的創造物が住む世界へと作り変えることができた。人格とは法律家が神のごとく創造した、まさに被造物であった。

しかしいま、法律家はこの挑戦に応えはじめている。ただ、倫理、倫理という叫び声がすべてを消し去るすさまじい騒音を起こし、彼らの声はまだはっきりとは聞こえてこない。道徳、宗教、あるいはタブーの騒音である。しかし、人間の肉体の法的性格という大きな問題をこれ以上避けて通るわけにはいかないこと、その結果として、死体がひとつの「物」であることを黙殺することができなくなったことを、法学はようやく認識した。クザヴィエ・ラベには、先を見据えたこのような姿勢をみることができる。法学は必ずや人間の肉体の「現実」を承認することになるだろう。「出生前と死亡後における人間の肉体の法的条件」と題された彼の学位論文は、この学問的道筋における重要な一歩である。しかし、序文を寄せた学者が、読者によっては衝撃的すぎるのではないかという懸念を表わしていること、「永遠の眠りへの権利」と「肉体的完全性への権利」という表題はあっても、それと同じ程度に重要な表題がいくつか欠落していること、これらはこの試みが冒険であることを示している。民族学的で歴史的な視点からすれば、このうえなく重要と思われる領域だが、ローマ的思想から生まれた市民法のなかで、無視して通るという伝統が守られてきた領域に彼は入りこんでしまった。[25] 死体をみないこと、これが市民法学者にとって、彼らのシヴィリテが作りあげた世界の外へと人間の肉体を追い払うもっとも明快な方法であった。[26]

4　ローマ的シヴィリテが法の非肉体化を求めるということ

生命科学が突然に出現しなければ、市民法における人間の地位の歴史は、肉体を検閲し隠蔽する歴史で終わっていただろう。肉体の問題は、いつまでも神学と医学に委ねられたままでいただろう。この章では、この肉体の消失が市民法学者の文化世界、シヴィリテの具体的な発現であることを示したいと思う。

「文明化する」という動詞と「文明」という名詞は、「刑法に属するとされていた事件を市民法に照らして判断すること、より高いシヴィリテに向けて習俗が変容すること」(1)という二重の意味をもって、それぞれ一六世紀と一七世紀に出現した。ところで、この「文明」という語は「未開」という語の対極にあるのだが、この時代は、刑法の野蛮さが告発された時代でもあった。罪人の肉体を痛めつけなければ刑罰ではない、これが原則になっていた。法が非肉体化する究極の段階である身体刑の放棄がこうして意識されるようになり、言葉が存在したがために、それが文明の進歩であるというわかりやすい表現をとることができた。

「文明」の意味を知るうえで、この刑罰観念の変化が第一の手掛かりになるが、ノルベルト・エリアス（一八九七-一九九〇）の例の『文明化の過程』をそれにつけ加えたいと思う。この本によって、同じ一六世紀から一八世紀に礼儀規則が体系化され、それによって肉体が隠されるようになったことがわかる。[2] すなわち、法的規範にあっても礼儀作法にあっても、文明へのプロセスとは肉体から解放されることであると考えられた。市民法も含めた生活規範において、生き方を知るとは、肉体的な生活を忘れ、人格と呼ばれる非肉体的存在の生き方をなぞることであった。

ラテン語は「文明」という言葉に対応するものを何も知らなかったが、「キーウィリタース civilitas」という観念を発明した。これは私たちのテーマにとって重要な観念であり、本書にいう「シヴィリテ civilité」はここからきている。文明化するとは「キーウィリタース」へ近づくことにほかならない。「ローマ人のキーウィリタース」とは、市民としての資質であり、同時に、社会性、礼儀正しさ、善良さのことでもあった。ローマの政治的・法的システムももちろん念頭にある。ローマ人が自分たちの市民法を自然法と万民法から区別するとき、その論拠としてもちだされたのが、この「キーウィリタース」であった。

ローマ人は祖先の記憶にいつまでも執着し、自分たちの市民法が「クィリーテース（ローマの住民の古い呼び名）の法」であると言いつづけた。しかし実際には、ローマの市民法は、肉体を完全に取りこんでいた古い法体系の残骸の上に築かれたものであった。市民法は、魔術的な力で肉体を束縛する未開社会特有のやり方から脱し、法的関係を合理的な言説で表現しようとしたのであり、それは法を非肉体化することによってはじめて可能になった。

法が所有する肉体

法が肉体を取りこみ、実際に所有していた時代があった。この所有という言葉について、信仰をもつ人、あるいは民族学者は、超自然的な原因で生みだされた状況を叙述するために、何かが取りついたという意味でこの言葉を使う。ここでも意味は同じである。

ことは重要である。古代の社会システムにおいて、個人を法に服従させる、すなわち個人を集団につなぎつけ、あるいは個人と個人をつなぎつけるものがここにあった。古代法では、肉体の暴力的な拘束は法の表面には現われず、なんらかの責を負った者の肉体を直接に束縛することはなかったが、その代わりに、超自然的な力によってその者を拘束する手続きがあった。「罰を受ける expier」(ex-piare からくる言葉であり、肉体から神聖なものを取りだすこと) 刑事犯であれ、支払うとか何かを行なう責務を負う者であれ、古代法は、罪人あるいは債務者の体をあたかも肉体的に束縛されているかのような状態にするために、超自然的な力を介入させた。その者はそれによって「縛られたごとき」状態になった。なぜなら拘束同然の状態を作りだす儀礼的行為、すなわち「オブリガーティオー obligatio」が彼に対して行なわれたからである。これが「法的義務」という現在の観念の起源である。

神に捧げられる罪人

「神のものとなるべし Sacer esto!」

十二表法[*16]の時代、紀元前五世紀半ばのローマ人はこの言葉によって、ときとして死刑を宣告した。「神のものとなるべし」というローマ人のこの言葉は、肉体という物的なものにこそ神聖さが宿るということをはっきりと示している。「神のものとなるべし」という言葉によって「生け贄 sacrifice」が捧げられるのだが、生け贄とは、語源的にはまさに「神聖なものをつくること fabriquer du sacré」であり、それ以外の意味はない。この点についても、食物の奉納にはじまる一連の行為の最終的な形として人間の生け贄を考える、宗教史学者の見解に目を向けなければならない。「神のもの」となり、神聖化された肉体は神の所有物になった。所有権には破壊する権利――これこそが所有権の決定的特徴である――が含まれ、神は好きなようにその肉体を処理することができた。神が罪人の肉体を自分のものにするという話は、古代地中海のどこにでもみられる。旧約聖書「創世記」（四、一三‐一五）にある人類最初の殺人、カインによる弟殺しの物語はその典型を伝えている。呪われ、法の外に置かれたカインは、最初に出会った者が自分を殺すのではないかと恐れたが、主ヤハウェは「カインを見つける者が、誰も彼を打ち殺すことがないように、彼にひとつの印」をつけた。ヤハウェはこの肉体が自分のものであるという印をつけた。

罪人に死刑を宣告する人間は、神による報復のための道具にすぎないとする考え方の起源はここにある。ほとんどの古代法には、同じ人物を二度にわたって絞首刑にすることを禁止する決まりがあるが、それはこの考え方によっている。一六世紀になってもなお、フランス西部ポワトゥー地方の法律家ティラクオ〔一四八〇頃－一五五八〕は『刑罰の緩和について』（問題六四）のなかで、この原則をつぎのように説明している。

もし、絞首刑の宣告を受けた者がひもが切れたことによって地上に落ちたなら、無実を叫ぶ彼の声が聞き入れられたがために奇跡が起こったと信じなければならない。ことの是非は問題ではない。したがって、彼は放免される。(3)

近代刑法にこのような規定はもう存在しないが、特筆すべきことに、いまだ多くの人が、体刑の道具がうまく機能しない場合に罪人には自動的に赦しがあたえられると信じている。「神のものとなるべし」という言葉は、古い羊皮紙に書きこまれた文字のように、いつまでも消えずに残っている。

呪われる債務者

この隷属させる神の力を、人間はほんの少しでももつことができるのだろうか。この答えを魔術的な神秘宗教のなかに探せば膨大な一覧表ができるが、そのなかの呪いに関わるものには法的な表題がついたものを見つけることもできる。

近代的法理論のなかに答えを探せば、意思の自治、法律の遵守、既判力などを根拠にして、権利をもつ側がなんらかの抑圧手段を使うことを正当化するものがさまざまにある。一九世紀のドイツ法学は、法的義務に関して、「債務」すなわち物的責務と「責任」すなわち人的責務という二つの要素を区別し、それを基礎にして理論を発展させた。たしかに近代法の理論としては魅力的なものだが、十二表法に描かれた古代ローマ法の法的義務を考える場合にはほとんど役に立たない。物が支払われるというよりも、支払う人の肉体が関わっており、責任の履行が求められるのではなく、債務者に対する債権者の魔術的で宗教的な支配がみられるからである。(4)

十二表法の時代、肉体の関わりは、重大犯罪に対して社会として刑罰を科す場合にとりわけはっきりしているが、犯罪の後始末を加害者と被害者の間で行なう場合にもそれはみられる。この場合も、加害者が自分の肉体でその罪を償うということが原則であった。いうまでもなく、「四肢の切断」の場合に行なわれる同害報復はこの原則を根拠にしている。それ以外の場合にもつねに肉体が関わっていた。「折られた骨」という形の暴力行為が贖罪金で肩代わりされるのは、加害者に同害、すなわちまったく同じ程度の骨折をあたえることが無理だからである。軽い暴力行為に関しては、一定額の贖罪金を支払うことで制裁がすまされるが、同害報復か贖罪金かの選択ができる場合、あるいは贖罪金ですませなければならない場合、いずれの場合でも、法の精神としては、贖罪金は損害を賠償するためではなく、金銭を身代わりにすることであった。被害者への金銭の支払いが一般化するにもかかわらず、犯罪から生じる責務に肉体を関わらせるという本来の原則はそのまま残された。これは「加害者委付」と呼ばれる制度をみればわかる。家長は自分の権力に服している者が他人に損害をあたえた場合、それが自分の息子であろうと、あるいは自分が法的に責任を負っている自由人であろうと、被害者に引き渡して決着をつけることができた。六世紀のユスティニアヌス法典はこの制度を維持し、ただし奴隷あるいは動物が損害を引き起こした場合に限られたが、家長は、生きたものであれ死んだものであれ、その体を被害者に引き渡すことができるとした。

契約上の債務についても、同じような肉体の関わりに出会う。貴族に対して債務のある平民、未払い債務の保証人、拿捕《だほ》と呼ばれる執行方法が命じられた債務者、これらは犯罪者と同じ立場に置かれた。つまり、自分の肉体を束縛から解放するために、支払いをすまさなければならなかった。この種の債務者が債権者に委ねられたときには、鎖につながれるか、拘束されるか、あるいは奴隷身分に落とされるか、すべて債権者の意のままであった。

古代ローマ法の一般原則によれば、犯罪者が罪を償うということ、あるいは債務者が支払いをすますということは、自分の肉体を買い戻すことであった。この肉体の関わりがどこまで行くのか、それを知りたいのなら、多くの債権者のいる支払い能力のない「有責判決を受けた債務者[*17]」は体を細かく切り刻まれると規定している、十二表法に目をやれば十分である。

犯罪者の肉体には神聖さが刻印されるということは、「神のものとなるべし」という言葉が何よりも表わしており、あらためて説明する必要はない。この点では、古代史家、聖書の註釈者（「復讐を叫ぶ血」に関して）そして民族学者は、完全に見解が一致している。古代法のシステムでは、契約による債務についても肉体が関わってくるが、それも契約関係が神聖なものであったことに理由がある。紀元一世紀の法律家は、債権者と債務者の関係を「法の鎖」と表現した。この鎖という言葉にはしだいに隠喩的意味づけがあたえられるようになるが、十二表法では鎖は現実のものであった。支払えない債務者が罰を受けるとき、この鎖は肉体をつなぐ鎖となった。しかし、現実のものになった鎖は、実は、目にはみえないが絶たれることのないつながりがそれ以前にあり、この超自然的な力によるつながりが姿を現わしたものにほかならず、このつながりによって一種の肉体的に呪われた債務者が生みだされたと考えられた。実際に、債務法の分野で用いられる「義務づける obligare」、「拘束する nectere」、「解き放つ、履行する solvere」という動詞は、「肉体的つながりを作りだす、あるいはそれから解放するという即物的な意味と並んで、宗教的で魔術的な意味をもち、呪文や儀式の力によって結ばれた宗教的つながりについて用いられる[5]」ことに留意しなければならない。このように、古代の義務は肉体的であると同時に、神聖なものであった。それは神聖であるがゆえに肉体的であった。後に触れることになるが、神聖であるがゆえに肉体的につながらなければならないという考え方が、婚姻に関するキリスト教の教義のなかに生きつづけることをあらかじめ指摘しておきたい（「婚姻の神聖なつながり」という考え方がそれである）。

受肉に反対するシヴィリテ

十二表法と呼ばれる「法律」は厳密な意味での法律ではなかった。当時のローマは基本的に農村的で、暴力的で、呪術的・宗教的雰囲気に浸った社会であり、その社会に特有の慣習法が成文化されたにすぎなかった。

法律家のシヴィリテと私たちが呼んでいるものは、この文化とは根底から異なり、どんなものであれ、法を受肉化するようなものはここに場を占めることができなかった。この意味で、「大皿と腰帯による」家宅捜索に対する二世紀中期の法律家ガイウス[*18]〔生没年不詳〕の態度は、とりわけ象徴的である。十二表法が規定するこの手続きは、窃盗の被害者が腰帯一枚で、手に大皿をもって被疑者の家に行き、そこで盗まれたものを見つけた場合には、その被疑者を現行犯で逮捕された窃盗犯（その場で殺される）と同じように扱うことができるというものである。[*19]ガイウスはローマの法律家のシヴィリテをもっとも巧みに表現した人物といっておそらく間違いはないが、彼にとって、これは「まったく笑うべき規定」（ガイウス『法学提要』第三巻第一九三節）であった。

法制史の教授は「大皿と腰帯による」家宅捜索を講義で話題にすると、いつも大いに受け、笑いを呼ぶことができる。つまり、アントニヌス゠ピウス帝とマルクス゠アウレリウス帝の時代に生きた一人の法律家ガイウスは、精神的には、彼より六〇〇年前に法を書き記したローマ人よりも、二〇世紀末の学生の方にはるかに似かよっている。帝政前期の法律家たちも、わが法学部の大教室の学生たちも、市民法のシヴィリテに浸りきっており、法的手続きで自分の体をさらすということが理解できず、このような慣行が他の古代法にもみられるということに、まったく目を向けようとしない。(6)

「大皿と腰帯による」手続きの意味について、歴史家の見解が一致しているわけではない。しかし、体をさらすことは神聖な儀式に特有のものであるとする点では一致している。ガイウスはこの手続きに実務的有用性を見いださず、それを笑い飛ばした。もしガイウスが民族学者のような視線で制度をみていれば、その儀礼的な意味づけが理解できただろうに、ローマのシヴィリテのなかにいる彼にしてみれば、それができるはずもなかった。そもそも、市民法が描きだす視覚的イメージのなかに肉体が登場しなくなったのは、ガイウスが人間に関する言説から神聖さに関わるものを追いだしたからであり、彼の影響力のなせる技なのである。神聖さが失われてしまうと、法的手続きのなかに被害者の肉体が登場することは、もはや笑いによってごまかすしかない下品で非常識なことにすぎなかった。

ここでも肉体の本質的なアンビヴァレンスにふたたび出会うのだが、どんな表現を使おうと、肉体は市民法のなかに入ることが許されなかった。肉体は神聖であり、同時に卑俗であるがゆえに法律家のシヴィリテによって排除された。逆に、大衆の文化では肉体は重要なものでありつづけるのだが、それはまさに同じ理由、すなわち神聖であり卑俗だからであった。

肉体の神聖さを前にして、嫌悪する市民法

共和制時代の最後の数世紀になると、学識ある法律家が出現し、ローマ人の法的生活は彼らを代弁者にして表現されることになる。この法律家は、祭司の階層に属してはいないということを何よりの特徴としていた。

口頭で相談にのり、専門的な著作を書き、立法者に示唆をあたえ、裁き、統治し、教え、文書を作成し、弁護する。そのいずれにあっても、ローマの法律家は合理的であると同時に実際的な言説を通して社会の現実を取りこもうとした。ところで、神聖なものの介入ほど、この言説を混乱させるものはない。とくに、人間存在に関するときにはそうであった。

しかし、ローマの法律家が宗教とは無縁の人間であったのかというと、実はまったく逆であった。彼らにとって、今日では法学説と呼ばれるもの、彼らが「法律学 jurisprudentia」と名づけたものは「神

の事項と人間の事項の知識」（ユスティニアヌス帝「法学提要」第一巻第一法文第一節）から成りたっていた。事実、古典期の法律家（共和政末期と帝政前期）は「司祭に関する法、あるいは神の法」に関する著述も行なっている。ただし、それは市民法に関する仕事からはっきりと区別されていた。このように、市民法とは宗教（最初はローマ固有の宗教、ついでキリスト教）を否定するのではなく、宗教的なもの、とくに神聖さが関わるものは括弧のなかに入れて横に置いておき、そのうえで論を進めることのできる分野として考えられていた。

それでは市民法のなかで、神聖なものの排除、その帰結としての肉体の排除がどのような形で表現されるのだろうか。それを知る最良の方法は、やはりユスティニアヌス法典を調べてみることである。この法典は、市民法の全体が三つの表題に分けられることを教えている。「人」、「物」、「行為」である（「法学提要」第一巻第二法文第一二節）。この編別が人間の肉体を消し去り、その結果、肉体の「現実」が隠されたという点については後の章で明らかにするが、この編別には神聖なものを拒絶するメカニズムが秘められており、ここではまずこの点について述べることにしたい。

「法学提要」（第二巻第一法文前文、第一節‐第一〇節）はまた、「物」のカテゴリーが「取引される物」と、いかなる法的行為の対象にもなりえない「取引されない物」に大別されるということを教えている。この「取引されない物」のグループ（繰り返すが、これがフランス民法典一一二八条の起源である）は、さらに、「人の法」による場合（万人が共有する「物」、社会が公有する「物」）と、「神の法」による場合に分けられる。「神の法」により「取引されない物」は、いわゆる「神聖物」、「聖護物」、そして「宗教物」（墓がそれである）に分けられるが、すべて神聖さの刻印を帯び、人間の物質的な環境と神の世界が接触する地点にある「物」をさしている。このように、いくつかの「物」が神聖であることをローマ法は否定するわけではない。しかし、これらの「物」が列挙されているのは、市民法の世界の外部にあることをはっきりさせるためであった。

逆に、神聖な「人」（あるいは、肉体が神聖である人）はとくに考慮されることはない。肉体がとくに神聖であるとみなされる人は司祭と政務官であり、この人のカテゴリーは公法のなかに組みいれられた。そして結局のところ、ユスティニアヌス法典では、神聖な「人」と「物」に触れている部分はきわめて少ない。ただし「勅法彙纂」は例外であり、ここにはキリスト教の信仰とその神学の強い影響を見てとることができる。これはローマ的シヴィリテが重大な危機に瀕していることを表わしている。西洋が中世を迎えた時代、この危機は教会法の出現と、宗教権力と世俗権力が対立するすさまじい政治危機となって現われるのである。

肉体の野卑さを前にして、嫌悪するローマ的シヴィリテ

ギリシャ哲学――ローマの法思想はその知的枠組みのなかで発展した――では、すべての学派が一様に肉体を心の底から蔑視し、肉体を魂の「牢獄」、あるいは「墓場」、あるいは「敵」であるとして告発した。この知的伝統において、肉体を捨て去ることは何にもまして精神の勝利を意味した(7)。

肉体を捨て去るということは虐待することを意味しない。苦行し禁欲することは肉体の重みにとらわれすぎることであり、最後には強迫観念に取りつかれることになる。古代ギリシャとローマでは、スポーツと入浴が重視されていたことがよく知られているが、これこそが肉体を否定するひとつの方法であ

った。清潔でたくましく健康な肉体はかえってその存在を忘れさせ、それによって真の理想、すなわち健全な精神にいたることができる。これが「健全な精神は健全な肉体に宿る」という有名な言葉の意味である。完璧な訓練が求められるスポーツ選手にとって、合理的な肉体の鍛錬は、美的で、知的で、さらに幾分か道徳的な行為でもあった。

肉体の美しさを称えることもまた、ギリシャやローマの芸術家にとって魂に近づくひとつの方法であった。美しさを追い求めること、それは人間が神的なもの、すなわち魂をもつことを表に出すことによって肉体の現実を否定する方法であると考えられた。肉体には神聖さのもつアンビヴァレンスがある。神的なものと下品さを秘めた物体であることの接点に、肉体はいる。この肉体とは違って、魂はひたすら崇高なものである。そして、人間の美しさには神の意思が表われている。ヴィーナスとアポロンは神であり、美少年アンティノウス[*20]は死後、神になった。つまり、魂は人間の内部に住んではいても、人間のものではない美しさを作りだす神性そのものであった。どこに住んでいるのか。いたるところである。魂は、ルジャンドルが西洋のドグマのなかに見いだしたように、魂は肉体のなかで場所を特定されない。魂は、肉体のなかで、そのもっとも小さな片隅にまで広がる。かくして、魂は「一種の謎めいた裏地、芸術を通してみることのできる第二の肉体」になる。踊ることによって「別の存在になることの喜び[(8)]」が表現されるのは、このことによる。舞踏とは、魂そのものである理想的な肉体をイメージして新しい肉体を作りあげることであった。この幻想の近代的な形が、「ボディビル」と呼ばれる肉体づくりのプログラムである。

*

ローマの法思想がギリシャ哲学のしみこんだ知的環境のなかで発展したということは、多くの学者が指摘している。たしかに、細かく照らし合わせてみれば、そのとおりであることが確認できる。私たちはつぎの章で、法律家が、技術は自然を模倣するべきであるとするアリストテレスの原理をいかに重要なものと考えたかをみることになる。しかしその反面、ローマ的シヴィリテの独自性や、そこに秘められたプロメテウス的な野望は認識されることがなかった。

ローマの法律家はギリシャ哲学にはっきりとは言及することなく、その定式を用いる場合がある。誤りは、この沈黙こそが従属の印であると理解したことにあった。すべてのゲームでそうであるように、これは危険な判断である。

ローマのシヴィリテは根底にある独自性を保持したまま、ギリシャ哲学を受けいれることができた。つぎの章では、ローマ法が人格という観念を登場させるプロセスを通して、それを確かめたいと思う。たしかに、私はいま、肉体の卑俗さを隠そうとする性向はギリシャの思想によって説明がつくと語ったばかりである。しかしその思想が影響をあたえたとしても、それは補助的な役割にすぎず、もっとも重要なものは、法人格の発明にみられるように、ローマ的シヴィリテの中心をなすところで作りあげられたのである。

ギリシャの哲学的思想は、人間が肉体であり魂でもあると考える点において、やがてキリスト教思想と結びつくことになる。その一方で、ローマ的シヴィリテは肉体と魂をまとめて消し去る別の世界を作りあげた。これこそが、市民法学者が創造し、法的生活という舞台の上で演じさせた被造物、人格というものが住む世界である。

5　人格、その演出家による創造物

法人格とは、人間を法的生活という舞台の上で演じさせるために、ローマ的シヴィリテのなかで考えだされた観念である。この観念を用いることにより、市民法は、古代哲学、そしてキリスト教が描きだした人間像、すなわち人間とはそれぞれ魂を宿した肉体であるという認識に背を向け、法律家のプラグマティズムと結びついた。このように、人格は、魂にも肉体にも取って代わるものとして市民法の思想体系に出現した。

当時、法律家は舞台の上で演出すると同時に、神のごとき創造の領域へもその活動を広げることができた。人格という観念を発明することにより、法律家は神聖さのない人間存在を新たに創造した。この操作が意味するもの、それは、すでに触れたことだが、「法学提要」（第二巻第一法文第七節‐第一〇節）にはっきりと書かれているように、神聖なものを「物」のカテゴリーのなかに取りこんだという事実から十分にうかがい知ることができる。

人体は神聖なものである。したがって肉体を「物」のカテゴリーに入れるとしても、細かくいえば

「神の法」に属する「物」のカテゴリーということになる。つまり、人体は市民法が扱うことのできない「物」になる。人格を発明し、その論理的帰結として肉体を消し去ることの意味はここにあった。ローマ的シヴィリテの世界では、人間を「神の法」に委ねることなく、人間のつくる法によって管理しようとすれば、この操作が欠かせないものであった。

「頭格 caput」と「人格 persona」——頭と仮面

市民法が「頭部」に隠喩としての意味合いをあたえたとき、抽象化の作業がはじまった。頭部は生命そのものであり、したがって人間全体を表わしていると考えられた。その結果、人間の頭部を引き合いに出すことは寓意的な価値をもった。頭部は「頭格」となり、ローマの法的・政治的体系のなかでの人間のランクを表わすことになった。法的生活において、完全な存在であるローマ人として認められるには、「頭格」の三つの要素（自由人の身分、市民権の保有、家長の資格）の保持者でなければならなかった。この要素のうち、ひとつでも消滅するか変更になれば「頭格減少」をこうむったとみなされ、それは完全な消滅（民事死）にいたることもあった。

ここに早くも、みごとな神業がみられる。人間の体が完全なままであるのに、法的に首を斬られている。それでは、肉体が隠喩になり、肉体と距離をとりはじめたこの法のなかで、「頭格」を担う人間はどのような姿をすればよいのだろうか。法が生命をもち、動いていくためには、実際の人間の頭部ではないが、それに似ていて、また、それを代弁するという性格からして本当の頭部に依存している別の頭部がなければならない。そうだとすれば、これはまさに劇場で使われる仮面ではないか。本当の人間に代わって語るこの法的な頭部とは、声を遠くまで運ぶために巧みに考えられた仮面、役者が「響かせるために per sonare」、すなわち劇場全体に声を届かせるために用いる「仮面 persona」そのものではないだろうか。

ここに人格が生まれた。そして人格という観念の出現によって、法の非肉体化の歴史は決定的な段階に入った。それであればこそ、人格の本質とは何か、それを明らかにしておかなければならない。まず、ローマ人が「ペルソーナ」と呼び、私たちが「自然人」と呼ぶものは抽象的概念である。この点をはっきりさせておかなければならないのは、後に「法人」に関する理論がつくられ、問題点がぼかされたからである。そこで、以下のことをしっかりと確認しておきたい。「自然人」とは、「法人」と同様に抽象的概念だが、それだけではなく、現実に存在している概念であるということ。法律家が創造主の役割を果たすことの何よりの例証がここにある。

創造する法律家

法律家（立法者を含む広い意味での法律家）は、人格の観念を用いることによって、社会という劇場の偉大な演出家になり、さらに芸術的な創造者にもなった。法律家の創造したものは現実に存在するものとなり、生身の存在に取って代わることになった。この神業に成功した後であれば、法律家にとって、人格に関するどんな鮮やかな操作であっても、実行は容易なことであった。

劇場での演出とは違って、法という舞台での演出は真に創造的なものであった。法人格は生活の日常のなかに存在するという点で、舞台の上の人物とは異なっている。人格は抽象的概念だが、単なる虚構ではない。人格を誕生させた法体系は、どのような人格が存在し、どれだけの期間それが存在するかを自由に決定し、それに現実性をあたえることができた。そして学問が登場し、ローマ的シヴィリテ内部での人格の役割を整理し、最終的に明確にする。「物」が権利の対象であるとすれば、「人」はまさに権利の主体となった。つまり、法という舞台の上で権利を操っていた法律家が人格を創造した意味は、その権利に名義人をあたえ、「物」を支配したことにあった。ローマ法をその表現とする文明体系すべてにおいて、基本的な足場となる考え方がここにある。人格という形で、法によって「新たに創造された」人間は、もはや超自然的な力にもてあそばれる玩具ではない。この目にみえない力は、かつては「物」の神聖さを介して人間の前に現われ、人間を支配していた。この力は否定されなければならない。「すべての法は人間のためにつくられた」という「学説彙纂」(第一巻第五章第二法文) の言葉は、まさにこの考え方を表わしている。今日、私たちの法理論には「主観的法」と呼ばれる権利概念がある。当然のように人間に認められる権利のことであり、法律家がそれを認めるにあたって、各人のものを各人にというような事物の自然な秩序に忠実である必要はないとされている。ローマの法体系は市民法を神聖な力から解放し、またその論理的帰結として「物」に対する人間の支配をうたいあげることにより、後に「主観的法」とされる権利概念を萌芽として育てていた。

私はこの点で、ミシェル・ヴィレー[*21]〔一九一四－一九八八〕の教えが支配するフランス法哲学派とは対立する立場をとっている。

フランスの法律家は、伝統的に古代ローマ法に帰せられていたいくつかの基本的観念が、実は中世のローマ法学者、教会法学者、神学者の考えだしたものであるということを、ミシェル・ヴィレーによって教えられた[1]。これは間違いなく彼の功績である。そしてそのなかでも、「主観的法」という観念がどのように出現したのかという問題が、彼や弟子たちの著作で大きなテーマになっていた。ミシェル・ヴィレーは、ローマの法律家がアリストテレス哲学の影響を受け、法のなかで事物の自然な秩序を尊重することしか頭になかったと考えた。彼にしてみれば、個人、すなわち「主観的法」の名義人である法主体から出発して法が再構築され、それによって見方が一変されるには、ウイリアム・オッカム[*22]〔一二八五頃－一三四九頃〕を嚆矢とする中世を待たなければならないのである。

「主観的法」という観念がオッカムの唯名論によって強化されたことは確かだとしても、その起源はもっと過去にさかのぼる。この見解は、現在では完全に合意を得ている[2]。こうして、中世哲学研究者のおかげで、法学史研究者がかねてから抱いていた懐疑が的はずれではなかったことが明らかになった。大きな学問的断絶があったと頭から信じこみ、実際に伝達がなされたという事実があっても平気で無視されてしまっていることが、つねづね指摘されていた[3]。

ミシェル・ヴィレーの最大の誤りは、人格の観念を個人の観念と同一視したこと、人格の観念が抽象化によってつくられた構築物であり、事物の自然な秩序とは関係がないことを見抜けなかったことである。自然な秩序に従えば、それぞれの人間は何よりも魂を宿す肉体として認識されなければならず、それは人格の観念とは相容れない。人格という観念を考えだす知的操作は、間違いなく抽象化の作業である。そして、抽象化されたものとは、感覚しうる現実から取りだされたものという語源的な意味のとおりに、人格とは、肉体によって人間の存在が認識されるという現実から取りだされ、切り離された観念であった(4)。

人格が法的舞台のためにつくられた純粋な創造物であることを理解すれば、それが権利の主体以外にはありえないこと、人格はこの主体になるために、そして法の主観的概念を基礎づけるために考案されたということがわかるだろう。ローマのシヴィリテは事物の自然な秩序をないがしろにしなかった。事物の秩序は——すぐ後にみることになるが——法律家の力に限界を設けた（異様なものに行きつかないように）。しかし、この限界の内部では、法律家は人格に対して真に創造者たる力をもっており、自然な秩序を単になぞるというものでは決してなかった。またミシェル・ヴィレーの説には、人格の出現が法の非肉体化の産物であるという基本的事実を理解していない根本的な欠陥がある。このことを理解できなかったがゆえに、後に触れるように、この学者には清貧に関するフランチェスコ論争の本当の意味がみえなかった。この論争の意味は、所有に関する法的言説のなかに人間の体をふたたび導入したことにあった。

法律家は、はたして正真正銘の創造者でありうるのか。一五世紀、とくに一六世紀の神学的法理論のなかで、この地上には、人間の領域でありながら神の領域の一部をなし、あるいはそれに似ているものが存在するとする理論が展開された(5)。この学説は、所有者のどんな些細な権利でも神をもちだして正当化するのだが、実はそれ以前にも、創造する権力以外の何者でもない権力、すなわち「何もないところに何かをつくる権力」を教皇、ついで神聖ローマ皇帝、各国の国王に認める理論があった。そして、これらの権力者から委託を受けているという事実によって、法律家全体にもそれが認められた。エルンスト・カントーロヴィチ[*23]（一八九五―一九六三）は、文学的・芸術的創造の理論がすべて立法者の創造する権力を引き合いにして生みだされたということを明快に示したのだが、彼の立論は、法が創造した人格に備わっている存在の現実性を基礎にしている[6]。

「法学提要」（第一巻第二法文第一二節）に述べられているように、ローマ的シヴィリテの世界は「人」「物」「行為」によって構成されている。「行為」とは、何よりも、法の舞台にのぼるもっとも濃密な瞬間、すなわち訴訟のことであり、手続きが進行するにつれて、日常生活が劇になり、舞台の上で演じられる。

ローマ人の法体系において、訴訟はとりわけ重要であり、訴えるという行為がなされてはじめて法の存在が導きだされるといっても過言ではない。それは法が存在するための条件であった。そしてローマ的シヴィリテは、「人」と「人」の関係であれ、「人」と「物」との関係であれ、この訴訟という「行為」を通して人格を登場させ、演じさせた。しかし、人格に「行為」をさせ、人格を法的生活において現実に存在するものとすること、それは人を創造する行ないであり、宗教が神による創造とするものに類似している。したがって、それと一線を画すためには、神聖なものが絶対に姿を現わしてはならず、そうであればこそ、肉体を消し去ることがとりわけ必要であった。

このことの重要性を確認するために、ローマ法が「神聖な物」というカテゴリーは想定したが、「神聖な人」というものは想定しなかったという事実を思い起こしてみよう。では、ローマの宗教の祭司、神聖化された皇帝、後にはキリスト教の司祭をどこに分類するべきなのだろうか。これらのローマ人は明らかに威光に包まれていた。しかし、彼らが「神聖な人」というカテゴリーにくくられることはなかった。それは、神聖であったものが彼らの人格ではなく、「物」としての彼らの肉体だからである。「人」は神聖なものであってはならなかった。

人間に関して独自の合理的な法的考察を展開するために、神の影響から人間を解放しようとした思想体系において、「人」と「物」の区別を考えだすことは、ごく自然のなりゆきであった。人間に対する神の支配は、肉体の神聖さを通して認識されるものであり、したがって、その肉体を消し去ることもまた、ごく自然に必要とされた。この肉体の消去をはっきりと示すものには、すでに出会っている。死体の存在が墓地を神聖なものにしているにもかかわらず、死体そのものの神聖さはどこにも姿をみせず、いわんやという推論でその神聖さを演繹しなければならなかった。これである。

さらに、人格の発明の根拠となった思想体系を理解すれば、人格の観念は、どんな形であろうと、どんな時代であろうと、神聖さと関わることを決して受けいれないことがわかる。しかし、私たちはここで言葉の使われ方の問題にぶつかる。肉体は隠されたが、人格という観念がその代わりになったこと、そして人格の保護は結果として肉体の保護にもなるという事実、これらのために、人格という観念は、通常の用法においても法的用語においても、人間の体をさし示すためにしばしば用いられた。たとえば国王の聖別式とか、王の触手によるるいれきの治療[*24]を語る場合、「国王の神聖な人格」といった言い方をすることがあった。また、大逆罪に対する血なまぐさい処罰が、この言葉によって正当化されたことも忘れるわけにはいかない。ところが実は、古典学者デュ・カンジュ〔一六一〇－一六八八〕の『語彙集』（一六七八年）を調べれば、一七世紀、ラテン語の「国王の体 corpus regis」という表現が、フランス語では「国王の人格 personne du roy」と訳されていたことがわかる。つまり、言葉が混同して使われていた。国王の神聖さとは人格の神聖さではない。聖なる日に聖油を受けるのは国王の体であり、るいれきを患った病人が求めたのは国王の体との接触であった。大逆罪については、それはまず国王の身体に対する犯罪をさしており、後に謀反や他の政治犯罪に対しても使われるようになるが、それは単に類推によって広げられたにすぎない。大逆罪とは何よりも国王殺害でありつづけた[7]。人格を神聖なものとする考え方は、どんなものであろうと、人格を生みだしたあのローマ的シヴィリテとは無縁のものであった。

法律家、人格の生命の操縦者

一五世紀、フランス南東部ドーフィネ地方の法律家ギ＝パプ〔一四〇二－一四八七〕は、立法者の創造する力を鮮やかな言い回しで説明するために、皇帝は「死んだ者を生きていると宣言すること」ができると書いた[8]。

たしかに、人格という抽象的観念を創造した後、法律家はその人格に対して、この言葉そのままの大きな力を手に入れた。それは、今後、生命科学がもつだろう力よりはるかに広範なものであった。「自然人」という人格は、肉体という物的な実体が存在していることを前提にする法的な存在だが、肉体に従属するものではない。それは肉体より先に生まれることができる。また肉体の後にも生きつづけることができるし、あるいは肉体より先に消滅することもある。さらに、肉体とは別個の力をもつこともできる。

人格は、肉体より先に生まれることができる

肉体として生きていることが前提であるようにみえるが、「自然人」にはそれ固有の存在基準がある。この考え方は、胎児はその利益になるときはすでに生まれたものとみなされるとする原則のなかに、とくにはっきりと表われている。フランス法では、この原則はつねにラテン語の格言の形で語られる。「Infans conceptus 胎児は……」[9]。ローマ法において、人格は出生の後でなければ存在しなかった。しかし新生児の利益になるのであれば、懐胎の時点までその人格の出現をさかのぼらせることを、法は許した。そこでいま、出生以前の子供にも法的人格があることを認めようという主張が出てくるのだが、クザヴィエ・ラベの学位論文はこの主張が現行の法体系にはそぐわないことを論証し、完全にそれを打ち砕いた。つまり、現行のフランス法がローマ法にならってすでに生まれた人間にのみ人格を認めていること、ただ場合によって、表わすべき人間的存在が生まれる数カ月前に、人格が法的場面に出現したと主張することを許しているだけであり、これは擬制にすぎないことを明らかにした[10]。

ミシェル・ヴィレーのように、人格を登場させることは法を非肉体化することにほかならないということを理解しない者が、「たとえば、出生以前の子供になんらかの人格を認めるというようないくつかの細かい規定を除いては」[11]、人の法に関して、私たちがローマ人から何も受け継いでいないと考えることは論理的である。しかし実際は、「胎児は……」の格言によって、ローマ法はその人格概念の本質を

私たちに伝えた。法律家は法的存在と肉体的存在を区別することによって、守るべき利益に応じて人格がいつ生まれたのかを自在に決定することができる。そしてまた、いつ死んだかということも。

人格は、肉体より後に、あるいはそれより前に死ぬことがある

人格は、人間としての存在が終わった後も生きつづけることができる。ローマ法では、相続人のいない財産はいつまでも死者の人格に属するとみなされた。さらに、ローマ法とその発想を受けた法体系は、「生死不明」という法理論を発展させた。フランス民法典は、肉体的な死亡が証明されない不在者の人格は永遠に存在するという推定さえ行なっている。

それとは逆に、肉体が完全に生きているのに人格が死亡することがある。一九七七年一二月二八日の法律にはじまる、現行の「不在」制度から生じるものがそれである。現在の制度において、不在の宣言は、肉体的には生存の可能性のある人格を実際に死んだことにするものであり、その執行によって相続人に財産が移転され、配偶者には再婚することが認められる。しかし、不在者が帰ってくるという万一の場合をあらかじめ考えておかなければならず、戻ってきた者への法人格の再付与が行なわれることになったが、きわめて正当にも、市民法学者はキリストの場合のように、それを復活と呼んだ[12]。

現行のフランス不在制度は、事実上、かつての「民事死」を再生させたものである。一八五四年五月三一日の法律がその名のついた刑罰を廃止して以来、この制度は私たちの法からは消滅したといわれていた。「頭格大減少」という名でローマ人に知られていたこの制度は、もともとは敵の捕虜となって帰ってこない市民に関わるものであり、市民としては死んだと宣言することによって、不在という状況を

整理するためにつくられた。それに中世のローマ法学者が、出家した場合となんらかの刑罰を受けた場合をつけ加えた。

法律家が肉体的な死を思い描かなくても、死の法的帰結について考察することができたという点で、「民事死」の制度は重要な学問的役割を果たした。純粋に法的な基準によって死を定義すること、それは実際には肉体的な死をみないことであり、つまりは肉体を忘れること、卑俗さと原始的な神聖さが刻みこまれているがゆえに、法律家の知的な思弁のなかに場を占めるにはふさわしくないこの物体を忘れることであった。ローラン・マヤリが明らかにしたように、中世の法律家は死を心静かに、すなわち民事的に扱うために、感情的な痛み、魂の救済の問題、やがてくる肉体の腐敗、これらを思い起こさせる死を忘れようとした。[13] 彼らにとって、「民事死」は穏やかな心で眺めることのできるきれいな死であると同時に、合理的アプローチにみごとに適合する非宗教的な死であった。「民事死」は、手本になる死として法律家には欠かせないものであり、これによって法の非肉体化の道筋は新たな一歩を刻んだ。

人格は、実際の肉体的力とも人間的知性とも異なる力と知性をもつ

人格には力と知性が備わっている。市民法学者はそれを「能力」と呼び、場合に応じてその大きさを確定する。もっとも、「能力」があればなんらかの権利の保有者になることができるが、本人が実際にその権利を行使できるかどうかは別の問題である。[14]

「能力」とは、法的場面で行動するにあたって人格に認められる適性である。すでにみたように、ローマでは、人間の法的な位置づけは頭を引き合いに出すことによって表わされた。法的に存在するとい

うことは、頭であること、すなわち知的な面も含めた肉体的な適性を基準にして、その存在を認められることであった。したがって逆の「無能力」も、もともとは肉体的弱さにもとづく理念であった。「無能力」という扱いを根拠づけるために法律家が用いた無能や無力という観念は、まずは肉体的な弱さをさし示し、やがて知的な面にまで拡大されたものである。「子供の無能力」とは、何よりも話すことのできない者（「幼児 infans」とは言葉をもたないという意味である）の無能力であり、自分の利益をきちんと守ることのできないという理由で「無能力」とするようになったのは、後のことにすぎない。

かの弱い性に属する人間、すなわち女性の「性による無能力」は、法的無能力の理念が肉体的要素からはじまったということを裏づけている。長い間、女性には法的能力がないものとされてきたが、婚姻能力だけは認められていた。この能力は恥毛の発毛（フランス語の「婚姻適性 puberté」はラテン語の「恥毛 pubes」からくる）という肉体的変化によって認められ、男性だけではなく女性も発毛するからである。しかし、性的関係において男性の肉体的優位が動かしがたいものになると考えられたので（一般的にではあるが）、女性（既婚であろうとなかろうと）は長い間、対外的な能力を一切認められなかった。逆に男性の場合、肉体の変化が通常は女性より遅いこともあり、肉体的に婚姻適性が認められると、完全な法的能力をそなえたものとみなされた。

「心神喪失者の無能力」でも同様に、重要なのは肉体であった。もともとは暴力的な精神障害者、すなわち本人の利害がどうなるかに気を配るよりも、まず肉体的に押さえつけなければならない者のみが「無能力」であった。ローマ法が心神喪失者をすべて「無能力」とみなす一般的規定を作りあげたのは、凶暴な精神障害者に対する制度が他の病的な状況にまで拡大されたことによる。

その後、「無能力」に関する私たちの法は、基本的には精神的基準のみを斟酌するという方向でおおむね進んできた。その結果、「性による無能力」でも、女性特有の気質といった精神的な意味づけがとくに取りあげられるようになった。また、肉体的に適性に達していなくても一人前扱いをする有利な措置がとられたり、逆に不利になるが、犯罪についても一人前であったり、あるいは二五歳未満の者を世間の荒波から保護するためには、それ以後でも半人前に扱うというように、[*25]婚姻適性という肉体的現象はその重要性の一部を失った。

最終的に、市民法学者は人格としての法的能力を、人間の実際の能力から部分的に分離させるまでになった。婚姻能力の「法定年齢」(当時は女子が一二歳、男子が一四歳)が定められたのは、その一例である。その後、年齢は引きあげられたが(フランス民法典では女子が一五歳、男子は一八歳)、現在の法定婚姻適齢までこの制度はつづいている。ローマ法が、本当の意味で性交能力があるとは必ずしもいえない人間に婚姻能力を認めていたことは一見してわかることであり(近代科学の立場からすれば、長い間、それが婚姻許可条件と同一視されてきたことが誤りであったとされる)、現在の法定婚姻適齢の方は肉体的な婚姻能力に対して遅めに設定してあることも、あらためて指摘するまでもない。また、男性と女性の婚姻適齢に差をつけることがあいかわらず行なわれているという事実は、市民法がここでもなお、人間の再生産に関する自らの体系のなかに生物学を移しかえ、それを自由に操作したということを示している。

人間の能力を市民法的に定義するということは、実は、能力の平等を制度化することに等しい。男性、女性、子供、精神障害者、それぞれに能力の範囲があたえられ、その範囲内では、すべての存在が肉体的にも知的にも同じ価値をもつものとされた。人の婚姻能力を法的に設定することの意味はここにある。愛情をもち、子供をつくることにおいて、すべての人は平等なのである。その肉体が消し去られているがゆえに、必然的に同じ価値をもつことになる。しかしこうなると、法が非肉体化されることによって、現実に照らしてみれば途方もないことが語られることになる。たとえば、十分に栄養が行き渡り、かなりの蓄えのある健康な人間と、飢えて、人がもっているものをほんの少しでも分けてもらいたいと願う病人が平等に扱われる。肉体が消し去られた結果、この二人の人間は平等な地位にあるとみなされる。そして、この平等は彼らの自由に関係している。一方には売らないという自由があり、他方には買わないという自由がある。法の非肉体化によって、食糧を手に入れることと、たとえば芸術作品を手に入れることは同じことになり、市民法にいわせれば、人間は食糧が手に入らなくても我慢すればよいことになる。ローマ的シヴィリテは人が餓死しても問題にしない。中世以降、ローマ的シヴィリテに対する激しい疑問が投げかけられるようになるのはこの問題をめぐってなのだが、それについてはずっと後にみることになる。

怪物をつくることの禁止

生命を操作するという考えが生まれたのは、まさにローマ的シヴィリテを背景にしてのことなのだが、生命操作の限界を最初に定めたのもこのシヴィリテであった。

人格の操作は実質をともなうものではない。しかし、それが生身の人間に向けられていることに変わりはない。肉体は隠されてはいるが、存在している。そして、人格に関する法律家の力の限界は、肉体もその一部である自然の姿にあった。

ローマ的シヴィリテは、ギリシャ哲学が支配する精神世界のなかで築かれた。その世界では、技術は自然を模倣するべきであるとするアリストテレスの技術論が幅をきかせていた。ところで自然は、人間を怪物から本能的に区別することを、異様さが引き起こす嫌悪感を通して私たちに教えこんだ。[15] したがって、人間の女性から生まれたものであっても、それが異様な姿をしている場合、ローマ法はこのような存在を人間とは認めなかった。この拒絶には優生保護主義的なさまざまな処置がともなった（『学説彙纂』第一巻第五章第一四法文）。怪物は人格になりえない。その論理的帰結として、法律家が人格のあり方を操作して怪物をつくることなど許されない。ローマ法とそれから派生する法体系には、この原則が適用される領域が二つあった。「養子制度」と「法人」である。

養子制度は怪物をつくるために考案されたのではない

家族の力を大きくするとか、子供をもちたいという願いを満たすとか、あるいは孤児を幸福にするとか、いずれにしても「養子制度」の発明はもっとも注目すべき法的操作のひとつだろう。その肉体がお互いに他人であるのに、二つの人格の間に親子のつながりをつくることだからである。しかし法律家は、この問題によって自分たちの技術が限界に達したことをきわめて早いうちに認識した。人格は肉体を完全に無視していいものではない。したがって、二つの人格の間に親子関係を作りあげるとして、それがあまりに異様な結果になりはしないか、それを知るためには養子と養親の肉体を考慮に入れる必要があった。そこでローマの法律家は、アリストテレスにならって「技術は自然を模倣するべきである」と繰り返し語ることになる。しかし実際には、どうにも正当化しようのない事例の入口でだけ立ち止まることにして、この戒律をほどほどに適用した。つまり、性的不能者が養子をとることを許したが、去勢された者にはそれを許さなかった(16)。事物の自然の秩序に対して幾分かは自由であること(未婚のままで養子をとること、子供がいないのに養子をとって孫にすること(17))を許し、要するに、息子よりも年下になる父親という極端な場合だけを異様なものとした。

自分よりも年長の者を養子にすることができないのは当然である。養子縁組は自然を模倣したものでなければならない。子供が父親よりも年長であれば、それは異様なものになる(18)。

双頭の姿をした教会は異様なものである

一二世紀、教会法のもっとも重要な集成のひとつ、作者不詳の『スンマ・コローニエンシス』ははっきりとこう述べている。「二つの頭をもつ教会は怪物へと向かうことになる」。

人格を操作することによって手に入れることのできたもっとも注目すべき成果は、「法人」と呼ばれる観念である。もっともこの観念は、ローマの時代にではなく、中世にローマの遺産を発展させることによって作りあげられた。「法人」とは、考え方としてはまさしく幻想的なものだが、それはさらに新しい幻想を生みつづけた。

「法人」の発明は二つの段階を経て行なわれた。

第一段階：組織された人間の集団は、人体に似た集団的体を形成するという認識。

第二段階：この虚構の体に対する、人間の人格をまねた人格の付与。

「法人」の発明にあたっては、集団的体の存在を信じることがおそらく出発点になったと思われるが、その最初の表われはラテン語のなかにある。ローマで、ある人間の集団が個々の構成員とは別の独立した法的存在になるとき、それは「体 corpus」と呼ばれた。(19) つまり、組織された人間集団の最初の名称が「体」であった。

しかし、集団がつくる体に具体的な実在性をあたえることは、事物の自然の秩序においては考えられない操作である。そうなると超自然的なものが介入することになる。聖体拝領によって一体になるキリスト教徒の集団にはその可能性が大いにあった。聖パウロは「コリントの信徒への第一の手紙」のなかで、キリスト教徒は「キリストの体」を形づくると書いている（一二、一二）。そして一四世紀初頭、教皇ボニファティウス八世によって、キリスト教徒は「教皇を頭とする神秘的体」を形づくるという原則が最終的に確立された（教令「ウナム・サンクタム」、一三〇二年）。キリスト教徒の結びつきにおける聖体の秘跡の重要性と、一二世紀中期以降、その秘跡ではキリストの体が現実に現われると教会が断言するようになるという事実を考えれば、神秘的体の教義は、たしかに人知を超越したものではあるが、信者には現実的で具体的な実在を表わしているものに聞こえたとしても、不思議はなかった。

同時に、もうひとつの考え方が姿を現わしてくる。教会の神秘的体と並んで、「政治的体」とも呼ばれる「国家という神秘的体」が存在するという考え方である。一方には、頭である教皇（現世においては、キリストの地位に就く）に導かれる手足としての信者があり、他方には、頭である君主（ここから、国家の「元首」という観念が出てくる）によって動かされる手足としての臣民があった。もろもろの集団が人間の器官のように機能すると説く伝統的な有機体説よりはるかに進んで、『リヴァイアサン』（一六五一年）の著者トマス・ホッブス（一五八八－一六七九）は、国家は人間が創造した集団的存在であると説いた。

自然、すなわち神が世界を創造し、それを統治するこの技は、人間の技術によってしばしば模倣される。人間はその技術によって人工的動物をつくることもできる。（中略）技術は、コモンウェルスとか国家（ラテン語でキーウィタース civitas）と呼ばれる偉大なリヴァイアサンを創造するが、それは疑いなく一個の人工人間にほかならない。ただ、この人工人間は、自然な人間よりは大きくて強いものである。(20)

『リヴァイアサン』の影響力によって、集団的体が現実に存在するという幻想が維持されたとしても、この存在が法的創造物であったことはいうまでもない。ただし、体というイメージは自然な存在そのものであり、それを借用した表現である。そして、この自然な存在は、芸術創造にも似た法律家の力に限界を設けるモデルでもあった。「法人」とは何かといえば、創造されたものであり、肉体をもたないものだが、まさに肉体が参考になっていた。

一三世紀と一四世紀、教会の神秘的体の理論、国家の政治的体の理論が発展するのだが、それらと同時並行するかのように「ペルソーナ・フィクタ persona ficta」の学説が作りだされた。今日、私たちはこれを「法人」と呼んでいる(21)。

神秘的体というイメージは、人間の体が「自然人」に対したのと同じような役割を「法人」に対して果たした。両方の場合ともに、肉体は人格に関する法の操作が異様なものを作りださないか否かを判定する尺度になった。一二世紀、先に引用した『スンマ・コローニエンシス』の匿名の著者は、ある教会の管理責任が二人の司祭に付与されるという問題に対して、そのような教会は「ビケプス biceps」、すなわち二つの頭をもつ怪物になるということを論拠にそれに反対した(22)。これはその一例である。

そして、この理屈は思いもよらない運命をたどることになった。一三世紀と一四世紀、しがない教区の仮の話がキリスト教西洋全体の話に移しかえられた。そして、二つの頭をもつという異様さを避けるために、世俗の権力を排除して神政政治を行なうという教皇の意思となって表われた。教皇ボニファティウス八世は教令「ウナム・サンクタム」のなかでこう述べている。

ひとつの体からなるカトリック使徒教会が唯一存在する。その教会は、頭がひとつだけでなければならず、怪物のように二つの頭があってはならない。

このように、肉体への言及は単なるたとえ話で終わらなかった。つまり、教会の組織、修道会、そして政治社会において明確で法的な帰結をともない、そのなかでもっとも注目すべきことは君主制原理を生物学的に正当化したことであった。

＊

市民法学者は絶対的権力をわがものにしたのではない。自然のルールがあり、それが彼らの従うべき手すりの役割を果たしていた。それでも、市民法学者が現在の外科医学と生命科学について見てとることができるものよりも、はるか遠くまで進んだということに変わりはない。いまのところ、これらの学問が法学に追いつくなどと想像するのは、このうえなく奇想天外な空想科学小説のなかだけである。集合的体を実在させるというような大胆なことは、そのような小説以外には誰も考えない。現在もちあがっている問題は、市民法がかくも驚くべきことを考えたことが手本となって、生体に関する科学と技術があまりに遠くまで進みすぎないか心配になったことからきているといえなくもない。しかし、それを制御するために法をふたたび受肉化したとしても、「人」と「物」の間で、人間の肉体をどのように位置づけるのかという厄介な問題が、こんどは提起される。

そしてここで、認めがたい論理がやがて姿を現わすことになる。

6　体、有形な物——見いだせない明白な事実について

たしかに、事実は明らかなもののように思えるのだが。

しかし、かくも明らかに思われることでも証明しなければならない。前章でみたように、ローマ法は自然な人間を人格に置きかえたからである。学問として体系化されたローマ法は論ずべきテーマから肉体を除外し、肉体は有形な「物」であるという当たり前のことがどこにも書きこまれていない。したがって、私たちは包み隠されたものを論理的に再構成する必要に迫られる。

ユスティニアヌス法典のなかで、「学説彙纂」と「勅法彙纂」を作りあげている膨大な法資料に統計としての価値があるのは、具体的でカズイスティクな形をしているからである。これによって、ローマ人が何かを語るときに、彼らの頭のなかでごく自然にイメージされる具体的なものを把握することができる。それからすれば、ローマ人にあって頻繁に訴訟を起こすに値する財産といえば、まずは奴隷であった。一見すると、これは奴隷を「物」とするローマ法学者の通説をいっそう根拠あるものにするように思われる。

ところで、ユスティニアヌス法典のなかで、「法学提要」はまったく異なった姿をしている。これは法典の一部ではあるが、ほぼ四〇〇年前に著わされたガイウスの同名の著書から大きな影響を受けた法律家養成のための教科書であり、ここにはローマの法体系の全体像がまとめられている。したがって、「人」と「物」がどのように区別されているのか、「法学提要」のなかでそれを探ることがことのほか重要な作業になる。そこでまず、法文をそのまま引用すればつぎのようになる。

われわれが用いるすべての法は、あるいは人に、あるいは物に、あるいは行為に関わる。まず、人に関するものからみていこう。

人の法に関するものの大区分はつぎのことである。すべての人間は、自由人であるか奴隷であるか、いずれかである。[1]

そのうえ、ある物は有形であり、ある物は無形である。

有形な物とは、その本性からして、触れることのできるものである。たとえば、土地、人間、衣類、金銀、また同様に、数えられないほどの多くの物。[2]

これらの法文を比べ合わせると、大きな疑問がわいてくる。「有形な物」のリストのなかに出てくる「人間」が奴隷のことであるのなら（後半の法文）、どうして奴隷の地位が「人」の法のなかで学ばれることになるのだろうか（前半の法文）。

法制史家は、ガイウスとユスティニアヌスが「人」のカテゴリーのなかに奴隷を置いたという事実に当惑した。あえて説明しようとすれば、奴隷の隷従の程度は弱く、人間としての資質が認められても不思議ではないというしかなかった[3]。しかしこのように、もしすべての人間が「人」として認められるとすれば、「有形な物」のなかに「人間」があげられるのはどうしてなのか。さらに、ローマ人はときとして奴隷をさして「人間 homo」という言い方をするとしても、「奴隷 servus」がこの「有形な物」のなかにはっきりと名ざしされていないということは、驚くべきことではないだろうか。

そもそも、明らかに物質的な「物」が並んでいるリストの二番目に「人間」が置かれ、それらが、肉体的という意味もある形容詞でもって「有形な物 res corporales」と呼ばれているのはどうしてなのだろうか。

これらの明らかな矛盾を解決する方法はひとつしかない。それは、ローマ法ではつぎのように考えられていたと認めることである。

(一) 人間はすべて「人」である。
(二) 人間の体はすべて「物」である。
(三) 自由人の体は値段のつかない「物」である。

人間はすべて「人」である

この表題の意味は、市民法が人間であると確認するとき、すなわち市民法の基準からしてすでに生まれ、かつ、いまだ死んではいないと認められるとき、その人間はすべて、広がりに多い少ないがあるとはいえ、少なくともひとつの法人格をもつものと認められるということである。

法律家が長い間「博士たちの通説」と呼んだものに反対して進むことは容易ではない。それは私も認める。ローマの奴隷が「物」であることはまったく自明なこととされていたので、ジャン・カルボニエは、この事実こそが人間と「自然人」が異なることの根拠であると書くことができた。[4]

要するに、奴隷が「人」のカテゴリーに分類されているが、それを字句どおりには理解しない——しかし、ユスティニアヌス法典にあいまいさはない——という考え方に立っている。この確信はどこからくるのだろうか。おそらく、学者たちは奴隷の状況と完全な法人格の定義を照合し、その結論として奴隷を「物」のカテゴリーへと追いやる気になったのだろう。完全な法人格には「頭格」の三つの要素、すなわち、自由、市民権、家長たる資格が必要であるということを思い出してもらいたい。奴隷にはこのなかの何もなく、したがって「物」でしかありえないと考えられた。

しかし、ローマで完全な法人格を享有していたのは家長だけであるとしても、彼らが唯一の「自然人」というわけではなかった。家長たる地位と奴隷の地位の間には、「他権者（他人の権利に服する者）」というカテゴリーに属する多種多様な中間的地位が存在した。これは奴隷と同様に[5]、家長の権力に服する人のカテゴリーであり、家子、妻、そしてまた「準奴隷支配権」に服し、奴隷に近い立場にある自由人、すなわち他の家長から購入した子供、あるいは犯罪の代償として委ねられた子供（「加害者委付」）がそれにあたった。さらに帝政後期には、このリストに、数的にはきわめて大きいコロヌス、すなわち農地に縛られた小作人がつけ加えられた。

このように多様な「他権者」を前にしては、奴隷の地位の特性が自明のことであるとはもはやいいがたい。さらに、奴隷の地位をひとつにしぼって語ることが誤りであるだけに、いっそうそうなのである。奴隷の世界には、きわめて過酷な徒刑奴隷から、都市あるいはローマ国家に属する恵まれた公的奴隷まで、多様な地位が存在した。たしかに、家長の完全な人格と徒刑奴隷の全面的な隷従の間にはきわめて大きなへだたりがあるが、自由人の世界の内側と奴隷の世界の内側それぞれに微妙な差のある法的地位があり、それによりこの二つの世界が連続してしまう結果、「人」と「物」の間にはっきりした境界線を見つけることができなくなっている。

奴隷の法的地位には、時代が進むにつれて着実に成長する人格の胎児のようなものがあり、その成長は家子の法人格の成長と並行している。この胎児のごとき存在が最初に姿を現わしたのは家族法の領域であった。フランソワ・テレは、奴隷の人間としての性格が、奴隷をもっぱら「物」と考えることといかに矛盾していたかを示すため、法の発生論に関する試論に『奴隷の子供』という題をつけた[6]。ローマの法律家が、奴隷の子供は奴隷所有者が自分のものにすることのできる果実ではないと一致して認めたとき、彼らは暗黙のうちに奴隷の人格を承認した[7]。これが認められたのは紀元前二世紀後期のことだが、それは、奴隷が法の世界で重要な役割を演じるようになる歴史的流れの出発点としても記憶されるべき時代であった。やがて、奴隷を法人格の名義人としてはっきりと承認する以外には説明がつかなくなってくる。ユスティニアヌスがとった結論はこれにほかならないということ、このことはなんど繰り返してもしすぎることのない事実である。

マルセル・モラビトの学位論文は、ローマの奴隷制に関する私たちの知識を完全に一新した。その豊かな独創性は統計的方法を用いたことであり、「学説彙纂」の記述のなかで、奴隷と法的行為が同時に問題となっている場合を調べ、売買、賃貸借、組合、委任、寄託、質関係、使用貸借、贈与あるいは問答契約などの四四パーセントで、奴隷は対象としてではなく、当事者として姿を現わしていることを明らかにした。(8) かくも頻繁に、かくも多様な行為の当事者であること、これは単なる「物」としてはあまりにも異常なことではないだろうか。実は古典学説でも、主人の人格が表明されているのではなく、奴隷が自らの意思で行動しているとき、その奴隷の人格は、将来の解放（それには遡及的効果があった）という条件のもとに保留された形になっていた。

ここで、奴隷の法的地位を家子の地位と関連づけて考えると、とりわけ興味深いものがみえてくる。この両者の進化はよく似ている。古代ローマでは、父親は家子に対して、奴隷に対して行使できる権利と、同一とまではいわないが、少なくとも似かよった権利を有していた。もともと、家子と奴隷はともに法的存在としては、実際上、無であった。しかし時代が進むにつれて、両者の地位は同じような形で上昇するのが見てとれる。奴隷に対しても家子に対しても家長権の厳格な原理が永続することは確かな事実だが、現実の生活において、彼らは法的場面で重要な役割を担うようになっていた。

ローマでは、父親は自分の子供に殺されるのではないかという不安のうちに生きていた。奴隷と家子の第一の共通点はここにある。ときとして、ローマは奴隷の反乱に悩まされることがあったとしても、日常的には親殺しの脅迫観念に取りつかれていた。子供は家子の地位のままでも、成熟期に達すると、もっとも地位の高い政務官をも望むことのできる市民になる。しかし、法務官や執政官になったとしても、法的にも財産的にも父親に依存したままであり、父親は金銭の支払いをやめることによって、息子の輝かしい政治的キャリアを終わらせることができた。ローマのさまざまな出来事、政治的事件、文学、演劇などに、父親の恐怖と子供の暴力が満ち満ちている理由はここにある。(9)

両者の共通点はさらに広がる。原則の厳格さはひとまず横に置いて、実際の社会的変化に目をやれば、家子と奴隷がともにますます重要な存在として法的シーンに登場するようになったことが確認できる。ごく早いうちから、自由人である家子は家長の名で財産を取得し、また家長の代理として行動することができたが、奴隷もそれにならうようになる。その後、家長が家子や奴隷を企業（商業、産業、海運、その他）のトップに据えるということがしばしば行なわれた。最後に、奴隷にとっても家子にとっても大きな立場の上昇を意味するのだが、家長の財産の一部が特有財産としてあたえられ、彼らは自由に使うことのできるかなりの財産をもつようになった。

したがって、ローマ法が奴隷を「人」として分類したという事実のなかに、ささやかな人道的譲歩をみるとしたら、それは間違っている。ユスティニアヌスの時代の法律家が、ガイウスにならって奴隷は「人」であると書くとき、彼らが実際に目にしていた奴隷とは、家族法の格言における胎児そのままに、人格があるとみなされた存在であった。(10) 彼らはときとして企業を管理し、他の奴隷を自由に扱い、皇帝から重要な行政的職務を任せられ、彼らの仲間内であれ、あるいは自由人と対等にであれ、集まって団体（職業社団、「相互扶助」のための組合、埋葬社団）を結成することさえできた。裕福で力があり、保護と財産的支援への感謝の印として、さらにはそれが提供されることを期待して、自由人組合のトップに招かれる皇帝奴隷については語る必要もない[11]。

しかしそうなると、奴隷に法人格があったことを証明するこれらすべての事実と、奴隷がまた権利の対象でもあるという事実——これも争う余地がない——をどのように両立させればよいのだろうか。一方で、奴隷は主人の望むがままに売られ、譲られ、貸され、さらには破壊、すなわち殺されもした。つまり、奴隷の人格が存在したとしても、その人格は彼の体に宿っている「現実」、所有される「物」であるという「現実」を取り除くことはなかった。

人間の体はすべて「物」である

奴隷を「物」とする学説は、「人」である存在と「物」である存在が人間によって分けられるという先入観にもとづいている。そうではなく、この二つの存在は一人の人間のなかに共存している。人格と肉体を完全に分け、自由人が「人」であり奴隷が「物」であるというように、分けて考えるのは間違っている。

古代ローマ法の時代、家父長制型の社会組織は、家長に「家」に対する政治的権力をあたえたが、家という観念は、人間の集まりであると同時に、経済単位を表わすものでもあった。したがって、もっとも原初的な制度において、家長権とは「人」に対する命令権と「物」に対する支配権を合わせもった単一の権力であった。

やがて、財産に関する法と「人」に関する法が分かれるが、財産に関する法で用いられる観念と技術が「人」の法のなかでも使われつづけた。そのわかりやすい例としては、奴隷の法的地位がまずあげられる。ローマでは奴隷にも人格が認められたことが立証されたのだから、「人」の法の例としても別に支障はないはずである。この場合、主人は奴隷の体に対して、もっぱら所有者であるがゆえの特権を行使することができた。これはまさに「自由な処分権」であり、譲渡する権利（売る、贈与する、遺贈する）と破壊する権利（殺す）を本質的な内容としていた。

さらに興味深いことに、自由人に対する権利もまた、財産に対する権利と異ならなかった。古代のシステムにおいて、父親は自分の子供に対して所有権が意味するものすべてを有していた。キリスト教が国教になる以前のことではあるが、父親には新生児を破壊する権利があった。自分の子を、奴隷や動物、あるいは普通の「物」と同じように棄てて危険な状態にしようと、それは自由であった。また殺すこともできたし、子供が異様な姿をしているときには、優生学の観点からそうすることが奨励さえされた。怪物は「人」とはみなされないということを思い出してもらいたい[12]。この破壊する権利の延長線上で、犯罪に走った息子に対して、年齢や政治的名声がどうであろうと、生かすも殺すも自由という権利がずっと後まで維持されたことが伝わっている。カティリナの陰謀[*26]に触れるすべてのローマ史家は、謀反者の一人が父親によって裁かれ、処刑された話を詳細に語っている。

自分の子供を殺す権利をもっているのだから、いわんやその子を譲渡する権利を父親が自由に行使できたことはいうまでもない。実際に、十二表法からは子供の売買が行なわれていたという事実が浮かびあがってくる。そうなると、奴隷を「物」のなかに分類しようとするのなら、成熟期に達していない子供もまた、当然にそこに分類されることになる。父親は「握取行為」[*27]という方式を使って子供を売却した。この行為は、農業経済であった当時、もっとも重要であるとみなされた財産（土地、地役権、駄獣、耕作用家畜、奴隷、そして子供）の譲渡方法であった。父親がティベリス川の向こう側に子供を売った場合には、その子供はおそらく奴隷になった。ローマでは、買い主のもとで「準奴隷支配権」に服する家子のカテゴリーに身を落とした。これはほとんど隷従の地位であり、罪を犯した結果として、父親が被害者に委ねた場合（「加害者委付」）と同じである。買い主が解放したとき、この子供はふたたび父親の権力に服した。そして、父親は三度まで子供を売ることができた。十二表法は、三度売却され三度解放された後には子供は父親の権力から自由になる、と定めている。その後、この規定は巧みに使われ、買い主と示し合わせたうえで、家子に完全な独立を認めるための方式として用いられた（男の子の場合には三回売却、女の子と孫の場合には一回売却）。逆の場合、すなわち子供が誰かに奪い取られたとき、父親は裁判によって子供を取り戻すことができたが、そのために「取戻訴権」による訴え、すなわち奪われた物的財産を取り戻すために使われるのと同じ訴えを行なった。また、この方式を使い、ある子供があたかも奪われた子供であるかのように裁判に訴えることによって、養子にすることができた。

　これらは十二表法の時代のことであり、ユスティニアヌス法典の時代には家子の状況は著しく改善され、同じようには論じられないという反論があるかもしれない。それには、奴隷の状況についても同じことがいえると答えることにしよう。帝政後期、奴隷の肉体的生存条件は皇帝の立法によってますます向上し、法的生活に占めるその位置はますます重要なものになった。たしかに、奴隷はつねに財産として譲渡される存在であった。しかしこれは、自由人である家子と比べて、本当に違いのある点なのだろうか。家子についても、家子解放や養子の場合にいまだ譲渡の手続きが必要であり、他方、犯罪が明らかになったときには、被害者に引き渡されることがあった。通説を信じるなら、すべての期間、自由人たる家子は「人」のカテゴリーに置かれ、奴隷は「物」のカテゴリーに置かれたことになる。しかし、自由人の譲渡という制度を最終的にすべて廃止することになるのは、ローマ法の歴史の掉尾を飾った、ほかならないユスティニアヌスであった。

人間の体を「物」のカテゴリーに入れることによってのみ、この学問的落とし穴から抜けだすことができる。ここであらためて、ローマの法律家が「物」について語るときに念頭に置いていたものをはっきりさせておかなければならない。ローマにおいて、「物」とは何かの物質をさしているのではなく、法的事件で問われているものを表わす用語であった。訴訟では、「物」とは争いの対象をさしていた。いうまでもなく、争いの対象は物質的なものでない場合もあり、物質的なものが争われるときでも、「物」はもっと広い意味をもっていた。たとえば逸失利益がそうである。ユスティニアヌスの「法学提要」は、ガイウスが行なった「有形な物」と「無形な物」との区別を踏襲したが、実はガイウスは、修辞学者と文法家の世界でなされていた区別を取りいれたのであり、この区別が法律家の間でごく自然になされていたわけではなかった。法律家にとって、利益に値する「物」とは、何よりもまず相続権・用益権・使用権、あるいは債権など、権利という形をした「無形な物」であった(13)。ガイウスとユスティニアヌスにいう「有形な物」が問題にされるとき、ローマ人の慣行では「コルプス corpus」と呼ばれる場合が多かった。ラテン語で、「コルプス」という語の第一義とされる内容を列挙すれば、まず物質の要素、ついで肉、そのつぎに人、最後に死体となる。意味論が示している明白な事実を認めるようにしよう。「コルプス」とは、生命をあたえられ、最後にはふたたび動かなくなる物質をさしている。ラテン語で「有形な物」とは肉体をイメージするものであるのなら、言語学的には、人間の肉体を「現実」から逃れさせることはできない。

自由人の体は値段のつかない「物」である

人間がすべて「人」であり、人間の肉体すべてが「物」であるなら、自由人と奴隷を分けるものは「人」と「物」の区別ではありえない。そうではなく、人間という「有形な物」のカテゴリーの内部で、の区別を問題にしなければならない。そして、ローマ法の歴史の最終段階では、奴隷の肉体だけが商品として扱われたということが明らかであった。

古典期（紀元前二世紀中期から紀元後三世紀末まで）のローマ法の状態を考察すると、十二表法の時代とは異なり、自由人を処分する行為はもはや金銭を目的にしたものではないことがわかる。そして帝政後期には、この状態がそのまま制度として残された。目的は、家子を解放すること、養子をとること、あるいは被害者に償いをすることにあった。肉体に対する権利が譲り渡されるのだが、利益が期待されることは決してなかった。たとえば、自由人の体は「加害者委付」の場合、なかば隷従状態に置かれた。しかし、それでもなお商品になることはなかった。逆に、奴隷を処分するとき、一般的には利益が念頭にあった。商品にはならない自由人と商品になる奴隷。この事実をおさえておかなければ、「いかなる者も自分の手足の所有者ではない」という、「学説彙纂」に採録された三世紀ローマの法律家ウルピアヌス[*28]〔一七〇頃―二二八〕の一節を正しく理解することはできない。この一節は、自由人に対して、「物」の損害に関する規定を肉体の損害に対する賠償を得る目的で用いてはならないとする法文のなかにあった。それでは、家長権に服しているときには肉体が譲渡されることもあった自由人が、もはやそれに服さなくなったとき、つまり自分の肉体の主人になったときに同じ処分権をもたないということになるのだろうか。肉体の譲渡は全体について行なわれるものであり、個々の手や足についてではないということを意味しているのだろうか。中世の註釈学派は、「学説彙纂」に採録されたウルピアヌスの別の一節と結びつけることによって、この断片の深い意味を見いだしたようであった。「自由人の肉体は評価の対象になりえない」(14)という一節である。明日にでも、この自由人を奴隷にしてみなさい。そうすれば、その肉体が評価されない「物」、値段のつかない「物」であることをやめ、価格統制や市場の法則によってその価格が決定される「物」になるということがわかるだろう。

こうして、自由人の肉体のネガティヴな定義に行きつく。ローマ法は、その肉体が「物」であるのかどうかはっきりさせなかったが、しかし、それが商品ではないことは断言する。このような態度は、フランスの法律家が輸血に関して見解を求められたとき、彼らの学説のなかで私たちがふたたび出会うものであり、記憶にとどめておいてもらいたい。主流を占める法律家は、血が何でないか（商品ではない）についてだけ論じ、血が何であるかについては隠そうとした。

いうまでもなく、このようなごまかしは「有形な物」がもつ神聖さを露わにしている。肉体を「有形な物」のカテゴリーのどこか片隅へと追いやる必要があったとすれば、それはみてきたように、ローマ法の歴史が法の非肉体化の歴史でもあったからである。結局のところ、この大海のような莫大な条文のなかで、肉体はほとんど姿をみせることがなく、すべての場所が「自然人」という抽象的観念で埋められている。ユスティニアヌス法典に、肉体は神聖であるがゆえに「取引されない物」であるということを白状させるためには、——ここでもまた思い出してもらいたいのだが——埋葬に関する条文からはじめて、いわんやという推論をしなければならない。死は「有形な物」が平等であるという事実を白日のもとに見せつける。したがって、ある土地を墓地、すなわち「宗教物」に変容させるには、自由人であろうと奴隷であろうと、とにかく死体がそこに埋葬されていれば十分であった(15)。同じように神聖なものとして、奴隷の体と自由人の体が死後は平等に扱われる理由は、それがともに「物」だからである。

*

しかし、帝政後期のこの時代は、西洋がキリスト教化されると同時に、未開状態にふたたび戻ろうとする時代でもあった。ローマ文明は崩壊し、教会組織だけが生き残った。ここからキリスト教の法とゲルマン人の法の対質がはじまる。ただし結局のところ、この出会いはそれほど敵対的ではなかった。フランクの時代、教会はローマ法のなかで生きようとした(16)。しかし、キリスト教は「言葉が肉」となって生まれた宗教であり、十字架での肉体への刑罰によって人間的負債が買い戻されたという考えにもとづく宗教であった。したがって、人間関係を非肉体化したローマ的シヴィリテのなかに入っていくよりも、未開の習俗を教会の規律を通して管理するほうが容易であった。

こうしてローマ的シヴィリテが、まるで錬金術を使うかのようにして手に入れた非肉体化した法は、西ローマ帝国の崩壊(五世紀後期)から近代法典の編纂(一九世紀初頭)までのきわめて長い時代を通して、ゲルマン人が守りつづけた慣習と向かい合った。一一世紀末に復活したローマの法思想は、これに対して戦わなければならなかった。この間、教会法は、競合したり補完したりしながら、市民法と医学の間に巧みに入りこみ、とくに市民法を一時的に征服した領域、すなわち婚姻に関する法において、法律家の視界のなかにみごとに肉体を復活させることになる。

ひとつの知的世界から他の世界への移行の象徴として、キリスト教徒の間では聖パウロという名で知られているあのローマ市民が、婚姻にあたえた定義を記憶にとどめておきたい。

妻は自分の体を意のままにする権利をもたず、夫がそれをもっている。同様に、夫も自分の体を意のままにする権利をもたず、妻がそれをもっている。(17)

7　狂気とグロテスクに関する逸話

間違いなく、ここには狂気がさまよっている。物事を考える者にとっては。

ローマ的シヴィリテは世界を二つのブロックに分けて制度化した。権利の主体である「人」と権利の客体である「物」。そして「行為（訴訟）」がこれらすべてを動かす。

これがローマ的シヴィリテの世界である。

一人の賢明な法律家、あるいは雄弁な哲学者が、権利の主体であり（法的舞台で自分の意思を有効に表明できる以上、その資格はある）、また同時に権利の客体でもある（死ということを考えれば、自分の肉体が「物」であるという「現実」から逃れることはできない）という体系のなかで自分自身を分析しようとすれば、この二重性を意識して頭が混乱するのも当然のことである。

物事を深く考える者にとって、権利の主体と客体にどうすれば同時になれるのだろうか。

しかし、混乱するとしてもなお、考察を進めなければならない。

一六世紀の哲人モンテーニュ（一五三三―一五九二）は、彼の周囲にいる農民の意見を軽蔑することなく、『随想録』に平気で引用するモラリストであった。この農民たちは知識人を「文字ではたかれた連中 lettre-ferits」と呼び、「文字がハンマーの一撃を加えた」この知識人が、ときとして格好の話のネタになっていた（二五章）。

モンテーニュの証言は、大衆の文化と知識人の文化が別物である、と教えこまれた人びとの意識的な沈黙を吹き飛ばしてくれる。このような裏からの探索は大いに意味がある。肉体の「現実」が深刻なものではなく、平然と語られる別の精神世界が明らかに存在した。さらによいことに、この世界では肉体が隠されることは怪しからんことであった。とりわけ、「物」として扱われる肉体はそうである。

この世界では、肉体の「現実」を直視することによって自分の理性を危機におとしいれたりはしない。まず一般的にいって、自分自身の肉体を念頭に置いて物事を考えたりしないからである。客体となる肉体はいつも他人の肉体である。

ローマの市民は客体と考えられる人間の肉体にかこまれて暮らしていた。機械としての奴隷の肉体があり、ゲームのための剣闘士の肉体があり、また快楽の道具として用いられる肉体、売春婦や稚児の肉体があった。日常生活のなかで、法人格がどうであろうと肉体の「現実」に変わりがないということを、ローマ市民は十分に知っていた。奴隷の肉体は公式には「物」のカテゴリーに入るが、その奴隷は、重要な社会的――さらには政治的――役割をしばしば演じてはいなかっただろうか。逆に、売春をする自由人の女性、あるいは剣闘士として雇われたローマ市民は、自分の肉体を使って取引をしているのではないだろうか。剣闘士に関していえば、法律行為を行なっているにすぎないのではないだろうか（身売りの代金として、特別な賃金 auctramentum が彼らには支払われていた）。さらに、動物と無生物には絶対に魂も人格もないという確信を、ローマ市民はもっていたのだろうか。宗教的感情の底流には神話とアニミズムがつねに存在し、その力は「人」の世界と「物」の世界を互いに浸透させるに十分なものであった。

大衆文化と呼ぶべきもののなかに、肉体を秘匿するシヴィリテをもちこむことは容易なことではない。人間とは、何よりも肉体である。ローマ的シヴィリテを体現するエリートの彼方には、肉体が忘れようのない「現実」になっている世界が存在した。この「現実」は、肉体が歪んでいく様子を並べたてること、自然の営みの下品さを見せつけることによって表現された。グロテスク芸術がここに登場する。

肉体はローマ的シヴィリテのなかに法的に埋葬された。埋葬という、この象徴的な表現にみごとに符号することがある。「神の法」に属する「物」のカテゴリーへと墓地を追いやったことがまずあげられるが、もうひとつ、法律家が秘匿しようとした生々しい肉体の画像がローマの地下洞に描かれていたという事実がある。一五世紀に行なわれた共同浴場跡の発掘によって、奇妙なアラベスク模様が発見された。それはまったく知られていない新しいモティーフからなる模様であり、そのため「洞窟 grotte」という言葉を使い「グロテスク模様」と呼ばれることになった。ローマの大衆文化の表現であるグロテスク絵画と、中世とルネサンスの大衆文化から生まれたグロテスク文学を、同じ生命をもつ連続した世界として考察したソヴィエトの文学理論家ミハイル・バフチン〔一八九五‐一九七五〕は、まったく本質的なひとつのことを明らかにした。私はそれをつぎのように表現したい。人間の肉体が魅惑的であるのは、それが「物」のなかの「物」だからである。[1] これこそ市民法のシヴィリテが隠そうとしたものであった。

ローマ人が残したグロテスク絵画は不規則な螺旋模様からなり、それが通常の人体や怪物的な人体を形づくったり、実在の動物や空想上の動物のイメージを描きだしていた。そして、花や果実や異様な形のものが大量に集められたなかに、これらすべてが置かれている。フランソワ・ラブレー[*29]〔一四九四頃-一五五三〕の著作にみられるグロテスク文学を論じるにあたって、バフチンは、肉体のグロテスクなイメージが「その本性そのものからして反規範的なもの」であることを指摘する。肉体の「規範的」な表象——バフチンはこの表現を、芸術的な規範に限ることなく、もっとも広い意味で、すなわち法的な表象を含むものとして使っている——とは、完全な形でつくられ、完成しつくした人間を表わしている。逆に、グロテスクの肉体はつねに作りあげられる過程か、あるいは解体される過程にある。グロテスク風とは、市民法のシヴィリテによって秘匿されるものすべてをひたすら扱うことであった。性交、妊娠、出産、成長、老化、腐敗、解体などである。ラブレーのグロテスク文学は、さらに、穴（口、肛門、その他）であれ、突起物（膨らんだ腹、男性器、その他）であれ、肉体を他の「物」と接触させる部分すべてに執着している。

しかしまた、グロテスクな表現には神聖なものがあることを指摘しておきたい。別の「物」のなかから生まれ、またそれに戻るこの人間の体、それはキリスト教の典礼にある塵へと戻る塵なのである。人間の生命の不可思議さを表わしているものについては、グロテスクをみて微笑むことができる。しかし、それ以外のものについては笑うことができない。グロテスクによって死体の悲劇的な神聖さが露わになるのは、底の深い死体の「現実」を目の当たりにするからである。そして「神聖な世界はカオスから現われでてくる世界であり、絶えずそこに戻っていく世界[2]」であることを思い知らされるからである。

　グロテスクが語っていることについては、いずれまた触れることになるだろう。市民法のシヴィリテによって沈黙を強いられたテーマについて冗舌であるだけでなく、明らかな事実を否定していると感じとったものには反対するという革命的な力を大衆文化はもっている。ローマのシヴィリテがどうあろうと、肉体が消えることがなかったということを、それは伝えている。そして、ローマ的な秩序が少しでもたわむことがあれば、非肉体化した法もまた揺らいでくるだろうということを推測させる。

8　ゲルマン人には角が生えているのか

十二表法に描かれた法は、肉体的であるがゆえに粗暴であり、受肉されているがゆえに神聖であった。そこには原初的な法がそのまま表現されていた。しかし、紀元前三世紀末以来、法律家の知的な言説が未開の法的思考に取って代わり、学問の世界が合理的に作りだしたものにふさわしくない慣行を闇のなかへと押しやった。たしかに、十二表法の制定から西ローマ帝国の滅亡までの一〇〇〇年近くの間に、ローマ社会は著しく進化した。しかし、ローマの支配に服した住民、二一二年以後はその法に服した住民がきわめて多様であったことを考えれば(1)、みごとに抽象化された学問的観念がはたして完全に浸透していたのか、この点については疑問をもたざるをえない。いくつかの地方で、隠れた法慣行が受肉化した神聖な法に大きな場所を残していたということは、大いにありうることであった。西ローマ帝国の後に登場したゲルマン人の王国における法的生活の研究が、余すところなくそれを証明している。

一一世紀末、西洋がユスティニアヌス法典を再発見したとき、法の世界は二つの文化に分かれた。一方には、法的関係の自然な表現に近い慣習法を適用する審判人[*30]の世界があった。しかしまた、生まれたばかりの大学、とくにボローニャ大学[*31]では、ローマの法律家の学問業績を継承する学識的法が教えられ、この市民法の傍らで、教会法という新しい学問分野が発展しようとしていた。

私たちは、後に、西洋の法体系がどのようにして教会法に肉体の管理を委ねたのか（医者との競合であれ）をみることになるが、市民法が法の非肉体化の作業をつづけることができたのはそのおかげであった。しかし、その作業には新たな困難がともなっていた。中世の学識的法が姿を現わしたのはゲルマン人の世界のただなかであり、そこでは肉体の全面的な関わりなしには法的生活を考えることができなかった。この章では、ゲルマン人の大移動によってすさまじい後退を余儀なくされたローマ的シヴィリテが、一八〇四年のフランス民法典で完全な勝利をおさめるまで、どのような局面を経たのかをみることにしたい。

ゲルマン人の角と手

一七世紀初頭、パリ高等法院弁護士アントワヌ・ロワゼル（一五三六―一六一七）は、フランス慣習法を凝縮して表現したものと考えられる法格言を収集し、それを刊行した。そのなかで、法史家はとくにつぎの一節に注目した。

牛は角によって結ばれ、人は言葉によって結ばれる。単なる約束あるいは合意でも、ローマ法にお

ける契約と同等の価値をもつ。(2)

一般的には、この文節の後半の部分に関心が集まった。たしかに、これは意思主義の歴史に決定的な一歩をしるしている。しかし私たちのテーマからすれば、「牛は角によって結ばれ、人は言葉によって結ばれる」という最初の部分にこそ関心を払わなければならない。この部分について、慣習法の専門家ではあるがローマ法の教育を受けたロワゼルは、意思の表明が、目にはみえないけれど、二頭の牛の体を綱か何かで縛りつけるのと同じような強い絆を人間の間に作りだす、という意味に解釈した。しかし、忘れてはならないのだが、実はこの格言は、フランス、あるいはスペインでこの時代に広く語られていた諺をロワゼルが脚色したものであった。この諺はフランスではこうなっていた。

牛は角によって結ばれ、人は言葉によって愚かなことをする。(3)

ロワゼルは、単なる言葉でも重要な法的効果を生みだすことがある、なぜなら十分に同意を表わすことができるから、というように格言を理解している。しかし、民衆の諺をよく考えれば、逆のことをいっている。それは警告である。「注意しなさい。気をつけて語るようにしなさい。あなたの言葉から法律屋がどんな結論を引きだすのか、あなたにはわからないのだから。同意などしていないことで束縛されることになるかもしれないのだから」といっているのである。つまり、角で結ばれるように、言葉ではなく肉体で表現された法的関係ならだまされる危険は少ない、と諺は語っている。

つまり、ここには、学識的な法と未開の法の新たなぶつかり合いが表わされている。五世紀後期、西ローマ帝国の崩壊によって、ふたたび肉体を神聖なものとしてしっかりと取りこんだ法体系が公然と姿を現わした。ローマ法とはまったく異質の法体系である。ただ、受け継がれたローマの遺産がひとつだけあった。法律家は歯牙にもかけなかったのだが、右手には「誠実さ」が宿っている、すなわち、他人に対する信頼は右手によって表わされるという信仰がローマにあった。そしてこの信仰は、フランクの慣習のなかに生きつづけた。

私たちの判決－フィクションのなかで、手の切断は肉体上の事故にすぎなかった。しかし法的関係の原初的な捉え方では、手の切断は一種の法的無能力を作りだす。受肉化した法体系において、法的に個人を判別するものが頭部であるとするなら、手は法的取り決めを表現する器官であった。宣誓するために手をあげることであれ、あるいは約束を交わすために手を差しのべることであれ、手を用いることには、すぐ後に触れる神判と同じ意味が込められていた。手を切られてもいいという意味、すなわち約束の保証として自分の肉体を提供するという意味である。ローマのサンタ・マリア・イン・コスメディン教会にあり、嘘つきの手を切るといわれている有名な「真実の口」が中世、すでに評判になっていたのは、このような理屈からきている。肉体が法を体現しており、自分の手を切ってもいいと差しだすことは、その肉体がもっている能力の全部を賭けていることであった。右手の切断は、いわば「肉体的民事死亡」、すなわち肉体の物質的死亡と人格の民事的死亡の中間的な状況を意味している。市民法学者はこのような無能力をまったく相手にしないが、手の切断手術をするかどうかを決定するにあたって、心配される精神的パニックを考慮して、どこまでも慎重になるようにと教える外科の教授はきちんと理解

していることになる。(4)

ゲルマン人の法では、完全な法的取り決めはほとんどの場合、右手の手振りでもって結ばれた。宣誓に先だって右手を差しだしたり、あるいは、契約の相手方や契約を保証する第三者の手のなかに右手をはさみいれたりした。この場合、「手の誓い」とか「体の誓い」という言い方がされた。この儀式は封建的臣従礼*32ではそのまま維持されたが、庶民の慣行では簡略化され、掌打ち(双方の右手を音をたてて打ち合わすこと)(5)になった。掌打ちは縁日や市場でいまでもみられるものだが、象徴的な飾りのなかに、角で引きずられる牛と掌打ちをする農民を描いたものをときどきみることがある。農民とは、ゲルマン文化の継承者であり(「異教徒 païen」と「農民 paysan」というフランス語は、ラテン語の「農民 paganus」からきたもので、語源はひとつである)、言葉を使えば「愚かなことをする」ということをきちんと知っている人たちである。たしかに現在では、農村でも都市でもサインですまされる。しかしサインもまた、手による誓約といえるのではないだろうか。そして誓約とは、肉体すべてを巻きこむアンガジュマンである。このような認識がかつて流行したこと、これは誰でも知っている事実だが、いまでもそう考えられているといえなくもない。(6)

封建的な臣従を表わす接吻、ときには庶民の間でも行なわれる接吻からもわかるように、あるいは「アンヴェスティチュール」*33(衣服のように身に着ける象徴的な行為によって、財産を自分のものにすること)と呼ばれる着装儀式にみられるように、法的生活のなかに肉体が取りこまれ、それによって、法的関係は必然的に神聖なものになった。たとえば契約当事者が交わす誓約とは、その保証として神をもちだすことにほかならない。そしてとくに、神判*34という裁判方法に注目したい。(7)神判が西洋の文化にどれほど強い刻印をあたえたかは、日常的な言葉遣いに、いまだにその影響が残っていることからもわかる（誓って、絶対に、という場合に、「火のなかに手を入れても」とか「手を切られても」という言い回しが使われている）。神判の働きはすべて、肉体が「物」であるという「現実」と、肉体の神聖さにもとづいている。神判では、超自然的な結果を得るために体を使って何かを行なうのだが、それは肉体が試験物になり、神の判断がそこに現われる印を通して表明されるからである。そして、死が肉体の「現実」を強く意識させると同時に、肉体の神聖さも強く認識させることを知っていれば、死体を使っての裁判が特別に重要なものであったことは驚くに値しない。たとえば、時間的にも空間的にも大いに広まった信仰のひとつに、殺人者を前にすると死体から血が流れでるという言い伝えがある。一六世紀中期、法律家パポン（一五〇六－一五九〇）はそれに学問的な説明をあたえようと試み、「殺害された者の体には、殺害者に対する敵意が刷りこまれ、その結果、血は冷たくなるにもかかわらず、この力によって流れでることができる」と述べた。[8] しかし法医学が死体を科学的な証拠物件とし、まったく別の方法で死体に語らせはじめたとき、この信仰は学問的言説のなかに場所を見いだすことができなくなった。ただし、民衆文化のなかでは生きつづけることになる。[9]

ゲルマン人の慣習の砦における法の受肉

神判、それは法的生活への肉体の関わりをもっともはっきりした形で示すものであり、中世の学識法律家に対して、彼らの知的世界が大衆の考える法的取り決めとどのように違っているのかを、つねに見せつけるものであった。一五世紀、もし自分の言葉が本当でなければ手首を切られてもいいと約束した男について、ギ＝パプはあいかわらず相談を受けていた。切断にとりかかるべきだろうか。ギ＝パプは、人は自分の手足の所有者ではないとするローマの原則を引き合いに出して、それに答えた。[10] このように、中世末から法典編纂の時代（一九世紀初頭）の間、フランスの法律家は慣習法と裁判慣行とローマ法を融合させ、そのなかからユスティニアヌス法典がそうだったのと同じ程度に合理的な、ということは、非肉体化したフランス法を出現させようと努めた。しかしアントワヌ・ロワゼルの『慣習提要』は、受肉化した原初的な法のなかで、ナポレオンの法典編纂の二世紀前でもなお受けいれられていたものを明らかにしている。それは二つの系統の格言に分かれる。最初のものは責務の肉体化についてであり、二つ目は動産を人間の肉体に結びつけるものである。

責務の肉体化

ゲルマン法を通してよみがえったからであれ、ローマの民衆的慣行の根強い影響力の表われであれ、あるいはこれら両方が原因であれ、ともあれ一六世紀末から一七世紀初頭にかけてのフランス法には、かつてのローマ法にみられた責務の肉体化という考え方がみごとに生きつづけている。

ロワゼルもそれをあげないわけにはいかなかった。たしかに、債権・債務関係について語ったこと（角ではなく言葉による義務の発生）をひるがえすことはなかったが、彼の時代にいまだ肉体が強く関わっていた法領域、すなわち婚姻と刑事的制裁では、責務が肉体化されているという事実を無視することができなかった。

「肉体と結婚する者は負債とも結婚する」(一一〇)。

「望む者は鞭打たれない。なぜなら、金銭で支払うことのできる者は体で支払わないからである」(八三六)。

「自殺者の死体は法定に引きだされる。確信をもって行為を行なった者、そして罪を宣告されるべき者として」(八三八)。

「しかし、罪においては、平民の体は貴族の体よりも重く罰せられる」(八五一)。

ロワゼルの書は、その全体において理解しなければならない。法的つながりを肉体的つながりにはしないという彼の意思は、契約による債務の分野にとどまり、その外にまで広がることはない。たとえば、婚姻に関して、彼の時代の民事法はいまだに夫婦間の肉体的つながりを中心にして考えていることがわかる。他人の肉体に対する物権的権利を取得することは、当然のこととして、その肉体に含まれるものすべてを取得することを意味した。負債が含まれたのは、それが肉体の一部だからである。

刑法に関しても、犯罪者が社会に対して負っている責務の所在地は肉体であるという原則が、しっかりと据えられている。習俗の進化によって「肉体に代わる身代金」が認められるようになっていたが、ことあるごとに立ち返ることになる原則を崩すことはなかった。刑事的責務を負うのは「自然人」という人格ではなく肉体なのだから、この法体系では、自殺した者の死体が「法廷に引きだされ」、刑の宣告を受けることはきわめて論理的であった。動物に対してなされる訴訟も同じ論理で説明がつく。動物裁判[*35]は、動物に法人格があることを表わしているのではない。逆に、刑事訴訟と刑罰の宣告で問題になるのが人格ではなく、肉体が関わっていることを証明している。人間も動物も、この点では同じように扱うことができる。しかし、ローマでと同様に、ロワゼルの時代にも、「物」であるという「現実」においてはすべての肉体が平等だが、それ以外の平等は意味しなかった。したがって刑法では、貴族の肉体は庶民の肉体と同じようには扱われなかった。

動産と肉体のつながり

「動産は体に従い、不動産はそれが所在する場所に従う」（二二一）。

不動産、それは動かないものであり、動産、それは動くものである。何よりも不動産を代表するものが土地であるとするなら、動産の典型は衣服である。衣服はそれを着ている人の体と同じ動きかたをする。中世で所有権を移転するにあたって、衣服をイメージさせる象徴行為が重要であった理由がここにある。封を授与する際に行なわれた儀式には、この意味が込められていた。財産をもとの所有者から脱がし、新たな所有者に着せかけることである。所有権の移転がなぜ、かくも頻繁に手袋を渡す行為を通して行なわれたのか、その理由もこれで理解できる。

法の歴史は、人間の大きさを超えた土地所有はつねに脅威にさらされるものであり、現に耕している農民の所有に取って代わられる方向に進むということを立証している。所有が肉体的大きさに見合った規模であれば（たとえば家族の生存に適した所有）、それはほとんど難攻不落のものになる。食糧も同じである。飢えた者が食糧を盗むという場合を考えてみよう。この場合、生命の尊重という観念が、盗みから所有者を守るための法体系をすべて押しのける。だからこそ、慣習法とその裁判は、飢えて生きるために盗みを働いた者を無罪とする神学と教会法の考え方に強く共鳴した。[11] 食糧と衣服は、手に入らなければ生命に関わる物品である。そしてそれらは、人体そのものについで、肉体を正確に表現している。食糧は人間の体そのものになり、衣服はそれを包むものになる。[12] 中世では、「アンヴェスティチュール」の儀式や手袋を渡す行為のように、衣服を象徴する儀式を通して不動産を手に入れると、それは誰からも文句のいわれることのない確かな所有になった。その理由は、衣服のもつこの意味にある。[13]

動産は肉体につき従う。文明によって量の多少はあるが、いくつかの動産は墓のなかの死体にまでついていく。[14] 肉体、動産、そして債務は一体となり、ひとつになって動く。したがって、肉体の場所を決定すれば、それによって財産と債務の場所も決定することができた。支払いを求めて訴えた債権者は、まず債務者の動産を差し押さえる許可を求め、ついで彼の家で生活する許可を求め、それでも足りない場合には、最後に債務者の拘禁を求めた。この拘禁は刑罰ではなく、肉体が担保として差し押さえられたという意味であった。[15] つまり、「動産は債務の所在地である」という慣習法の原則の背後には、実は、債務の肉体化、要するに、肉体によって契約を保証するという古代のシステムの名残を見てとるべきなのである。

ナポレオンの法典編纂における肉体の回避

このように、「人間を角によって結びつけることはしない」というロワゼルの固い意思にもかかわらず、この時代、慣習は肉体を法に関わらせようとする方向性を強くもっていた。しかしそれから二世紀の間に、法学は非肉体化した法理論を完成させた。ナポレオンの法典編纂、[*36]とくに民法典から生まれる法が肉体をほとんど排除し、肉体を話題にしなくなった導因はここにある。婚姻法は性的な関係には何も触れていない。債務法は意思の自治を高らかにうたいあげ、「いかなる者も行為を強制されることはない」とする学説に従い、肉体を法的拘束から解放する。契約によってなんらかの行為を行なうように定められていても、裁判では、なにがしかの金銭の支払いが命じられるだけであった。財産法は土地所有権をすべての権利の原型とすることにより、肉体の大きさを忘れさせる。刑法に関しても、このとき以来、監獄制度が整備されれば、肉体的刑罰を完全に廃止することができるという夢想がもちつづけられることになる。さらに、これらの法典はメートル法を実施したばかりの社会に登場したことを指摘しておきたい。それ以前の計量方法とは異なり、メートル法は、人間の各部（ピエは足のサイズ、プスは指の長さ、その他）、人間の移動距離（リューは一時間に歩ける距離）、人間の労働（ジュルナルは一日の労働で耕せる広さ）をもはや基準にはしなかった。

ナポレオンの法典編纂の体系では、人間は意思であった。民法典のなかで肉体の存在を感じさせる部分は、子供を「養う」夫婦の義務、必要な場合に、両親や祖父母に「生活の糧」を提供する子供の義務、姦生子と乱倫子[*37]が両親から「食糧」を得る権利、これらだけである（二〇三条、二〇五条‐二一一条、三四二条、七六二条）。これ以外については、人間は「自然人」という抽象的存在として姿を現わせば、それで十分であると考えられた。肉体に対する物理的攻撃は、刑法典のなかで「人に対する重罪と軽罪」として定義され、人体の保護は「人」に対する犯罪への刑罰という形で具体化された。このように、人格の観念が完全に人間の個体性全体を吸収することになり、その結果、法律家は肉体と人格が同一のものであるという結論を引きだした。肉体は「人」そのものなのだから、「人」が肉体を所有することはない。そうなると、自分の肉体に対する権利には制約があるが、その権利は所有権ではないのだから、財産を処理する権限を制限することではなく、もともと個人の自由には限界があるからということになる。現代の法律家のなかで、この考え方をもっとも明瞭に述べているのがジャン・カルボニエである。(16)

肉体のこの消滅を証明するために、マリー＝アンジェル・エルミットは一九五〇年代以前に法律家が用いた事典や検索カードを調べ、そのなかで「体 corps」という語がみられるのは、「船団 corps du navire」、「国家機関 corps constitué」、「滞納留置 contrainte par corps」という用例だけであることを指摘した。(17) 前の二つは比喩であり、したがって人間の肉体は、滞納留置（債務による拘留）が行なわれたときに法律家の視界のなかに登場するだけであった。これは債務者の肉体に対する債権者のかつての権利の重要な名残なのだが、一八六七年七月二二日の法律と一八七一年一二月二三日の法律によって、そしていくつかの残存物については一九五八年の刑事訴訟法典によって、私的な債権者はもはや使うことができなくなったものである。ただし、国家はいまだに使うことができるとされている。

この肉体の消滅をみごとに表わしているものに、ウジェーヌ・ドラマールの用いた語彙がある。司法官ドラマールは実務家向けの書物を著わしていたが、『大百科事典』(一八九七年に刊行開始)二六巻では、「人格」の項目を執筆した。そこで彼は、人間を論じるにあたって、肉体についてはまったく語らず、「人」、「自然人」、あるいは「個人」についてのみ語り、そして最後には、肉体を「物理的人格」と定義し、それを「社会的人格」なるものと対比させた。

それに対しても人格という表現を用いてはいるが、本来属さない意味をそれに付与してのことであり、ここでもなお、純粋に物理的で生理学的な人格と、権利と義務によって同胞と交わっている人格を識別しなければならない。

「人格」という語が、ここでは「体」という語の代わりに用いられていることは明らかであり、「体」という語は、人間の肉体を連想させることのない場合にしか使われていない。たとえば、人間の共同体(「いくつかの団体 corps」、あるいは機構」)をさす場合である。そしてドラマールは、奴隷を廃止した社会では「物理的人格は、自然史か生理学以外にはもはや場所をもたない」と結論づけた。

*

市民法の非肉体化は、一九世紀になって、錬金術の「大いなる作業[*38]」のような大仕上げの段階にようやく入ったように思われる。それまで、受肉化した法がもつ神聖さと卑属さに対して、市民法学者は二方面の戦いを行なってきた。第一に、原初的なローマ法に対して、第二に、中世の法慣行のなかにある未開さの自然な発露に対して。一九世紀、市民法学者は、最終的に、人はもはや肉体でもって結ばれず、言葉によって結ばれるようになったと結論づけることができた。

法学のもつ独自性によって、ローマ以来長い間、市民法学者は肉体的なものに対する光栄ある孤立という贅沢を楽しむことができた。一九世紀の市民法も同様であった。都市での肉体の過密状態を大きな問題として扱う公法、肉体の神聖さを自分の領域に取りこんだ教会法、中世末以来、公法へと引き寄せられ、法典編纂と近代の教育制度のおかげで独自の教科となった刑法、市民法はこれらの肉体に触れる法からつねに距離を置いていた。

「切断された手」というフィクションを私がつくらなければならなかったのは、刑法が変化したからである。一八三二年四月二八日の法律が、それまで親殺し犯の処刑に先だって行なわれていた手首の切断を廃止したとき、最後の切断刑がフランスでは消滅した。死刑は残ったが（ただし、苦しみをあたえるという意思がないとき、死刑は厳密な意味での肉体への刑罰ではない）、「裁判官の命令により切断された手」が消滅したことは、刑法の非肉体化の輝かしい象徴であった。それ以後、刑法もまた、体で払わせることをしなくなったからである。その一方で、もともとは魂の救済に向けて悔い改めさせるためのノウハウとして教会法学者が作りあげてきた学問である刑事学・監獄学は、ロンブローゾに代表されるように、肉体的にみて犯罪傾向があると思われる刑事犯にはいかなる治療を行なうべきかを、こぞって考えるようになった。こうなると、肉体の管理にあたって、司祭と医者の間での分業がふたたび現われ、両者の競争－協同の関係に私たちはまた出会うことになる。それは死体についてすでにみたものだが、それではローマ以降、肉体の管理がどうなったのか、その歴史をあらためてたどることにしよう。

9　肉体の教会法的定義——権利の対象

この章では、死体の考察を通して出会うことのできた事実をさらに確認したいと思う。死体であれ生体であれ、肉体が市民法学者のシヴィリテの外へと追いやられ、その管理が司祭と医者の手に委ねられたということである。

たしかに肉体は市民法から排除された。しかし、非規範的な管理に移されたのではなかった。肉体は、ローマ的シヴィリテの外部で、宗教と医学の二重の規律に服した。この二つは競合する関係にあったが、どこまでも拮抗するものではなく、つねにどちらかの規範が勝利をおさめた。まず、中世には学問を価値づける体系があり、医学はそのなかで劣位に置かれた。これは大学での儀礼的な序列[*39]のなかに、そのまま見てとることのできる明白な事実である。神学が支配する知的世界は医学を末席に追いやった。

肉体に関する規律はまず宗教的色彩を帯びたものであったが、これはどこにでもあることであり、私たちにあっては、肉体を宗教的に管理するにあたって法学の技術が用いられたという事実がなければ、西洋社会の独自性と呼べるものはない。肉体は、教会法によって西洋の法のなかにふたたび姿を現わした。神判のような肉体を取りこんだ未開の慣習が教会法に取りいれられ、一時的に教会がその実行者であったことにそれは表われているが、それ以上に、魂を規律し導くことには、肉体を規律し導くことが本質的に含まれており、教会にとって、この認識がすべての出発点になっていたからであった。

ローマ人は、宗教の問題と神聖さのからむ事項を公法の重要な部分であると考えた。ふたたび、ユスティニアヌス法典に採録されたウルピアヌスの定義を思い起こしてみよう。その定義によれば、公法とは「神聖な物、司祭、そして政務官」（「学説彙纂」第一巻第一章第一法文第二節）に関するものとされていた。この一節を註釈しなければならなかったとき、中世のローマ法学者は「神聖な物、司祭」はたしかに公的な事項ではあるが、これからは教会が管理する領域であり、公法の定義のなかにはもはや入れるべきではないという点で、最後には意見の一致をみた。(1) これ以降、「神聖な物」に関することはすべて教会法に属することになった。肉体の神聖さの管理も、当然のこととして教会法が行なうべきものと考えられた。

教会法学者は基本的には魂の問題に専念する。そして、それゆえにこそ肉体にこだわりつづける。まずは魂と肉体の緊密な関係という、この前提条件をおさえておかなければならない。そしてつぎに、肉体は権利の対象であり、教会法学者がその権利の行使を規制するという、肉体の「現実」に対する教会法的意味づけをみることにしよう。

魂が肉体の「現実」を告発すること

人格という観念が出現したことによって、世俗の法から肉体は消滅した。それに対し、魂の存在を信じることが、教会法の体系のなかに肉体が取りこまれるための強固な足場を提供した。人格が肉体を隠すものであったとすれば、逆に、魂は肉体との関わりによって自らの存在を示すものであった。

いや、実はそれ以上のものである。魂は肉体を必要としている。ピエール・ルジャンドルが力説したように、「肉体をもたないものはすべて魂をもたない」のである[2]。魂、それは「物」にはならない肉体であるがゆえに、もうひとつの肉体である。魂と対比すれば、肉体は当然のことながら「物」である。それは絶対的に「物」でなければならない。魂の神性が肉体の「現実」によって逆説的に定義されるがゆえに、肉体は当然に「物」であり、また、魂と肉体の対照を極限にまで押し進める以上に魂をうまく説明するものはないという意味で、肉体は絶対的に「物」でなければならない。こうなると、魂の究極の反対物は、実は生きた肉体ではなく死体であり、あるいはより適切には、完璧に「物」となった骸骨ということになる。

ピエール・ルジャンドルは、一六二四年にイエズス会の学事長ヘルマン・ヒューゴー〔一五八八-一六二九〕が出版したみごとな図説を、自書のなかで取りあげた[3]。その図説は骸骨のなかに押しこめられた肉体を描き、それに聖パウロの「ローマの信徒への手紙」から抜きだした説明文をつけたものである。その文章の重要性についてはすでに指摘した。「私はなんと惨めな人間なのか。死の定めにあるこの肉体から誰が私を救いだしてくださるのか」。ここには魂の牢獄としての肉体というキリスト教思想が表現されており、この点では、ギリシャ哲学と共通の立場にたっている。しかし、牢獄は住まいでもある。すなわち、ミルチァ・エリアーデのように民族学的視野にたてば、肉体は人間を取りかこむ神聖な空間のもっとも内側の領域になる。死者の魂は煙突を通って住んでいた家を離れるという、ヨーロッパとアジアに広く存在する信仰は、「人は家に住むように肉体に〈住む〉」ということを示している。[4] 肉体と住まいは同じ「現実」をつくっていることを、この信仰は表わしている。

私たちは、ここでもふたたび、死体が雄弁に物語っていた肉体のアンビヴァレンスに出会う。肉体は魂にとって牢獄だが、魂がそこに住んでいるという事実、あるいは住んでいたという事実は牢獄を聖化し、聖域に変容させる。また、人間が生きている間は、魂に到達しようとすれば肉体を通らなければならない。秘蹟の典礼において、肉体がきわめて大きな位置を占めるのはそのためである。二世紀から三世紀への変わり目、早くも教父テルトゥリアヌス〔一五五頃―二二二頃〕はこのことをはっきりと述べている。

> 肉は救済の要である。魂が神と交わるのは肉によってであり、肉があればこそ魂は交わることができる存在になるからである。肉の禊《みそ》ぎによって魂は汚れなきものになる。肉の塗油は魂を神聖にする。按手とは、魂が霊によって照らされるように手の影を肉に投げかけるものである。魂が神で満たされるようにするために、肉はキリストの体と血によって糧をあたえられる（『肉体の復活について』八巻）。

キリスト教における魂と肉体の関係からすれば、肉体はひとつの「物」であり、かつ神聖な「物」である。そして、神聖なものではあっても、「物」である以上、肉体が権利の対象であることに変わりはなかった。

他人の肉体に対するキリスト教徒の権利

この権利をめぐって、教会法はひとつの問題に考察を集中させた。婚姻という大きな問題である。世俗の法は、婚姻を基本的には社会的規律の問題であると考え、両親の許可を何よりも重要視した。それとは異なり、教会法は婚姻当事者の同意に固執する。なぜなら、人間の再生産に必要な行為のために肉体を委ねあうには、同意がなければならないからである。世俗の法にとって婚姻は社会秩序に関わっているが、教会法にとっては何よりも性と生殖に関わるテーマであった。

夫婦の間での肉体に対する権利とは何か、これについては、前にあげた聖パウロの定義を思い出してもらいたい。相手の肉体を「意のままにする」権利である。教会法は婚姻にはひとつの契約が含まれているとしたが、オックスフォードやパリで教壇に立っていたフランチェスコ会の神学者ドゥンス＝スコトゥス〔一二六六－一三〇八〕は、一三世紀末から一四世紀初頭、この契約の内容をつぎのように定義した。「夫と妻がその肉体を相手に譲り渡すこと、子供を産み増やすために生涯にわたってその肉体を使用すること、そして、生まれた子供を正しく育てあげること(5)」。一九一七年の教会法典まで、この定式はほとんどこのままの形で用いられてきた（一〇八一条第二項）。ただしその後、現代の教会法はこの問題についてはっきりと、すなわち法的に態度を明らかにすることを拒否している。一九八三年の教会法典は、もはや婚姻を「契約」とはせずに「誓約」とし、「肉体の譲渡」はあいまいな「生活の共同」に席を譲っている（一〇五五条第一項）。

しかし教会法が、婚姻には合意が交わされること以外に、成就すること、すなわち性交がきちんと行なわれなければならないという原則を、一貫して保持してきたことに変わりはない。婚姻の絆をこのように考えれば、その絆のゆるみもまた当然ながら肉体的現象ということになる。離婚を拒みながらも、教会法が「肉体の分離」[*40]、すなわち別居という制度（一九世紀の法律家の用語では「カトリック教徒の離婚」）を考えだしたのはこの理由による。

結婚相手の肉体に対するこの権利は、性的関係そのもののあり方に関わるものであり、この関係は際限なく詳細な事例をあげて厳密に体系化され、基準化された。それは、一五九二年のトマス・サンチェス（一五五〇-一六一〇）の『婚姻の聖秘蹟に関する検討』で頂点に達した。このスペインのイエズス会士は、性的関係について、合法なものと不法なものを明確に分けるために、この本を書いた。しかし、エロティックな行ないに関して考えつくことを——さらには考えにも及ばないことを——並べたてることであまりに進みすぎたので、「淫猥のイリアッド」とか「みだらさの聖典」と呼ばれ、書店や図書館でポルノ作品がみまわれるような運命にしばしば出会うことになった。

しかし、教会の許した範囲内では、性交のために結婚相手の肉体を用いる権利は絶対的なものであった。つまり、それは物権的な権利の問題であり、通常の「物」に対する権利と同じ性質であることを意味している。たとえば中世の教会法学者は、裁判によって息子を取り戻すことができたローマの父親の例にならって、夫婦は夫あるいは妻を取り戻すために、ローマ法が財産権について認めているあらゆる手段に訴えることができるという結論を引きだした。こうして、取戻訴権あるいは占有訴権（「占有」、すなわち「物」に対する物理的支配権を保護する訴権）によって、愛人のもとに走った配偶者の復縁を勝ち取ることができた(6)。

配偶者の肉体に対する権利が物権的な性質のものとなれば、教会法は婚姻における肉体の使用を「物」の使用になぞらえて細かく規定することができる。この領域は「占有」とか「使用収益」という法的な観念を性的な意味で使うことができ、そしてなお、財産法においてそれらがもっていた意味が失われることのない唯一の領域であった。まず「占有」については、肉体がお互いに占有されるという状態が成就されなければ、本当の意味で婚姻が存在することにはならない。すなわち、挿入と射精が行なわれることが必要とされた。つぎに、法的な「使用収益」に性的な「使用収益」が取りこまれ、肉体の「使用」は「収益」、すなわち子供の誕生という目的があってはじめて正当化されるものと考えられた。

しかし他方、夫婦の間で肉体を性的に使用するにあたって厳しい制約が課せられたという事実は、人間の肉体が「物」であるとしても、それはまた神聖なものであるということを表わしている。こうなるとこんどは、ローマ法において、神の領域に属するがゆえに市民法の扱えないものとされたいくつかの「物」に、肉体を近づけることになる。肉体は「物」である。したがって奪われた財産を取り戻すかのように、人は不貞な配偶者を取り戻すことができた。しかし、この「物」は神聖であり、制約なしに自由に使用することはできない。そのうえ、それは排他的である。配偶者の肉体に対する権利は売ることも貸すことも認められなかった。まして、婚姻が殺す権利、傷つける権利をあたえるものではないことをとりたてて述べる必要はないだろう。ただし、殺す権利については堕胎という問題がある。たしかに、キリスト教社会は堕胎には徹底して反対するという伝統を守り通してきた。しかし、この伝統が現実の大きな一面を隠蔽しているということも事実である（たとえば、売春婦は生まれながらにして不妊であるという虚構を信じこもうとしたように(7)）。

他人の肉体に対してどのような権利が認められるのかという問題は、性的な関係に限られるものではなく、それ以外の状況についても考えることができる。合法的暴力の問題はそのひとつであり、合法的暴力の権利は、教会法が基本的な部分で市民法に追随したことを示すために、ぜひとも触れておかなければならない。いわゆる正義の戦争という状況において、あるいは判決を執行するため、そして最後に正当防衛が許される場合、これらの場合には教会法でも殺人が認められ、いわんや手足切断、傷害、そして殴打はいうまでもないことであった。

論理的には、つぎに自分自身の肉体に対する権利の問題に進むべきだろう。しかしいま、私たちは十字路に立ちいっている。血と精液に関わる十字路である。さらに進むには、血と精液にまつわる神学的な問題に触れなければならず、それはまた、入り組んだ袋小路へと私たちを導くことになる。

神聖さを犯す罪が迷いこませる袋小路――血と精液による汚れ

これは二重の十字路である。他人の肉体に対する行為と自らの肉体に対して行なうことが交わり、また、神学的な戒律と倫理的で法的な規範が交わっている。

肉体を取りこむことによって教会法がローマ的シヴィリテから遠ざかった実例をひとつだけ取りあげるとすれば、もっともわかりやすい例証として、血と精液による汚れの問題になるだろう(8)。

汚れを問題にするとなると、私たちは神学上の罪と向き合うことになる。この種の罪は、道徳的あるいは法的な罪と重なることもあるが、独立した固有の存在である。そして、民族学的用語が普及したことによって、タブーの侵犯という言い方がされている。つまり、血と精液という二種類の体液に関係するタブーがここのテーマになる(9)。

このタブーにとって、自分自身に対する行為であっても他人に対する行為であっても、神聖さを犯すことに変わりはない。重要なことは体液が流れでたという事実だけである。この流出には道徳的な罪という要素もあるが、どう考えても、それは古代的な基準を正当化するために、後からつけ加えられたにすぎない。神聖な液体の流出は、道徳的にはなんらとがめられることのないときでさえ、罪になる。

血と精液には、肉体の神聖さの神髄が凝縮されている。それらはまた、神聖さのアンビヴァレンスを何よりも体現している。神聖さの証《あかし》である崇拝の念と嫌悪感を引き起こすものが混ざりあっているからである。一九四〇年代、生命科学の進歩によって血と精液を人体の外部で保存することが可能になったとき、人間を作りあげるこの物質に対して市民法の門が開かれた。しかし、そのとき以来、この物質が法律家に抱かせた恭しい畏怖の感情は、実は彼らにあって、神聖なものという形でそれらの存在が以前から意識されていたことを示している。

民族学者がなんども確認してきた事実が、聖書の時代についても知られている。血と精液の不正常な流出は、神聖さを汚す異常な状況を生みだすという事実である。肉体は通常、その全体に神聖さと野卑さが詰めこまれている。神は人間の肉体に生命を吹きいれ、その生命によって魂が生まれた（ラテン語の「アニマ anima」とギリシャ語の「プシュケー Ψυχη」は、まず息吹、ついで魂をさしている）。そして、神的なものと物質的なものの接触によって肉体の神聖さがつくられるとすれば、体液（血と精液）はまさにこの接触の場であり、肉体の神聖さはここに集約される。通常、体液は人体の外に出ることはない。唯一の例外は、女性の子宮に入るために精液が体外に出る場合である。このことは、血は肉体の一部をなし、精液は生殖のために移動するだけであり、それとは別の、神聖な、あるいは法的な存在になるはずはないということを意味している。

ここに、神聖さを汚す異常な事態を頭に描くことができる。肉体への暴力や性的逸脱（近親相姦、同性愛、獣姦）をまさに超越する何かがみえてくる。真に異常なこと、それは精液と血が体外に流れでることである。つまり肉体の神聖さを担う二つの体液が、もといた肉体とは別の存在になるということに真の異常さがあった。

精液の罪

体液の最初の移転は性交であった。腕から腕への輸血について後にみることになるが、この輸血でも通常の性交でも、体液は結合している肉体とは別の存在にならない。精液が固有の存在になるのは、他の肉体に入ることなしにもとの肉体から出るときである。このとき、精液は神聖さを犯す罪をともないながら姿を現わす。この罪は道徳的な罪や法的違反と一体化される場合もあるが、神学上のものという意味において、厳密にいえばこれらとは異なる罪である。神聖さを犯す罪は客観的であり、結果がすべてである。意図は重要ではない。したがって、情欲によらない放出、願ってはいなかった放出も——さらには医学的な生理学上の放出も——罪になる。そしてタブーの常として、悪は伝染する。最初に罪を犯した者との単なる接触、あるいはその者が触れたものとの単なる接触によっても、神聖さを犯す罪に対して同罪になる。制裁は浄めであり（神聖さをもとの場所に置き直すための儀式）、ときとして動物の生け贄が用いられた。「レビ記」（一五、一 - 一八）で、「自分の体から漏出」のあった人について述べられていることはまさにこれにあたる。

精液の放出は明らかにそれとわかり、神聖さは視覚で捉えることのできるものになる。それから生じる客観的で他覚的な罪は、道徳的な罪を含む場合もあり、ときには法的に制裁されることもある。オナンの罪がそうであった（「創世記」三八、八 - 九）。オナンの罪を理解するためには、神は生殖する力を人間にあたえたが、その人間とは個人ではなく、家族の一員としての人間であるという見地にたって考えなければならない。人には体液を家族のなかに伝えつづける義務がある、これがレヴィレート婚の意味であった。この制度はヘブライ人、アッシリア人、ヒッタイト人の社会にみられ、ある男が子供なしで死亡した場合、その兄弟は夫をなくした義理の姉妹に子供を授けることが義務づけられた。子供は死んだ者の子とみなされた。この義務に直面したオナンは自分なりの方法で反逆した。

しかし、オナンはその子が自分のものとならないのを知っていたので、兄の妻の所に入ったとき、兄に子を得させないために地に洩らした。

一般に信じられていることとは違って、オナンが行なったことは自慰行為ではなく、性交中断であった。より正確には、兄に子孫を残すために義理の姉に授精するという行為に身を委ねることを拒んだ。この行為はもともと宗教的な義務であったが、ヘブライ人は法として強制し、義務を拒んだオナンには、靴を脱がされ、唾をかけられるという公然たる侮辱があたえられ、それで制裁が終わるはずであった(「申命記」二五、五)。しかし、用いられた方法は精液の意図的な放出であった。授精した精液は姿をみせることがないのに対し、性交中断によってそれは肉体の外に現われ、死んでいく以外の目的をもたない存在となった。このとき、法的な罪は神聖さを犯した罪を合わせもった。この理由によって神はオナンを滅ぼした。これは「創世記」が私たちに語っていることである。

復讐を叫ぶ血

聖書の伝えるところによれば、血の流出は、道徳的な罪になり、刑罰を科せられる違法行為になる以前、何よりも神聖さを犯す罪であると考えられていた。「レビ記」（一五、一九‐三〇）では、月経血の流出は罪であり、男性の場合と完全に対《つい》になる形で、あたかも精液を溢出させた女性のように描かれている。精液の放出と同様に、月経血の流出は神聖さを犯す罪という客観的な状況を生みだす。それは浄めと、動物の生け贄による祭礼によってのみ終わらせることができた。

殺人の罪はまず、この罪と同じカテゴリーのものとして考えられていた。当初は、人を殺すという行為が道徳的に非難されたのではなく、殺された者の「復讐を叫ぶ血」が問題にされた(10)。その結果、きわめて長い間、意図的な殺人とそうではない殺人は同じものとして処罰されてきた。そして、殺された者のもっとも近い親族が「血の復讐者」の立場に置かれた。彼にとって、殺人者を探しだすことは神聖な義務であった。やがてヘブライ人は、血を流出させるという神聖さを犯す罪の背後に、道徳的な罪を感じとるようになり、その結果、意図的な殺人とそうではない殺人を区別するようになるが、そのときでもなお神聖さを犯す罪という見方を忘れることはなかった。「民数記」（三五、九‐三四）の時代に、逃《のが》れの町をつくることにより「血の復讐者」の行為に歯止めをかけ、その一方で、殺人の意思があったかどうかを考慮に入れようと試みられたという。しかし、殺人は神聖さを犯す罪であり、汚れの源であるという考え方が支配していた。それはヤハウェがこう説いているからである。

地を汚すものは流血であり、地の上の流された血は、それを流した者の血によらなければあがなうことができない。あなたがたは、その住む所の地、すなわち私のおる地を汚してはならない。

汚れに対する教会法的アプローチ

神に捧げられた地が血の流出と精液の放出によって汚されるというこの考え方は、西方の教会法に強く生きつづけることになる。そして、この問題をめぐって、教会法は汚れのカズイスティクを考えだしていった。

血、あるいは精液が教会で流された場合についてである。

話を進める前にまず確認しておきたい。このようなことを考えること自体、市民法学者にはこのうえなく下劣に思えるに違いないということである。それに対し、教会法学者の法的世界はもともと宗教的な宇宙の一部であり、彼らはそのなかを動いている。したがって、粗暴なものであっても、神聖さに関わるものであれば、それを取りしきることもまた彼らの仕事であった。市民法学者は、公的な立場としては、合理的に法を言い表わすことを仕事にしている。しかし一方には、この合理性とは完全に矛盾する習慣が文化として存在し、日常の私生活では、結局は彼らもそれを尊重して暮らしている。一九五〇年代半ば、市民法学者にひとつの役割が課せられた。血液、ついで精液を法的シヴィリテの言説のなかに加えることであるが、それを果たすにあたって、このうえなく苦労する点がここにあった。この二つの体液に対して恭しい態度で接するからといって、高潔さという装飾品で隠そうとしてきた自然な人間性が表に出たわけではないということを——まずは自分自身に対して——示さなければならなかった。

教会法が教会での血の流出と精液の放出という問題を取りあげたのは、野卑で遅れた行為を抑えこむという課題の一環としてであった。そして、このような行為は教会を汚す——犯すともいわれた——ことであるとし、それを断罪した。主な教会法学者はすべてこの問題を論じ、豊富なカズイスティクを作りあげた。教会は出血をともなわない殺人によって汚されるのか。教会のなかで死刑判決を執行することは可能なのか。鼻血は汚れをもたらすのか。悪意がなければならないのか。どの程度の出血があれば汚されたことになるのか。これらの問題設定のなかには、ある本質的な要素を見いだすことができる。通常、教会の汚れは道徳的で法的な罪が犯されたことの結果であるが、また、それから完全に独立している場合もあるということである。

このことはとくに、精液の放出に関する議論をみればはっきりとわかる。性的な違法行為がともなうときには汚されたという結果は明白であり、何の問題もなかった。問題はその他の場合（病気による放出、礼拝中に居眠りをしていての射精、その他）であり、汚れという結果をなんらかの道徳的な罪の存在に結びつけようとする考え方がたしかに優勢になっていた。しかし、神聖さを犯す罪は自立したものであるという原則が、それでもなお保持された。婚姻の義務を果たした結果としての正当な射精についてしきりに議論されたのだが、この問題設定に対して出された結論をみればそれが裏づけられる。最終的には、「性行為それ自体は合法であるが、場所が神聖であるという点において不法なものである」とすることで、一致がみられた。しかし、もし教会における性行為が教会の外での危険の存在（たとえば戦争という状況）によって正当化されるのなら、神聖さを犯す罪にはならないとされた[11]。

自分の肉体に対するキリスト教徒の権利

神聖さを犯す血と精液という話題から、最初にあげたテーマである自分の肉体に対する権利の問題へは、ごく自然に移ることができる。ここでもまた、性的なことと血を流すことが関わっている。

性的なことについて、教会は自慰行為を非難し、性的禁止事項の序列のなかで上位に位置づけた。まず獣姦、ついで同性愛がもっとも重い罪とみなされたが、自慰行為はそのつぎであり、異性間での自然に反する行ないの前に置かれている[12]。なお、性的事項は、公然猥褻という名目の場合を除いて、世俗の立法が介入しない領域であり、ローマ的シヴィリテの外部へと肉体が追いだされたことをあらためて確認することができる。他方、法律家とは異なり、医者はこの問題では司祭の当然のライヴァルであった。そして、親や教師が意見を求める存在として医者が注目されるようになったとき、権力委譲の徴候が現われた。スイスの医者シモン＝アンドレ・ティソ（一七二八－一七九七）の『オナニズム』（一七六〇年）は二〇世紀中期まで権威ある書として通っていたのだが、同じ著者の『健康に関する提言』（一七六三年）の完全な露払いの役割を果たしている。この書物こそ、肉体の使用方法を公衆に教えるための教壇に、こんどは医者が上るときがきたことを告げていた。

自慰行為はわかりやすい事例であるが、自分の肉体は性的に使用するだけのものではない。自分の肉体に対する権利の限界について、教会法はそれにとどまることなく、キリスト教徒が行なう自損行為について考察を繰り広げた。こうして、近代外科医学が臓器移植の時代に入ったとき、教会法学者は中世以来考えだされてきた結論を適用さえすれば、それで十分であった。

　切断の問題にとりかかるにあたって、去勢を語ることからはじめるのは、話題の転換をスムーズにするためのレトリック的な心配りからではない。去勢が格好のテーマになる理由は、肉体のアンビヴァレンスを性的な部分に集中して考察すると、肉体のそれぞれの場所について、善と悪、神聖なものと卑しいものの地形図があることが明らかになるからである。後の章で、私たちは肉体のなかで取引できないものに出会うが、取引できない理由を考えるにあたって、このことに立ち返ることになる。

　さらに、実際、中世の神学者と教会法学者が自己切断の問題に取り組んだのは、自分自身を去勢するという仮定を通してであった。ローマ法は奴隷が自分の体を切断することを認めていた。いわんや自由人はいうまでもない。自殺する権利のある者は、当然のこととして自分の体を切断できる[13]。しかし、キリスト教は、個人の自由しか念頭になかったローマ法とは考え方が違う。福音書にもとづく宗教は、肉体と魂の関係から問題に取り組み、自殺を激しく非難した。そして、聖トマス・アクィナス〔一二二五頃－一二七四〕によって、生命は神からの授かり物であり、生かし殺す者の力に永遠に服するという教義が最終的に確立された[14]。それでは、自分を切断する、とくに性器を取り除き、その結果として性的な罪を犯す機会を完全に失わせることは許されるのだろうか。答えは断固として否であった。権威ある教令集の編者で「教会法学の父」と呼ばれるグラティアヌス〔生年不詳－一一六〇頃〕[15]にとって、純潔を保ちたいという動機であっても、去勢は殺人と同一視されるべきものであった。トマス・アクィナスもまた、公権力の命令によるのではない切断は、魂に権利がある肉体という空間の一部をそれから奪うことであり、罪になると判断した。[16]

　トマス・アクィナスが公権力の命令を引き合いに出したということは、ローマ法にとっても教会法にとっても、いわんやという推論でしか、切断や肉体を傷つける行為を正当化することはできないということを物語っている。公権力ですら許されるのだから、それ以上の権威の命じるところであればいうまでもない。ところで、キリスト教はもともと犠牲と殉教にもとづいた宗教であった。自らの信仰のため、宗教のため、信者の救いのために死ぬことである。十字架の上での犠牲と殉教者の犠牲が同一視され、ついで祖国のための死が同一視された。[17]このキリスト教の犠牲の伝統に、治療のための切断を適法とする揺るぎのない教義が、必要性の名のもとに追加された。かくして、一九五〇年代半ば以降、キリスト教神学と教会法は、いかなるものも臓器移植を禁じてはいないと断言することができた。この立論はアンナ・ラヴァによって行なわれたのだが、古典的なものになっていた教義を究極にまで押し進め、時代に適合させたものといえる。[18]

　しかしそうなると、神学と教会法の思想は、それぞれの個人に自分の肉体に対するどのような性格の権利を認めたのだろうか。トマス・アクィナスの定義は、神が永遠に主人である生命について言及しているだけで、肉体そのものには触れていない。そこで中世の教会法学者は、人間は自分の手足の所有者ではないというローマ法の原則でそれを補った。この市民法と神学の出会いの結果、自分の肉体に対する人間の権利も財産法の概念を用いて説明されることになった。こうして、二〇世紀になってもなお、学問的会議の場で意見を求められた教皇ピウス一二世は、自分の肉体に対する権利について、それは「所有権」ではなく（しかしそうなると、肉体の全部あるいは一部を犠牲にすること、すなわち殉教と部分的提供の可能性を否定することになる）、「用益権」または「使用権」の問題であると繰り返し答えた。[19] しかし今日、婚姻の性格についてと同様に、この問題でも、法学的な専門用語は神学と教会法の言説から消え去ったことを指摘しておかなければならない。この言説をみていると、語ることを拒否しているような言い回しをひたすら振りまくことで、満足しているように思えてならない。[20]

*

結局のところ、ここに教会法の独自性はあるのだろうか。

肉体に対する権利の性格に関して（他人の肉体に対しても、自分自身の肉体に対しても）、実は、市民法と教会法は同じ考え方をしている。肉体は「物」である。しかし、どこにでもあるような「物」ではない。神聖であるがゆえに、法的な扱いが厳格に枠をはめられ、統制される「物」である。肉体について、こういった認識は共通していた。

教会法学者のきわめて注目すべき独自性は、市民法学者とは違って、人間の肉体を検閲したり秘匿したりせず、それとはまったく逆の方向へ進んだということにある。市民法学者は死を検閲するのと同じ理由で、生を検閲し秘匿する。そして、現実の人間の内に秘められている神聖さと野卑さの混ざったものを避け、自らの創造物である人格にふさわしい生と死を発明した。教会法学者は、市民法学者の技巧からしばしば教えを受けなければならなかったが、宗教との関わりによって法へと導かれたのであり、当然のこととして肉体について豊富に論じる。なぜなら、何よりも魂、すなわち人間の生命、この世での生命と永遠の生命を扱うからである。生命という語源的な意味でバイオという語を用いるなら、教会法の知的使命は、まず何よりもバイオロジー、すなわち生命学であるということができる。

教会法学者が肉体の深遠な「現実」に直面したのは、魂の専門家としてである。教会法学者にとって、魂が存在するがゆえに肉体はまさに「物」であった。教会法学者は市民法のとくに財産法のなかから、肉体に関する権利を明確にすることのできる観念（贈与、使用、用益、その他）を借用する。しかし、肉体という「物」は神聖さの刻印をあまりに強く帯びており、したがって、たとえば一五世紀の教会法学者ベルタキヌス・ド・フィルモのように、ローマ法の二分論（「人」と「物」）をやめ、「魂」、「肉体」、「物」という三分論に取って代えるべきではないか、という考え方が現われても不思議はなかった[21]。

しかし、肉体を法的に個別化しようというこの思いつきは、取りあげられることはなかった。実際、その後の歴史は肉体を検閲し秘匿する方向に進んだ。これは教会法への市民法の浸透が原因であった。そして、教会法自体の非肉体化がその後につづいた。このことは、すでに述べたように、婚姻の定義を新しくしたこと、そして肉体に対する権利を定義するにあたって明確な法的用語を使うことを放棄したこと、これらが裏づけている。これは残念なことだと思う。市民法学者にとって、教会法のように、市民法と並行しながらも、市民法それ自身が口にしようとはしない論理を代わって表明する学問的伝統が必要になっているのは、生命科学の世紀であるまさに現在なのである。

10　肉体の教会法的定義――手当ての対象

市民法学者の離脱によって、肉体は司祭と医者の手に引き渡された。そして、教会法は肉体に関する規律をひとつ定め、市民法の機能停止をさしあたって補わなければならなかった。人はどこまで自分の体と他人の体を利用することが許されるのか、という規律であった。ひとつの法体系が他の法体系の隙間を埋めることになった。ただ、この問題では教会法は市民法にすり寄り、宗教に特有の先験的で唐突なものが姿をみせることはなかった。

そしていま、市民法とはまったく異質なテーマを私たちは目の前にすることになる。法であることに変わりがないのだが、個人の力と健康の維持を目的にする法規範が教会には存在した。つまりキリスト教神学と教会法は、たちまちにして医学とのライヴァル関係になるような領域に足を踏みいれていた。そして、それはまた、そのただなかにローマ的シヴィリテへの異議申し立てを生みださざるをえない領域でもあった。

法は、人が食事をすますまで待たなければならないのか

ローマ人の市民法が肉体を隠し、消し去ったことをもっとも鮮やかに見せつけるもののひとつに、そこでは人間の食事が重要なものとして扱われていないという事実がある。その一方で、ローマの公行政にとって、食糧の確保は重要な仕事、不断の関心事であり、専門の役人（食糧管理長官）がもっぱらそれにあたっていた。それはそれで、人間の統治とは、彼らを食糧のところへ連れていく技であるということをプラトンから学んだ者にとってごく当然のことであり[1]、自らの仕事を羊飼いの仕事であると考える教会の人間にとっても同様であった。行政の学には獣医の技が含まれている。

公行政がつねに頭に置いていたのとは対照的に、市民法は人間が食事をするという事実にまったく関心を払わない。その結果、市民法は生理的な必要とは一切関係のない私的所有権の理論を作りだすことになるのだが、この理論がことのほか脆弱であることがみえてくる要因は、まさにこの点にあった。

市民法からみて、餓死することは異常なことではない

ローマ法やナポレオンの法典にみられる市民法は、人間が食事をするという事実を完全に無視しているわけではない。家族のつながりには最低限しなければならないことがあるということを、親や子、あるいは夫に言い聞かせておこうとするとき、そのことに触れている。市民法は、身近な者が餓死しよう

としている状態で放置することを許さない。しかし、この点を除けば、市民法は人間の食糧補給の問題を無視している。すなわち、手に入れることのできる他の物、それがどんなに取るに足らないものだろうと、それと食糧を同じカテゴリーに入れることによって、人は食糧を手に入れてもよければ、入れなくてもよいという立場をとっている。したがって、ハンガーストライキを行なって死にいたろうとそれは自由であり、また、極貧の人が餓死するということがあったとしても、市民法に即していえば、なんら異常な状況ではない。食糧を手に入れることができないという事態は、市民法では、アンティノウスの胸像を手に入れることができないという事態とまったく同じ意味になる。

私たちはここで、市民法の非肉体化のもっとも峻厳な帰結のひとつを目の前にしている。考え方を逆にすれば、この原理を、非肉体化の何よりの証《あかし》としてあげることさえできる。人格という抽象的存在にとって、彫刻であれ一片のパンであれ、特別な価値をもつことはない。どちらも、欲しいと思い、手段があれば、手に入れることのできる目的物にすぎない。人格は飢えを知らない。

それは渇きも知らず、息苦しさも知らない。ローマ法では、空気と流水は取引の対象にならなかったが、それは肉体の必要を考慮してのことではない。ローマ人が海を「万人が共有する物」のカテゴリーに入れたのと同様に、技術的に、誰も空気と流水を自分だけのものにすることができないからである。つまり、「取引されない物」のなかに入れられてはいるが、「神の法」の名によって取引から除外される墓とは異なり、それは「人の法」である万民法にもとづいてのことであった[2]。肉体と空気の関係がローマ的シヴィリテの枠外にあるがゆえに、肉体は空気を自由に吸うことができる。法の外にある肉体は、同じく法の外にある空気の恩恵を受けることができる。人がローマ的シヴィリテのなかに入るのは水によってであった。喉の渇いた者は、私的所有権の及ばない流水でなら自由に渇きを癒すことができる。しかし、井戸や貯水槽の水については、土地の所有者との法的関係（贈与、売買）に入らなければならない。したがって、これらの水を手に入れる手段のないときには、渇きによって死ぬ場合もあるということを、ローマ的シヴィリテは否定しない。

所有権の生物学的正当性について

法から肉体を消し去った市民法学者は、土地所有を私的所有の基本型と考えるようになった。しかし、個人が土地を占有するという所有のあり方は、改革者や革命家だけではなく、立法者自身によっても非難の矢面に立たされてきた。

逆に、肉体を法的言説のなかにふたたび導入するなら、所有権は、肉体と「物」との自然な関係、法が介入する以前から存在する自然な関係の延長線上で把握されることになり、それゆえ非難される余地のないものになる。

しかし、法律家がこのような視点にたつことはほとんどない。それに対して神学者は、所有の問題に取り組むうえで、これはきわめて良識的で正常な方法であると考えてきた。この点について、『カトリック神学事典』にはそっくりそのまま引用するに値する解説がある。

《人の物への関係》――これは、いくつかの物に対する人間の関係である。多くの場合、この関係は純粋な事実としての関係である。人間存在の、それを乗せている大地との純粋に機械的な関係。

暖め生命をあたえる太陽、呼吸する空気、涼をあたえる泉の水、内と外の均衡を保たせる大気圧、これらと肉体の物理的で化学的な関係。これらの関係だけを考えれば、人間はどの点からみても、単純な動物や植物のように存在しており、生命のない物体にも不意に起こりうるような、化学的で物理的で機械的な動きの場でさえある。たしかに、人間存在が外部にあるさまざまな事物を独占的に吸収するという事実のなかに、所有の素描のごときものをみようと思えばできなくもない。畑の畝にまかれた麦の種が、ある意味で、大地の水と塩を自分のものにするのと同様に。しかしながら、人と物の本当の関係はいまだ存在していない。人間存在は物であるというこのような考え方からは、すべてが物と物の関係として捉えられるからである。

人と物の関係が真に存在するためには、この純粋な事実関係が、人間の意思が働く領域に入り、それによって精神の次元へと高められることが必要である[3]。

所有権がどのように生まれたのか、その答えがここにある。「物」としての肉体と他の「物」との関係が、市民法によって枠づけされる「人」と「物」の関係に場所を譲るとき、それは生まれた。そして、所有権に対するこの神学的アプローチには、所有権を否定する思想体系よりもはるかに多くの革命的な種子が含まれている[4]。

すでにみたように、この問題では、神学と教会法はローマ的シヴィリテよりも、ゲルマンの受肉化した法に親近感を覚えていた。中世の教会法学者と神学者は、飢えた者による食物の窃盗を道徳的過ち、あるいは刑罰を科すべき違法行為とする考え方を決して認めようとはしなかった。そしてキリスト教の教義は、飢えた者による窃盗という仮説から出発して、物は共有である、すなわち必要なときには共同で使われるべきであるという結論を導いた。この経緯については、ジル・クヴルーがみごとに解き明かしている。つまり、飢えた者が救われなければならないのは、慈善という名においてではない。彼らには餓死を防ぎうるものに対して権利がある。教会法学者と神学者は、肉体に欠かせないものを法的視界のなかにふたたび導入することにより、せっぱ詰まって盗みを働いた者を無罪にするだけではなく、最終的には、富者の余り物に対する貧者の権利を認める考え方にたとうとしていた。[5]

乞食僧がいおうとしたこと

一三世紀と一四世紀、フランチェスコ修道会士は生存に必要なものを使用する権利だけを主張し、それ以外の権利を何も求めなかった。彼らは何がいいたかったのか、これを正確に理解するためには、所有権についてのこの流れを頭に入れておかなければならない。

彼らが引き起こした教義論争[*41]の重要性がジョルジュ・ド・ラギャルドによって明らかにされるや[6]、ミシェル・ヴィレーは、「主観的法」の観念にもとづく現在の学説体系の起源はこの論争にあると考えた。[7]この論争の要点を振り返ってみよう。

フランチェスコ論争の中心にあったのは、清貧の法的定義である。清貧の内に生きるとは何か。雪の下で眠ることとなのか。食べないことなのか。清貧の内に生きることは貧困で死ぬことではない。少なくとも食べる必要があり、自然の力があまりに過酷なときは守ってもらわなければならない。フランチェスコ修道会士にとって、法とは、商業都市の条例、団体規則、そして彼らがかつて属していた家族の利害を思い起こさせる観念であった。法は、彼らが逃げだそうと願ったものすべてを表象している。フランチェスコ修道会士は法のなかで生きることを望まないが、生きることは望むのである。

フランチェスコ修道会士は、食べ、寝泊まりする。彼らは所有者になるのだろうか。そうではない、私たちには事実としての使用権だけがある、と彼らは答える。私たちは物を使用するが、真の所有者は教会である（したがって、教会はその所有から利益を得ることがなくても、その負担は背負わなければならない）。このような論法を前にして、オルレアン大学に在籍した優れた法律家であり、数多くの立法を行なった教皇ヨハンネス二二世の態度を想像してみよう。ヨハンネス二二世にとって、フランチェスコ修道会の主張に反論することは子供の遊びのようなものだろう。あなたたちは、所有者ではなく、事実としての使用権だけを行使していると主張しているが、消費物とは何か知っているのか。それは壊さずには使用できない物である。たとえば、食糧がそうである。アッシジの聖フランチェスコが一切れのチーズを食べたとき、彼はそれに対してまさに所有権を行使したことになる。もとの状態に戻すことができないからである。それを自分の体の一部にしてしまったのだから。

ヨハンネス二二世の時代（一三一六 - 一三三四年）、ローマ法の概念は教会法学者の熟知するところであり、アヴィニョンの高位聖職者は、ローマ的シヴィリテの完全な解釈者として自他ともに許す存在であった。一方、この問題でフランチェスコ修道会を擁護したウイリアム・オッカムは、神学者として彼らに答えた。彼は古くからあるテーマをもちだし、生存に必要な物を手に入れることは人間の法によって認められたものではなく、神の秩序、あるいは事物の自然な秩序にもとづいていると主張した(8)。このテーマは、後に自然法学派がふたたび取りあげることになるのだが、ウイリアム・オッカムが書けば、その考え方はつぎのようになる。生存に必要な物を手に入れることは神の許した行為であり、それは法ではない。つまり、契約や人間のつくった法律からなんらかの権利が生じ、人が裁判を通してその権利を主張することができるときにはじめて、法が存在する。

ミシェル・ヴィレーにいわせれば、「主観的法」という近代的理念の起源がここにある。ところが、前に述べたように、この考え方はウイリアム・オッカム以前にすでに存在していた[9]。そうなると、市民法学者が決して引用することのないどこかの学者が、近代法思想の形成にこのような影響を及ぼしたようで、なんと不思議なことかと思われるかもしれない。しかし、法学文献のなかだけでその形成過程を跡づけようとしてはならない[10]。実は「権利主体」の理念のなかに、「主観的法」の理念が論理としては含まれていた。「人」、「物」、「行為」の区分にその萌芽を見いだすことができる。ウイリアム・オッカムは、訴訟という「行為」があらかじめ想定されていた「物」でなければ、「人」はそれに対する権利を主張することができないという、ローマ的理念を言い表わしたにすぎない。訴訟行為の存在から法の存在を演繹すること、これはローマ法の知的独創性そのものであった。

フランチェスコ論争の重要性は別の地点にある。これ以前には、所有権に関する議論が、所有権を生物学的に正当化するものは何かという点にまで進んだことはなかった。実は、フランチェスコ論争には先行するひとつの論議があり、それが前提になっていた。しかし、ミシェル・ヴィレーはこのことをずっと知らなかったし、実際のところ、この論議の史料は、一二世紀の手書きの教会文書に慣れ親しんだ者でなければ読み解くことができない。問題になったのは教会聖職禄（職務に付随した財産であり、その利益は受禄した者が受け取ることができるとされていた）に対する聖職者の権利であった。半世紀もの間、教会法学者たちは、聖職者が教会財産を自分のものにしているかのような状態が教会法に適合しているかどうかについて、意見をぶつけ合った。一一九〇年頃、ローマ的な観念を完全に身につけていた教会法学者フグッキオ〔生年不詳－一二一〇〕のおかげで、受禄した者は聖職禄に対して用益権ではなく使用権を有すること、これは一身専属の権利であり、受禄聖職者の地位の共有を禁止した一一六三年のトゥール公会議決議に合致したものであるということで、意見の一致をみることができた(11)。

こうして、長い間、所有権と見分けのつかないものになっていた使用権が分けて考えられるようになったのだが、フランチェスコ修道会士は、この使用権をもつという市民法的な考え方を拒んだ。彼らが事実としての使用権という言い方をするのは、この理由による。つまり、自分たちの生存に必要なものが物権の枠のなか（所有権と、その分枝である用益権、使用権、その他）に入ることを拒むことにより、彼らは、生命に不可欠なものを他の「物」と同じように扱い、それが奪われても目をつむっている法体系を否定しようとした。実は、フランチェスコ修道士は、無意識にではあろうが、私的所有権のもっとも熱心な——よく考えてみると、もっとも説得力ある——擁護者であった。生命に不可欠なものを手に入れる権利は、「物」に対する「人」の権利が確定される以前から存在し、肉体と他の「物」との関係に還元されるがゆえに、その権利を主張するにあたってローマ法に頼る必要はなかった。その後、フランチェスコ修道会以外の者も自分たちの所有権理論を作りあげるのだが、それができたのは、彼らもまたこの肉体の現実から出発したからであった。このように基礎づけられると、所有権には人間の大きさに見合った自然な限界があたえられる。飢えた者には他人の余り物に対して権利があるとする理論は、この限界をまさに見定めようとしていた。

これは生物学的に根拠づけられた所有権であり、市民法のなかに肉体をふたたびもちこんだという意味で、法的見地からして革命的な観念であった。そしてまた、巨大な資産家の所有権を所有権自体の名において攻撃できるという点で、経済的・社会的見地からしてもきわめて革命的であった。

ローマ的シヴィリテにとって、これは根本に関わる最初の問題提起であった。そして、二度目の問題提起が待ち受けていた。それは生命科学の時代に、法的視界のなかに肉体が新たに姿を現わすことによってもたらされた。

法による治療

肉体に必要な生存条件を満たすことから、肉体が求める手当てをほどこすことへ。これは自然な歩みであり、簡単に踏みだすことができる一歩である。病院の歴史がそれを示している。病気治療の中心地になる以前、病院はまずは慈善的救済のための施設であった。しかし、健康を守ることが教会の使命であるとする考え方は、このような歩みから生まれた派生的なものではなかった。

教会の使命は救いを行なうことにあったが、当初からこの救いは魂の救済に限定されたものではなく、肉体の救済も行なっていた。まさにそれゆえに、治療にあたって教会は、病の治癒とはどういう意味なのかを明確にしておかなければならなかった。魂の救済との調和が求められた。医学は違う。肉体的な苦しみに立ち向かうという点では同じだが、医学は病気の学問であり（ときとして重視しすぎるといわれるが、治療を行なうにあたっての診断の重要性がここにある）、治療を根拠づけるための情報を、場合に応じて提供することを目的にしている。症状の緩和、一時的な安定、あるいは通常の言い方をするなら、回復と呼ぶにふさわしいものがもたらされるかもしれないが、それは病気という異常な現象に対して、結果として有効な治療がなされたことを示しているにすぎない[12]。

病気を相手にする医学とは異なり、治療僧の行為は、肉体の内部で悪が作りだされるという考えにもとづき、肉体そのものに働きかけることにある。診断は一言ですむ。悪は体内にある。したがって、ただちに治療にとりかかることができる。それは排出という方法であり、これこそが本当の意味での刑罰執行方法である、と考えることさえできた。

塗油——体を癒す和解

一般的には終油という名で知られているが、病人に対して塗油をほどこすという秘跡が原始キリスト教の時代から存在した。教会が人の健康について使命を担っていることをはっきりと示しているのは、この秘跡である。

教会の伝統では、聖書にある二つの聖句がこの秘跡の原点にあった。

「マルコによる福音書」（六、一二‐一三）

彼ら（キリストの弟子）は出ていって、悔い改めを宣べ伝え、多くの悪霊を追いだし、大ぜいの病人に油をぬって癒した。

「聖ヤコブの手紙」（五、一三－一六）
あなた方のなかに、病んでいる者があるか。その人は教会の長老たちを招き、主の御名によって、オリーヴ油を注いで祈ってもらうがよい。信仰による祈りは病んでいる人を救い、そして、主はその人を立ちあがらせてくださる。かつ、その人が罪を犯していたなら、それも許される。だから、互いに罪を告白し合い、また、癒されるようにお互いのために祈りなさい。

この二つの聖句は倫理的で法的な過ちと病気を並べ、その間に関係づけを行なっている。最初の聖句が触れている悪霊の取りつきを加えると、原始キリスト教会では、悪とは単一のものと考えられていたことがわかる。肉体的悪はお祓いによって、あるいは塗油の治療によって追い払われるとしても、その前に、道徳的悪の痕跡をまず消し去っておかなければならなかった。この道徳的悪は、一人のキリスト教徒を信徒共同体から切り離すという法的効果をともなっていた。多くの動物社会には、集団への参入を全員に示すための治療的、あるいは衛生的な儀式があるが、キリスト教における塗油をこれに結びつけて考えても、おそらく的はずれではないだろう。

キリスト教誕生期のエルサレム時代、病に苦しむ人は「病気を治すために、罪を告白しなければならなかった」。そのために、病人は信徒共同体の名士、すなわち長老のもとへ出向いた[13]。自らの過ちを告白することによって、神および信徒共同体とふたたび和解するためであった。このようなキリスト教徒としての適法状態への復帰は、治癒、あるいは少なくとも症状の緩和をもたらすものとみなされた。

第二ヴァティカン公会議（一九六二－一九六五年）の結果、古代の呼び方が復活したが、それ以前には、「病人の塗油」は間違いなく、死を前にした「終油」であると考えられていた。トマス・アクィナスが「エクストレーマ・ウーンクティオ extrema unctio」と語ったものがまさにこれだが、ただし彼自身は、秘跡に治療的効果があることを否定したわけではなかった。肉体は魂の道具であり、この便利な道具を魂がいつも自由に使える状態にしておかなければならない、と彼は考えていた(14)。第二ヴァティカン公会議以前から、この塗油を死の秘跡とする一般の考え方に対して、それを非難する向きがあった。最後の秘跡は聖なる旅立ち（最後の聖体拝領）ではないのか。塗油をなんども受け、お守りとしてそれを身につけている信者が多くいるではないか(15)。そこで、第二ヴァティカン公会議以降、教会は終油という考え方を忘れさせようとするのだが、矛盾することに、この秘跡を授けるにあたって、実際にはまさに死を目前にしたキリスト教徒に向き合っているかのようにそれを行なっている。せいぜい、どんな病気にも当てはまるような精神的な過ちにときとして触れ、治癒の可能性をほんの少しほのめかすにすぎない(16)。

逆に、東方教会は病人の塗油を決して「終油」にはしなかった。東方教会の信者にとって、塗油は変わることなく「病人の秘跡」であり、用いられるものは「病人のための油」でなければならなかった。この儀式ではつねに肉体の治癒こそが期待されており、そうであればこそ、ギリシャ教会とロシア正教会、そして他の東方教会の神学者は、死に瀕した病人だけに塗油をあたえるという考え方を容認することは決してなかった(17)。

塗油はもともと病人の秘跡であり、治癒のための秘跡であった。一般には「終油」として用いられ、また、西方教会にはそれを重体の病人のためにとっておく慣例があったが、それは決して死の秘跡ではなかった。死刑を言い渡された者、あるいは死地に赴く兵士は決して塗油を受けなかった。この秘跡を理解するためには、地中海文化におけるオリーヴ油の重要な役割（ゲッセマネのオリーヴ園の重要性）を頭に入れておかなければならない。オリーヴの木はそこでは、一本の木以上のものであった。まさに、生命と平和を象徴していた（ノアに洪水の終わりを告げたのはオリーヴの小枝であった）。そして、オリーヴから油が取りだされると、それは食糧になり、灯りにも用いられた。この灯りは夜間にまるで生命を支えているようにみえる。(18) それはまた膏薬であり、化粧品であり、マッサージと手治療の潤滑剤でもある。オリーヴ油はまさに万能薬であった。この油を奇跡的な力のある聖なる液体に変えるには、神の恵みが少し加わるだけで十分である。ときとして、聖なる液体の出現の仕方そのものには奇跡としか思えない場合があったとしても。(19) 西方教会の塗油がどんな意味をもっていたのか、それはこのようなオリーヴ油の力を通してこそ理解することができる。トリエント公会議（一五四五－一五六三年）で確認された教義には、このことがはっきりと示されている。

実のところ、オリーヴから取られたものだけが真に油と呼べるものであり、他の液体を油と呼ぶのは単に似ているからにすぎない。それゆえ、塗油に用いる油はオリーヴ油でなければならない。公会議作成の教理問答集が述べているように、この作物は秘跡の力が加わることによって、肉体の内部、すなわち魂で起こっていることを完全に解き明かす。その証拠に、油が肉体の痛みを和らげることに大いに効果があるのと同じように、秘跡の効力によって魂の悲しみと苦しみが軽減される。さらに、油は健康を再発見させ、快活さをもたらす。また、光の源であり、食糧でもある。したがって、疲れた人の力をもとに戻すのに完全に適している。油は滑らかな動きをもたらし、もっとも奥底まで浸透し、そこで広がる。油がこの秘跡にふさわしい作物であるのはこのためである。(20)

苦行――幸福をもたらす苦痛

このように、教会法の定める秘跡によって、キリスト教徒は肉体の手当てを受けると同時に、ふたたび信仰と和解することができた。しかしそれだけではなく、法は肉体と魂の間に決着をつけるためにも用いられた。

たしかに、油は肉体と魂の両方に手当てをすることができる。だからといって、肉体が魂に従属するということを忘れてはならない。肉体はあくまで精神的使命に仕えるためにある。この使命とは、まずは個人的なものであるが（救いを求めること）、自分の信仰の証《あかし》を立てるためという限度を超えることはないものの、集団的な側面ももっている。とくに聖職者にあっては、ときとして信徒集団と文字どおり一体化することが求められるという点で、その側面を強くもっていた。そこで、聖職者の任務は精神的なものではあれ、その任務が山ほどあるということから、高い精神の持ち主であろうと肉体的な能力がそれに見合わない者には、その任務を委ねないようにしなければならなかった。集団的利益に関わる仕事への肉体的能力という考え方を教会が作りだしたのは、そのためである。この考え方は、公職の地位を定める近代立法のなかにふたたび姿を現わすことになる。(21)

しかし、肉体にとってよいことが魂にとってつねによいとは限らない。肉体のもつ底の深い二面性を忘れてはならない。魂の寺院として神聖なものではあるが、それはまた魂にとっての牢獄でもあり、ときとして危険物にもなる。キリスト教神学が魂にとっての脅威として肉体を語ろうとするとき、それはまさに「肉」の告発にほかならない。肉、それは悪をもたらし、ときとして魂の喪失を引き起こす。このような魂の喪失という状況が認められたなら、肉体に罰をあたえ、魂を正しい状態に戻さなければならない。これが苦行である。苦行についてはきわめて詳細な理論が練りあげられ、そして広められた。苦行の基本的な考え方は、その実践方法とともに、二〇世紀の最初の四半世紀でもなお、キリスト教系の学校で教えられていた(22)。

苦行の理論家や実践者によれば、健康な肉体は魂の働きにとって必要なものであり、苦行によって決着をつけるということは、肉体を滅ぼそうとしているのではない。肉体を痛めつけるのは、肉体の幸福のためでもあった。一七世紀と一八世紀、反宗教改革から生まれた女子修道院は苦行の最高の場であったが、ここでの苦行をみると、ときとして、常軌を逸した想像力が発揮されたことがわかる。鞭打ちは健康を害することはないと断言されただけではなく、健康を回復させるとさえ考えられた。その結果、実にさまざまな病気の治療として苦行が行なわれたケースが多く伝わっている。瀕死の病人の苦痛を和らげるために用いられたことさえあった。

「規律」が目立って象徴的なものになったのは、苦行を通してである。規律、それは規則とその強制であり、肉体を罰する道具であると同時に、肉体を治療する道具でもあった。規律は、手当てする法という考え方を完璧に体現している。

苦行はさらに、まったく純粋にエロティシズムのひとつの形でもあったことを指摘しておきたい。夫婦として愛しあう確かな方法として、神秘主義がはっきりと姿を現わす時代背景のもと、鞭打ち苦行の実践による肉体的充足の探求が、幾分かのあいまいさをともなっていたことは間違いない。眼差しが「改悛のためのなんらかの道具」を横切るときに、「羨望で顔を赤らめる」あの修道女たちについて何を語るべきだろうか。[23]

また別の話。さらに、ルーダン[*42]やその他の場所では、こういったことのなかに悪魔憑きの雰囲気が生まれていた。

悪魔払い——追いだしの手続き

「手当てする法」のもうひとつの例証として、悪魔憑きの問題をあげることができる。この問題はきわめてはっきりした法的観念に関わっている。「物」の占有である。すでにみたように、婚姻では、肉体の相互の占有（性的に‐法的に）が重要視された。また教会法によれば、夫婦は一方の肉体に対する排他的権利が第三者によって踏みにじられたとき、占有訴権によって回復をはかることができた。悪魔憑きも同様に、肉体が「物」であるという「現実」を前提にしたうえで、占有が侵犯された状態であると考えられた。

キリスト教における悪魔払いの意味を理解するためには、一九世紀、すなわちこの問題が検閲も故意の言い落としもなく取り組まれた最後の時代に目をやること、そして、ミニュ神父（一八〇〇‐一八七五）の『神学百科事典』でそれを考察することを勧めたい。[24] この事典は、司祭としての日常生活の学識的な基礎として広く用いられていた。これを読めば、悪魔憑きと悪魔払いの体系がすべて、肉体は家と同様に居住のための箱であり、ひとつの「物」であるという原理から出発していることがわかる。悪魔は魂を誘惑し、同化しようとする。一方、肉体に対しては、悪魔はそのなかに入る。そして、迷惑な客人となって堕落の罪をそそのかす。福音書は、このような占有の奪取によって肉体が病気になった実例を伝えている。したがって、悪魔払いとは不法な占拠者を追いだす手続きにほかならなかった。洗礼に用いる水や塩から悪魔を追いだす手続きがあり、また「汚染された場所」、あるいは悪魔によって支配された自然からそれらを追いだす手続きがある。実際に、「今日でもなお、嵐に対して（悪魔払いを）行ない、被害を防ぐことができる」とされている。それと同じように、払うということは人間や動物の「肉体から悪魔を追いだす」ことなのである。一九三〇年代末に出された『カトリック神学事典』は学問的なスタイルになり、風変わりな細部を少なくしたものだが、悪魔払いの法的性格はそのままにした。それは依然として、追いだしの命令を出してもらい、その執行を保証してくださるように、神と主イエスに懇願することを意味していた[25]。

＊

魂が住まいを定める場所を守るものであるがゆえに、教会法は健康に関する法である。そして、人間の肉体をめぐって、健康をあやつる権力が生まれる。その権力は、個人ではなく社会全体を相手にして姿を現わす宿命にあった。やがて、それは公衆衛生という名で呼ばれることになる。そして、この公衆衛生という観念は、教会、医者、そして国家の間に衝突を引き起こした。この事態は、その呼び名がいみじくも語っていることであった。

11　公衆衛生の起源にさかのぼって

公衆衛生を考えるにあたって、もつれあったすべてを読みとろうと思えば、何よりもその起源にさかのぼらなければならない。健康に関することが公衆衛生という警察事項に入れられ、行政活動の大きな部分がそれによって正当化される理由もここにある。やがて血液銀行という構想が生まれてくるが、このような構想を可能にする考え方もここに見いだすことができる。

近代公衆衛生は三本の基本的な柱から成りたっている。治療する権利、健康の位置決定、生物学的資本蓄積の意思であり、これらの柱が打ちたてられたのはキリスト教思想の中心をなす場所であった。しかし、近代国家は教会が制度化したものを無理やり奪いとり、医業を国家の基本的制度のひとつにすることによって（ただし、権力の法的・政治的定義には登場しない）、公衆衛生の事業をそっくり引き継いだのである。

治療する権利

医療行為は治療する権利にもとづいたものでなければならなかった。病気にきくと信じられた経験的あるいは宗教的な行為も、治癒の理由をまがりなりにも説明しようとする医学知識にもとづく行為も、その点では同じであった。治療の適法性について、最初の規律を定めたのは教会である。その規律は、まず水による治療という異教的療法と戦うなかで姿を現わし、ついで中世の大学に医学を迎えいれるにあたってさらに明確なものになっていった。そして最終的には、近代国家の支持を受けた医業が、聖職者の考えだしたこの治療する権利という観念を、その聖職者に対して逆につきつけることになる。

治療する水の争い

いつの時代にも、西洋には奇跡を起こす泉をめぐる異教的信仰がある。それと並んで、現在ではキリスト教の公認するルルドの泉[*43]があり、温泉治療というのもある。実は、このような状況は四世紀のガリアですでにみられたものであった。神聖な泉の周囲には殺到する患者を当てこんだ医者がいたし、この未開の熱情をキリスト教化しようとする聖職者がいた。聖職者は病人に対して塗油をほどこし、自分たちにこそ治療する力があると主張した。正当な治療とそうでない治療があるということが西洋ではじめて語られたのは、この異教的現実と聖職者の力がぶつかったときであった。

異教的な泉崇拝とキリスト教会と医学、この三つが治療する水をめぐって争い、いつも対抗しあう力であった。この争いは非常に奥の深いテーマであるにもかかわらず、ほとんどわかっていなかった。アリヌ・ルセル[1]とブリジット・コリエ[2]の研究は、この驚くような知識の欠落をようやく補ってくれるものである。

キリスト教が伝わる以前、ガリアの人びとは数多くあった水の聖地に病気治療の願いを託した。この自然とわきあがる熱情を前にして、古代後期の医者の戦略は、当時の公設あるいは個人経営の多くの公衆浴場で温泉治療を行なうことであり、神聖な泉の近くに居を構えることであった。この事実は考古学的に明らかにされ、信仰を集めた泉の近くで眼医者の丸薬と用具入れが見つかっている[3]。古代の身体障害の典型は盲目であり、多くの泉は眼の治療のために用いられた。

教会にとって、このような療法は異教や迷信によるものとしか考えようがなかった。そこで教会はこれと戦い、病気を治したいという願いをキリスト教の奇跡を求める方に向けさせようと努めた。聖人とはもともと教会の名士にすぎなかったのだが（聖人の家系というものが存在した）、やがて肉体の直接的な接触、あるいは体に触れた物や油を介しての間接的な接触によって奇跡を起こし、病気治療者の役割を果たすようになった。たとえば、フランク時代のガリアの歴史を伝えるトゥールのグレゴリウス〔五三八頃―五九四頃〕によれば、異教的な風習を徹底的にしりぞけようとした聖マルティヌス〔三一六（三三六）―三九七〕は二〇六もの奇跡を起こし、そのうちのひとつは死者の復活であったという。死後、聖人の遺体は、そのままの姿で、あるいはいくつかに分けられて、生前と同じ直接的あるいは間接的な方法で奇跡を起こす技をつづけることになる。

近代医学にとって、教会のこの企ては心理学的にこのうえなく重要なものであった。自然の要素のなかに治療する力を求める文化を前にして、病気は他人の肉体を介在させることによって治すことができる、という考え方を植えつけようとしていた。別の場所でみたように、キリスト教思想は聖遺物が病気治療に有効であることを合理的に裏づけようとするなかで、四世紀にすでに、臓器移植は教義に反するものではないという考えを胚胎していた。

しかし、中世のキリスト教会で聖遺物が崇拝され、それは異常なまでに熱狂的であったにもかかわらず、奇跡の泉は生き残った。ここでもまた抑えきれないものは覆ってしまうしかなく、教会はほとんどの泉を公認の治療僧の管理下に置くことにした。それでもやはり、ルルドには何かしら私たちの目を引いてやまないものがある。ブリジット・コリエは、ルルドのすべてが、名もない地方的な巡礼地のどこにでもみられるものといかに似ているかを明らかにした。洞窟の水にすがって治癒を求めた最初の信者たちは、何をなすべきかを知っていた。禊《みそ》ぎ、水の摂取、下着の洗濯、湿布。彼らは伝統的な儀式でのふるまいを再現した。他の場所で行なったこと、あるいはみたことをルルドで行なった。当然ながら、この未開の儀式は教会当局を喜ばせるものではなかった。当局は洞窟に近づくことを禁止しようとしたが、その後、少なくとも公式な表明としては、辛抱強い努力の結果、異教的な熱情（異教的であるという点では、聖マルティヌスの時代とそう変わってはいない）は消え、キリスト教的な精神主義へと向けることができたとされた。しかし、押し寄せる巡礼の大群が何をさしおいてもルルドの水を求めることに変わりはなく、それに対し、教会は奇跡が優れた精神的性向のなせる技とし、この奇跡と水の摂取の関係について、ますます慎重になってきている。教会は、奇跡が礼拝行進、聖務、あるいは日常の祈りの際に起こったという事実を強調しつづけている。(4) こうした間にも、ルルドの町関係者は、水の衰えが巡礼客の入りに影響をあたえるのではないかと気を揉んでいる。

医者、司祭、そして治療僧

医者の姿がしだいにはっきりとみえてくるのも、治療のための水をめぐる争いを通してである。この争いは、肉体の管理に関わるあらゆる領域で、医者の権威を認めさせるために乗り越えなければならなかった障害とは何であったかを教えてくれる。

中世末まで、治療する権利を認定することは教会の特権であった。何が迷信であるかを決定することは教会の権限であり、教会のみが治療行為の是非を判断し、禁止することができた。一二世紀に西洋で医学の教育がはじまり、やがて大学の誕生につながるのだが、当初、それは聖職者を養成するための教育の一環であるとみなされていた。したがって、中世の教会が治療の正当性を明確にしようとしたのはキリスト教信者のためだけではなく、聖職者のためでもあった。しかし医学部は早々に世俗化し、医者は——避けがたいことではあったが——いつの日か、司祭のライヴァルになっていた。医者は司祭と対立していることをはばかることなく口にするまでになる。たしかに性的な行ないについては、医学の世界は長い間、教会法の言説を繰り返すだけであったが(売春を黙認させ、特別な場所として管理してはいたが)、その反面、中世末になるや、魔女裁判に反対する立場を明らかにし、悪魔憑きというお題目をうさん臭いものと公言するようになる。そして、一七世紀以後、苦行の実践に対して慎重な態度をとるようになり、さらには、人目を引く神秘主義的信仰すべてを一種の精神病と考えたいという気持ちをますます抑えがたくなっていた(5)。

一六世紀、職業としての医者の時代がやがて幕を開けるということを多くの兆候が告げていた時代、すでに、温泉治療は企画され組織された医療旅行という身近な行事になっていた。このことは、モンテーニュの『旅行記』*44を読み返せばすぐにわかる。一七世紀と一八世紀、温泉治療の広まりを前にして、医者も奇跡を起こす泉に無関心ではいられなくなった。教会の教義体系のなかに組みこまれ是認された大衆の信仰を受けいれ、やがて彼らは水源の採掘と経営に乗りだした。しかし、一九世紀になるや、自分たちの力に自信を深め、学問的勝利を振りかざしはじめた医者は、泉の周囲で繰り広げられる礼拝行為を迷信や愚行として激しく非難するようになる。

ただし最近の調査をみれば、彼らの攻撃は多くの場合、ほとんど効果がなかったことがわかる。確認できたのは、いくつかの場所でせいぜい熱狂の新たな衣装直しが行なわれたことだけであった。きわめて長い間、奇跡を起こす泉は公認の治療僧の管理のもと、不自然な形ではあれ、キリスト教的合法性のなかに置かれていた。こんどは学問的合理性という新しい衣装を身につけることができた。古代後期以来信仰を集めてきた泉は、以後は「抗生物質の泉」という名で呼ばれるようになった(6)。言いかえれば、抗生物質が新しい聖なる治療者としてそこに出現したことになる。

一九世紀以降、医者は、苦しみを和らげることに手を貸す司祭をいかさま医者のなかにひっくるめて考え、同じように扱おうとしてきた。ただし、自分たちの利害が聖職者の利害と一致する場合を除いて。たとえばルルドでは、ローマ時代のガリアについてよく知られていることがふたたび行なわれているのに出会う。医学的なこと、魔術的なこと、そして宗教的なことを一緒くたにして熱情をかきたて、その熱情が医療旅行業に利用された。宗教的情熱に動かされて、おびただしい数の病人がこの旅行に加わるのだが、こういった状況がたとえあったとしても、ともあれ医学は、ここ二世紀、民間療法による医療行為を排撃することに新たな精力を注いできた。一八世紀末以来、非学問的な経験医療と接骨師などに対する刑事的処罰を世俗権力から手に入れていた医者は、容易ではなかったとしても、学位をもたない教会関係者が行なう治療行為もまた、不法な医療行為や投薬行為であるとして告発する権利を認めさせるにいたった(7)。健康が関わる領域では、ひとつの職種が完全な勝利をおさめることは決してないということ、それはそのとおりだろうが、ここ二〇〇年来、医者は申し分ない戦いをつづけ、勝ち抜いてきた。治療をほどこす僧侶はいつの時代にも存在する(8)。しかし、彼らの活動の特権的地域であった農村は一九世紀以降ごっそりと医学化された(9)。

健康の場所

健康はどこにあるのか。この問いかけは唐突に思われるかもしれない。しかし西洋には、この場所決めが途方もない結果をもたらした経験があり、忘れることのできない問いかけになっている。

健康はまず、人間の肉体のなかにある。この点について、基本的なことを確認しておきたい。健康の場所はまた法の場所でもあるということ。だからこそ、ローマ的シヴィリテにならって肉体を排除した法体系のなかに、健康という観念を見いだすことはない。逆に、教会法の体系では、その中心に健康がある。健康という観念は、個人の体に対して教会が行なう法的な行為を正当化する。その人の病気は、法からみて不正常な情況の兆候であると考えられるからである。病人に対する塗油がもつ二重の機能、すなわち肉体の手当てをすると同時に、キリスト教徒共同体とふたたび和解するという効果は、これによって説明がつく。塗油のおかげで、信者は言葉の二重の意味で回復する。

肉体は、健康に関わる権力が行使される最初の場所である。しかし、健康は個人を超えて、集団的なものとしても考えられるようになった。そうなると、人間集団の規模に応じて健康に関する権力の大きさが変わり、健康の場所の問題もそれに対応して問い直される。個人的な健康と同様に、全体の健康も法の場所であった。

公衆衛生という観念がまずは西洋全体という大きな枠組みで考えられたのは、それがローマ・カトリックのキリスト教社会で生まれたからである。中世のキリスト教徒にとって、悪魔の国はイスラム世界であった。一四世紀以降、悪魔だけではなく、ペストもまたそこからやってきた。ペストは、イスラム世界がキリスト教社会に及ばす脅威のひとつの変種にほかならなかった。後に、一八五一年から一九〇七年までの一一回にわたる協定によって、国際的な公衆衛生政策が取り決められたが、この政策は他国、とくにイスラム諸国からくる病気に対して西洋を防衛するという形になっている。中世の公衆衛生の観念が、この時代でもなお生きていることがわかる。

キリスト教社会の防衛がこのように衛生的な防衛でもあったという事実は、肉体を取りこんだ教会法の体系と完全に符合している。信者にとって、キリスト教社会はひとつの体であった。すなわち、キリストが頭であり、信者が手足になる神秘的体であると考えられた。神秘的体はキリスト教的合法性の場所だが、それはまた健康の場所でもあった。実際にキリスト教の教義は、神秘的体とは単なる精神的な統合ではなく、それ以上のものであるということをつねに説いてきた。近代神学には、神秘的体とは「肉体的な統合」であるという考えがはっきりと取りいれられている。[10] ことは重要であり、繰り返し語ることも許されると思うが、もういちど、これは四世紀に、聖遺物の治療効果を説明するための論拠であったことを思い出してもらいたい（信者と聖人とキリストは、単一の体と単一の血からなっているということ）。

一六世紀以降、公衆衛生に関する法律がつくられ、制度が整備されるのだが、それは国家という枠組みのなかで行なわれた。西洋全体ではなく、その内部での国家的仕組みとしての公衆衛生が生まれた。フランスでは、すべてが国王の体の周囲に組織された。まず第一に、るいれきに触れる行為によって国王は王国随一の治療者であった。[11] さらに一七世紀と一八世紀、国王御用の内科医、外科医、薬剤師からなる公衆衛生のための一種の中央官庁が存在し、保険衛生上の重要な改革はすべてここで実行された（主なものとして、王立植物園、外科アカデミー、王立医学協会の創設がある）。この保健省とも呼べるものの権威は、主として、選ばれたメンバーには優れた能力があるに違いないと思われたことによるが、しかしまた、御用医であることの権威、すなわち、国王の手当てをすることはフランスを手当てすることに等しいと考えられていたからでもあった。賛否が分かれたままなされた若き日のルイ一四世への投薬直後に、キナの木論争とアンチモン論争*45に決着がついたことが口々に語られはしなかっただろうか。

アンシャン・レジーム期にあって、伝染病に打ち勝つとは何を意味していたのか、それもまた、フランスの健康と国王の健康を同一視する考え方、そして健康の場所を法の場所とする考え方を通して理解することができる。一六六四年から一六六九年にかけて、ペストがダンケルク、ソワソン、ラオン、アミアン、ルーアン、ディエップなど多くの都市を荒廃させたが、「天の助けによって、この時期、首都はこの恐ろしい病の攻撃をなんら受けなかった[12]」。伝染病は合法性が拠ってたつ中心点になんら打撃をあたえることがなかった。国王を殺せば、その勝利は争う余地がなかった。パリに手を触れれば、勝利をおさめたものといわれただろう。しかし、パリに触れなかったペストは勝利したものと言い伝えられることはなかった。たとえ、フランスの残り全部を荒廃しつくしたとしても。

　王政の消滅後、中心点を失ったフランスでは、公衆衛生は統計的に処理される数字上の観念になった。他の王国でも近代化は同じ結果をもたらした。しかし、市民法学者が任務を放棄し、医者と司祭がそれに代わった結果として生まれた集団的体の生物学的防衛という考え方が、ナチス・ドイツの科学的合法性の体系において蘇生し、もともとあった嫌悪すべきものが究極の結末にまで押し進められた。人種理論がドイツの医学社会に、ドイツ民族という他と区別される集団的存在があることを説き、それによって、不妊手術、安楽死、さらには大量殺戮までが医療方法となり、それらがドイツ医学の合法性の一部をなした。ナチスの医者は、彼らの教義に含まれるいまわしい論理を繰り広げるなかで、ドイツ民族の健康を害しているものは自分たちが手術して切除する、と高らかに公言した。

　市民法学者は法が肉体に関わることを拒んできた。ではいったい、法が受肉化するといかなるものを生みだすのか、ヨーロッパ人がそれを真に理解したのは、ナチスを体験したこのときがはじめてであった。それは教会法学者が想像もしないことであった。法がドイツ民族という姿をとって現われ、そして真の健康とは民族の肉体の健康であるとされ、その結果、死の収容所がそこでは医療という形をとることができた[13]。一九四七年のニュルンベルク綱領はアメリカの軍事法廷が発した真の法規的判決であり、国家と医学の連合が入りこんではならない地点を明確にした[14]。そしてまた、法に携わる者に対して、公衆衛生は、神学ではないにしても、少なくともそれに似た何かに導かれた法律家の仕事であることを示唆した。この点で、人権のドグマはまずまずの代用品でありえた。

生物学的資本

近代国家は、それぞれが公衆衛生のための設備を整えなければならなかった。病院は慈善組織であることをやめ、新しい健康管理のシンボルになっていたが、キリスト教的隣人愛を引き継いだ国家は、まずここに財源という資本を供給しなければならなかった。

二〇世紀中期、人体の一部をその外部で生きたまま保存することが可能になって以来、近代社会は、こんどは、公衆衛生がそれとは性質の異なった資本を求めていること、そして、その資本を蓄える新しいタイプの銀行が必要になったことに気がついた。血液やそれからつくられる製品、精液、移植のための器官という資本である。

この課題をめぐって、私たちはあいかわらず法的な問題提起に向き合うことになるのだが、医学の世界はやむをえない純真さによってではあれ、それがいままでにない新しい問題であるかのように考えた。しかし、ここでもまた、法学は生命科学の先を行っていた。たしかに、生物学的資本の問題は、医学の必要に応える血液銀行の設立という形でまず提起されたのだが、この問題が意識にのぼるには二〇世紀中期を待つまでもなかった。西洋で生物学的資本を蓄積する必要性が最初に認識されたのは、中世のキリスト教社会においてであった。

キリスト教徒は血液を必要とする

生物学的資本の必要性が意識されるにあたって、教会の役割は決定的なものであった。ローマ時代のガリアの異教では、生命に関わる基本的な液体は水であり、奇跡を起こす泉にわきでる神聖な水はまさにその象徴であった。教会はこの信仰を完全には破壊することができず、またそうであったからこそ、教会自身も水への情熱をつねに利用することができた（洗礼、儀礼的禊《みそ》ぎ、聖体降福式）。それでも、異なる大地にキリスト教の種をまくとなると、民族学者の言葉を待つまでもなく、その大地もまた同じように豊かであり、水だけを特別視することはできなかった。したがって、人間の内部にあるものこそが生命の液体であり、キリスト教徒が生きていくために必要なものであるという考えを、教会は人びとの間に根づかせようとした。

生命の液体はどこよりも、神の似姿に造られた人間のなかになければならない。この意味でも、聖体拝領の秘跡をなおざりにすることは許されない。さらに、この秘跡が魂のみに関わっていると主張することも誤っている。カトリックの教義からすれば、聖体拝領はたしかに魂にとっての栄養であり薬であるが、肉欲を減少させ、肉体の輝かしい復活を保証する点において、それはまた肉体に対しても働きかけを行なっていることを忘れてはならない(15)。

トリエント公会議は実際的な理由によって、司祭だけがワインによる聖体拝領にあずかるものとした。しかし、一般の信徒の熱情は変わることなくキリストの血に向けられた。それは、肉体の神聖さの神髄が血のなかにあると考えられていたからにほかならない。目にみえる姿として、キリストの血はワインに擬せられ、中世では、キリストをぶどう搾り機として表現する絵柄が広く用いられたが、これこそがキリストの生命力の素朴な表現であった。ぶどう搾り機＝キリストの像の周囲には、キリスト教徒の生命の液体であるワイン＝血が漂い、キリストの血が流れでるイメージが写しだされている。つまりキリスト教徒にとって、キリストは最初の血の提供者であった。一九四九年に献血者団体の謁見を受けたとき、教皇ピウス一二世はつぎの言葉でそれを迎えた。

このように大勢のあなた方の団体をみるとき、私たちは心のなかに、主であり神である血の提供者、イエス、贖い主、救い主、人間の生命の主の姿を描き、賞賛するのです。(16)

キリストも殉教者も、キリスト教徒の救いのために自らの血を流したと考えられていた。それによってもたらされた共有財産とは、いうまでもなく精神的なものであった。しかし、塗油と聖体拝領の秘跡に二重の役割があることからもわかるように、健康という肉体的なものがキリスト教の言説から全面的に排除されることは決してなかった。大衆の熱情をほとばしるままに任せるなら、こちらの方が優先される可能性さえあった。そこで、この大衆の熱情との関わりで、聖遺物の問題をあらためて考えてみたい。

聖人の器官、四肢、組織は分離・摘出され、聖遺物として分配された。それは一種の事業のようなものであり、あらゆる種類の恩恵を目的にしたものであったが、もっとも多くの場合、求められたのは病気の回復であった。聖遺物の摘出と取引（この取引はいい儲けになったようである）は、人肉食について、生きている者の生命を維持するために死者の体を利用する二番目の方法であった。

血はもっとも貴重な聖遺物である。たしかにそれは希少なものだが（死体には血が通っていない）、とりわけ聖遺物の効力がすべて血に集約されることに貴重さの理由があった。聖遺物を仲介にして近づくと考えられていたのは、聖人の血にであった。(17)

血の聖遺物があった。殉教者が犠牲となった場所で回収された塵と凝結した血の混ざったものが、それである。その保存はときとして奇跡をともない、その奇跡のいくつかは現在でも行なわれている祭事の原点になっている。ナポリの守護聖人、聖ジェンナーロの凝結した血*46が液化するという奇跡がいかに重要な出来事であるかは、よく知られている。しかし、血の聖遺物は中世の信者の要求に応えるにはあまりに希少であったから、多くの信者は聖人の墓からしみだしたものすべてを回収し、それを代用品とすることで満足しなければならなかった。もちろん、このような安物の聖遺物ではなく、奇跡を起こす血を作りだせれば、それは理想的であった。こんなことを考えるのは、現代の生命科学が最初であるなどと考えてはいけない。中世にすでにあった。

ジャン＝ポール・ルーは血液に関する博学な研究のなかで、キリストの体から流れでて聖杯に集められた血はグラスのなかの血、すなわち、飲むために集められた血であることに着目し、聖体拝領にみられるワインと血の同一視が古くからある普遍的な事実であることを明らかにした。(18)ところで、中世の教会が正しく導かなければならなかったゲルマン人の風習のひとつに、ワインづけというものがあったが、これもまた、このワインと血の同一視によって説明がつく。前に述べたように、聖人の遺骨や墓、その体や血に触れた可能性のあるものすべてをワインで洗う風習であり、その目的は奇跡を起こす力をもった液体を作りだすことにあった(19)。

いうまでもなく、存在するとすれば、もっとも貴重な聖遺物はキリストの血だろう。一五世紀、フランス西部の港町ラ・ロシェルのフランチェスコ派教会には「尊い血」のかけらがあり、信者の崇拝を集めていた。しかし言い伝えによれば、復活の際にキリストは流した血すべてを取り戻したのではないのか。一四四九年、教皇ニコラウス五世はこのラ・ロシェルの信仰を承認したが、受難の血が受け継がれているとする考え方にもとづいてではなかった。彼は七八七年の第七回ニカエア公会議で語られたひとつの奇跡を、その決定の根拠にした。ベイルートのユダヤ人によって砕かれたキリストの像から血が流れだした、という奇跡であった(20)。この話はキリスト教徒の夢を物語っている。キリスト教徒は、救世主の血を出現させる奇跡を待ちながら生きることができた。

体から離れてもなお生きているものの法的性格

この問題が、現在の法思想にとって根本に関わるものであることはあらためていうまでもないが、中世に、キリストの血を崇拝することは教会法からみて許されるのかどうかが問われたとき、早くも意識された問題であった。

キリスト教徒は祈りのなかで、キリストの血に特別な想いを込めることが許されるのか。受難の時にキリストから流れでた血がキリストの神たる性格を保ちつづけているのなら、これを崇拝することは許される。一三五二年、教皇クレメンス六世は、キリストから流れでた血は神たる性格をもちつづけたということを原理として認め、これを許した。その後、一世紀以上にわたって激しい議論が交わされたが、一四六四年、教皇ピウス二世はクレメンス六世の結論を確認した(21)。

この議論は、一見すると神学者の世界だけの話のように思われるかもしれない。しかし実は、人間が生みだすものに関する法の歴史において、きわめて重要な瞬間であった。事実、受難の血の神性について問題提起を行なうことにより、西洋の思想は、はじめて、体の外に出た血の法的性格について自らに問いかけたのである。キリストの体内にあったときに神性であった血は、流れでた後もまだ神性なのか。輸血に関する私たちの法は問題を移しかえたにすぎなかった。人間の体に対して払うべき敬意を、採取された血にも払うべきなのか。この問題に対して、フランスの立法者は教会にならって、血のもともとの性格が維持されているという立場を選択した。

ここ二〇年ほど前まで、市民法はこの問題には無縁のままであり、西洋の思想のなかに先例を見つけようとすれば、当然のように神学の教義と教会法に目が向けられる。ただし、信仰箇条として考えられるような権威のある論証を探したり、あるいは歴史を神託の代わりにして、そこには真実が表明されているとみなしたりするべきではない。そうではなく、ただ単純に、ひたすら実用的な目的のために、立論を進めるうえでの内的な論理を探すことにとどめなければならない。

血は流れでた後でも性格を変えない。かつて人間のものであったのだから、流れでたときでも人間のものである。そうなると、肉体と人格を同一視するのであれば、流れでた血はいつまでも人格ということになる。その一滴一滴が人格であり、動物に飲まれたとしてもそうであり、他人に注射されたとしてもそうである。肉体と人格を同じものと考えることは、どうみても容易なことではない。

血液銀行、犠牲によって提供される宝庫

血液銀行という発想は、一六世紀の神学の教義と教会法のなかにあった。中世の教会は、血の聖遺物に向けられた大衆の熱情を、キリストと殉教者の血によるキリスト教徒の救いという主要なテーマに結びつけ、肉体の治癒（血の聖遺物による）と魂の救いをもたらす共有財産としての血の運用理論を作りあげた。ペトルス＝アルビニアヌスはこの理論から、教会は一種の宝物管理の責任を引き受けたとするつぎのような結論を引きだした。

> この（キリストと殉教者の）流血によって宝物が生まれた。それは教会の金庫に預けられた宝物であり、その鍵は教会がもっている。したがって、教会が望むときには金庫を開けることができるし、信者に赦免と寛容をあたえるように、教会が望む者にはその金庫から恩恵をあたえることができる。(22)

キリスト教徒の救いのために「教会の金庫に預けられた宝物」という発想から、人類の財産としての血液銀行という発想に進むには、永遠の救いという目的をこの世での健康という目的に移しかえるだけでよかった。

しかしここには、いつの日か、人体の一部を提供する者とそれを受け取る機関を対立させかねない要

因がある。献身的に提供されたものが「宝物」になり、権力、そしておそらくは富の源となってしまうような事態を、はたして認めることができるのだろうか。

教会法の考え方の率直さに注目したい。はじめに血の提供ありき、これですませている。しかし、キリストと殉教者によってなされたこの贈与（その本質からして無償の贈与である）により、施し物を管理する者が置かれ、この管理者は財産を手にすることになった。それでもこれは精神的な富ではないのか。たしかにそうである。しかし、免罪符の売買がはっきりと示しているように、この種の宝物は必ずしも金銭的評価と相容れないものではない。このように、血は精神的な富とも物質的な富ともいえるものだが、いずれにしても、肉体の贈与に関する法の根本的な問題のひとつがここに提起されている。もともと贈与されたものから、利得を引きだすことは許されるのか、許されるとすればどのような利得なのだろうか。

実際には、血液提供者の絶対的盲信がすべてを包みこんでしまった。後に、血液以外の人体の提供者もこの盲信をもつようになる。他方、血を集める者は生物学的資本の管理という日常的な現実のなかに生きている。彼は力と金銭の世界で動き回っている。しかし提供者の側は、犠牲という絶対的盲信をもちつづける限り、この現実から切り離される。彼らは、自分たちの行ないが愛国主義的な犠牲的行為にきわめて似ていることを知っている。自分の血を献血センターに提供することは、戦場で血を流すイメージに重ねることができる。エルンスト・カントーロヴィチが叙述したように、西洋の伝統では、これは十字軍の犠牲者、最終的には殉教者、さらにはキリストの犠牲ともつながっている[23]。実際に教会は、献血者団体が広めた神秘的な宣伝文句の背後から浮かびあがってくるものを、すぐに感じとっていた。

最初の血の提供者、キリストの姿であった。

血液循環がつなぎ目を示していること

血液循環について語りたいと思う。循環とつなぎ目というと言葉遊びのようだが、つなぎ目とは、医学と宗教のつながりをさしている。血液循環の発見についてはさまざまな見方があるが、私は両者のつながりの強さを実証したものであると考えている。

血液循環は、魂の循環を証明しようとして発見された。血を神聖なものとみなすことは信仰の問題であり、科学的アプローチを寄せつけないと考えるなら、それは誤っている。そう考えることは、近代科学精神の勝利として一般にいわれている血液循環の発見が、もともとは体のなかに魂があることを示そうとした際の、偶然の発見にすぎないということを忘れることになる。

ウイリアム・ハーヴェー〔一五七八－一六五七〕の有名な『心臓と血液の運動に関する解剖学的研究』が出版される七五年前、肺の血液循環がミゲル・セルヴェート〔一五一一－一五五三〕によって発見された。彼は一五五三年、神学の著作『キリスト教復興』でそのことを書いている。セルヴェートは宗教改革者カルヴァン〔一五〇九－一五六四〕と対立した神学論争で有名であり、この論争によって火刑に処せられたのだが、パリのロンバルド・コレージュで教えていた医者でもあった。この『キリスト教復興』（カルヴァンの『キリスト教綱要』に反論したものとみなされている）のなかで、セルヴェートは神が肉体のなかに魂を入れる方法について考えるように説いている。キリスト教神学が最終的には、魂は体のいたるところにあり、それにより肉体は二重に至高なものになるという教義を確立したことはよく知られている。しかし聖書は、大部分の原始宗教とこの点では一致するのだが、魂は血のなかにあるとはっきりと述べている。[24] セルヴェートは、魂は脳の近くにあり、血液のなかを循環してそこにきたと考えた。彼が血液の循環を発見したのは、この魂の循環を証明するためであった。彼の立証のなかで、「生命精気」は神によって肺に吹きいれられたことになっている。ところで、解剖によって肺の両側では血液の色が違うことはわかっていたのだが、セルヴェートはその理由をはじめて解明することができた。血液が肺を通り（流れこみ、流れでる）、それによって空気と混じるからであると彼は考えた。彼はまた、同じ現象によって生命精気が血液のなかに入り、「動物精気」に変容しつつ血液のなかを循環し、最後には魂に変わるとつけ加えている。魂の最終的な住処は、眼球血管膜の毛細血管のなかであると推定された。[25]

セルヴェートの業績を、血液の研究において、科学的叙述が宗教的アプローチに取って代わることを告げる移行期の実例としてあげることもできる。しかしそれだと、医者であり化学者であるゲオルグ・エルンスト・スタール〔一六六〇―一七三四〕のアニミズムを無視しなければならなくなる。この学説は、魂が体のなかを動き回るための崇高な手段として血液循環を考えるものであり、一九世紀でもなお大きな影響力をもっていた。実際、解剖による発見も生理学的な発見も、血の神聖さを崩すことはなかった。今日、比較血液学の啞然とするような新発見によって、血の神聖視はさらに強くなっているのではないかと考えることさえできる。「歴史の水先案内人」であるこの血、「多くの帝国の没落」を仕切ってきた血、人間のはじまりのヴェールを剝がす血(26)、この血は、血漿と有形成分の単なる混合物ですまされるものではない。

血液循環の発見、それは近代科学が動きだす瞬間、まさに血が注入された象徴的な瞬間だが、また医学の主導権が確立したことを示す象徴でもあり、医者の権威が宗教的ドグマと連動しつつ、幅をきかせはじめた時代を象徴していた。しかし、連動とはまた併合でもある。医学的言説は勝利をおさめていくだろうが、宗教的テキストから自由になることはなかった。

＊

産業社会が到来するまで、肉体の管理は、司祭と医者の間での競合と協同という面だけをいつもみせていた。この両者のつながりは強く、第三者が少しでも介入することを許さなかった。とくに同じ頃、自らのシヴィリテがつくる世界の彼方へ肉体を追放するという、「大いなる作業」を完成させた法律家の介入など、なおさらであった。

医者と司祭は、彼らだけで共同管理するという状況をそれなりにうまくこなしてきたのだが、しかし、何かが――つまりは産業社会であるが――市民法学者の介入を甘受したり、医者の側からそれを懇請せざるをえなくなるほどに現状をくつがえすことになる。市民法学者にとって、このような栄誉は劇的な事件であった。

12　労働者の肉体という新しい法的事実

ここまでの話を確認しておこう。

教会法を通して明らかになったこと、それは、肉体の管理には規範的管理（肉体の法）と治療的管理（肉体の手当て）があり、この二つから成りたっているということ、さらに、肉体の問題は個人的なものだけではなく、集団的なものとしても（公衆衛生として）考えられるということであった。

この章では、肉体の法を明確にするにあたって、一九世紀と二〇世紀に世俗の法がどのようにして教会法を受け継ぐことになったのか、を明らかにしたいと思う。

教会法学者の国制上の権威が失墜した後、その戦利品は能力に応じてきちんと分配されたと想像すること、すなわち規範的管理は市民法学者のもとへ行き、治療的管理は完全に医者のものとなったとすれば、それは筋が通った話になる。しかし実際には、医者についても法律家についても物事ははるかに複雑であった。

一九世紀の医学における主要なトレンドであった衛生学は、肉体の全面的な治療的管理だけでなく、規範的管理も自分の領域であると主張し、他方、市民法学者は、法の非肉体化を完成させることによって肉体の法に背を向け、それとは完全に正反対の方へ進んだ。このように市民法学者が拒否し、医者は自分の領分だと主張した肉体の規範的管理は、衛生学にその役割を果たす力があれば、そのままそれに委ねることができただろう。肉体の規範は、やはり法学が考察するにふさわしいという考えを法律家が受けいれざるをえなくなったのは、この衛生学の失敗によってであった。

新しい法的事実が現われていた。労働者の肉体である。根本的には、医療にも法にも関わった衛生学者は、長い間「社会問題」と呼ばれてきたものの本質がこの肉体にあるということを見定め、それを処理するひとつの方法を考えだそうとしていた。同様に、法律家が肉体を考慮に入れなければならないとすれば、それもまず労働者の肉体、すなわち産業環境がもたらす危険の最前線に立たされた肉体であった。ただ「社会問題」という文脈のおかげで、市民法の枠外で、民法典のシヴィリテに触れることなく、労働者の肉体を視野に入れた法を考えだすことができるのではないかという幻想を、しばらくの間ではあるが、法律家はもちつづけることができた。

衛生学の権勢と退廃

近代国家を背景にして、治療する権利と健康の場所決めの権限が結びつくことにより、プラトンが「人間を食糧のところへ連れていく技」と呼び、教会がいつの時代にも「羊飼いの仕事」と呼んでいたものがふたたび姿を現わした。以後、世俗権力がそれをはっきりと自分の仕事であると主張するようになる。行政こそが、必要な手当てを人民にほどこす存在になった。なお、手当ての対象となる人民とは国民全体ではなく、貧しい人びとのことであり、しかも言葉の狭い意味においてであり、一九世紀には肉体労働者の世界をさしていたことをあらかじめ指摘しておく。

『警察論』(1)を著わしたパリ・シャトレ裁判所受任官ニコラス・ドゥラマール〔一六三九−一七二三〕は、警察（現在の言葉では行政を意味している）の目的が人民の充足にあることを力説している。序論にはじまり、本論の表題のつけ方にまでそれは一貫している。そのためには、宗教と道徳的秩序が必要であることはいうまでもない。しかし、彼がこの書物で強調していることは、人びとが安全のうちに暮らし、病人が十分に手当てされ、そして何よりもすべての人が食べられるということの重要性であった。とくに、食べることとの必要性は何にもまして明らかであると考えた彼は、個々の食糧についてひとつずつ章を設け、その原料、特質、加工法を書き連ねた。調理方法を伝授することは、さすがに自制したようである。まさに、人間を飼育する技になる……。

ドゥラマールが道徳的・宗教的秩序をまず論じ、それ以下の章で公衆衛生を別にして扱ったのは、公衆衛生が教会ではなく、国家行政のなすべき仕事であることを示すためである。この考え方が表だってはっきりと主張されるのは一八世紀のことだが、中世末以来、世俗の諸権力が医学、薬学、とくに外科技術の進歩に意を注ぐなかで、この道筋は十分に予想することができた。このとき以来、喜劇作家モリエール〔一六二二−一六七三〕や文芸批評家ボワロー〔一六三六−一七一一〕がエスプリをきかせて表現したように、この新しい知的流れのなかで、医学の主張がはたしてどこまで行くのだろうかと、人は考えをめぐらすようになっていた。

実際に一九世紀、衛生学と精神医学は、医学が学問的な主導権を主張できるということ、その主導権は政治的で行政的な権力にも通じるということを見せつけた。しかし、手当てする権限が教会から国家へと移されたことで利益を得たのは、最終的には法律家の社会であった。

衛生学者の理想郷

一九世紀初頭、進歩を信じる人びとにとって、衛生学はもっとも輝かしい希望であった。人間の肉体的健康と精神的バランスがどうすれば保たれるのかを知っている者がルールをつくり、そのルールによって導かれる社会がそこにあった。科学の時代にふさわしい奇跡をもたらす救世主が出現しようとしていた。臨床医と患者の個人的な関係を超えて、公衆の衛生状態に関心を向け、個人ではなく社会を全体として手当てしようと考える新しいタイプの医者である。救世主であろうとすれば、まず、近代医学の三本の柱に通暁していなければならない。臨床医学、化学、衛生学である。さらに、医学から離れて、地質学や建築学や工学などの知識、そして労働者社会の民族学とも呼べるような知識ももっていなければならなかった。

一九世紀、肉体の管理という面で宗教の権威を継承しようとする医者の意思は、精神医学と衛生学を車の両輪として遂行された。そしてその意思は、思想の支配、学問の支配、最後には社会の支配という面にまで及んだ。

まず精神医学は、魔術と悪魔憑きの問題について、医学が教会と十分に張り合う力をもっていることを立証した。この鮮やかな勝利によって、精神医学者は、医学が学問、芸術、文学の世界でも堂々と主導権を主張できると考えるようになった。医者のルイ・レルー〔一八〇四－一八七七〕とジャック・モロー・ド・トゥール〔一八〇四－一八八四〕の態度が、このことを証明している。彼らは精神病棟での輝かしいキャリアが残してくれた幾ばくかの余暇を、天才に潜んでいる狂気を判別しようとする文芸批評についやした。彼らにいわせれば、精神医学者なら誰にでも、ソクラテスやパスカルに精神異常の宣告をする資格が備わっていた[2]。これは、中世の大学で確立され、近代科学の攻撃にも首尾よく抵抗し、一八世紀まで生きのびた学問的合法性のシステムのなかで神学者が占めていた地位に、医者を実質的に就かせることであった。神学は、ある著作を異端や悪魔主義として葬り去ることができた。そして、この力によって知性と学識の世界に君臨した。一九世紀、ほんの少しの間ではあるが、医学の世界は狂気の診断を宣告する権力によって、神学の後を継ぐことができると信じこんだ。

精神医学は思想の世界を支配しようとする野望を抱いた。そして衛生学は、医学の力には行政権力を中継にして社会を指導する使命があるという確信を、それにつけ加えた。一八二九年、『公衆衛生年報』の発刊を告げる趣意書にはそれがはっきりと表明されている。

医学は病気を研究し治療することのみを目的とするのではなく、社会組織と緊密な関係にある。医学は法律の作成にあたってときとして立法者を助け、その適用にあたってしばしば司法官を助け、行政とともにつねに公衆の健康の維持を見守っている。

このようなひたすら膨張しようとする権力拡大の意思は、肉体が医学の権力のふるわれる場所であることを理解すれば驚くべきことではない。肉体をむさぼることによって、衛生学者の理想郷は真の勝利を増幅させていく。一九世紀の医者は、かつて司祭が独占していた地平、すなわち肉体を通して個人を管理し、それが社会的規律に通じるという地平を確実に征服した。

もっとも劇的な権限の移行がみられるのは、いうまでもなく性の領域であった。一八世紀にいち早く、シモン＝アンドレ・ティソの『オナニズム』がベストセラーになったことに、それが見てとれる。キリスト教徒のあるべき夫婦生活に関しては、医者と司祭はライヴァル関係をつづけることになるが、それでもなおこの両者を比較すると、おもしろいことに、医学の文献が教会法のスタイルを踏襲していることがわかる。まず細部への極度のこだわりと、想像上のものも含めてすべてを予見しようとする注意深さが共通している。さらにこれらの文献には、ここで明らかにされる真実がそのまま法になるという確乎たる自負がにじみでている。一九世紀の医者は、かつて教会法学者のものであった姿勢を自分のものにした。すなわち、肉体を性的に使用するにあたってての限界を法として定め、それによって健康を維持させようという考えを抱くようになっていた(3)。

医学によって性的規律を書きかえるという作業は、あらゆるベッドに関わるはずであった。絹のベッドも藁のベッドも。しかし実際には、衛生学は労働者の性的行為に関してのみ、性の管理を進めることができた。建築家には労働者用宿舎という構想を抱かせ、警察権力には寛大な売春規制を行なうことを促したことに、それは表われている。

一九世紀後半、労働者用住宅は浄化（すし詰めの解消）と性的健全化（近親相姦と姦通の撲滅）のためという、実に明確な役割を担っていた。[4] しかし、家族をもつ労働者に対しては、住まいさえきちんとすればという牧歌的な見方が許されたが、労働者階級が膨大な数の独身者からなり、しばしば住所不定でほとんど根をもたず、売春婦の最大の得意客であるという事実を無視することはできなかった。

売春について、教会法はそれを罪あるものとし、世俗の法は禁止し、あるいは封じこめようとしてきた（客引きと売春業の禁止）。しかし衛生学者は、これこそが公衆の健康にとっても、また社会の安全にとっても不可欠な制度であると考えた。夫婦間の性行為が問題になるときには、教会法の言説を彼らなりに使い回すことでよしとしていた一九世紀の医者は、他方、雑踏の病理学につきまとう諸悪のひとつから工業化の進んだ都市を治療し救うためには、精液が流れる特殊な下水道を建設しなければならないと確信し[5]、躊躇することなく、道徳に、宗教に、そして教会法であろうと世俗の法であろうと、すべての法に正面から戦いを挑んだ。こうして、「お目こぼしの娼婦館」と呼ばれる例の制度ができあがった。この制度は、その呼び方からして法の枠外にあるということをはっきりと示している点で、とりわけ興味深いものになっている。医者は法律家を飛び越して、治療行為としての売春を管理運営するために行政当局と結びついた。

これに近い領域ではあるが、医学の力のみごとな突出が認められるのが汚染に関してである。ドゥラマールの博学な知識のおかげで、一五世紀の末（一四八六年一一月四日のシャトレ裁判所の判決）にすでに、家庭内の有害物、あるいは産業有害物が問題となる事件では、医者が専門家として法廷で大きな発言権をもっていたことがわかる。[6] その後もずっと使われる語彙はもっぱら医学用語であり、裁判官も行政官も、医者に従い、医者を模範にして、衛生とか伝染とかについて語った。ところで、『大百科事典』(一八九八年刊行開始)の二七巻では、「汚染」という事項について、いまだに血と精液による教会法的な汚れだけが扱われているが、参照すべき事項として「精液漏」という病気があげられ、汚染の病理学的な意味づけについては別に扱われるものであることが留保されている。つまり、精液による汚れという宗教的な事例を医学に移しかえることを通して、汚染という言葉が医学用語に加えられるようになった。

ただ、汚染という言葉が、かつては水あるいは空気への「害毒の感染」と呼ばれていたものをさし示すものとして、衛生学の文献——環境に関する分野では頻繁に使われることになるが——に登場するには、一九世紀から二〇世紀へと移行する時期を待たなければならなかった。以前は「自然物の健康」状態の問題とされていた状況が、このとき、それぞれの自然要素の「純粋性」の問題へと変化した。

語彙のこの変化は、実は権限が移り変わったこと、医者がこの問題についての発言権を失おうとしていることを表わしている。衛生学者は、もっとも重大な環境破壊は人体の過密状態から生まれると考え、人体が原因ではない産業公害こそがほんとうは危険なものであるとは、ずっと思いもしなかった。権限の移り変わりは、この認識の変化を意味していた。[7] ところで、教会法上の汚染という観念は、肉体から発する危険性に対して、キリスト教的環境(教会と墓地)を守るための防衛システムの一部をなしていた。衛生学者もまた、環境は主として肉体から生みだされる有害物によって脅かされると考えていたが、彼らにとって、有害物とは純粋に物理的な意味であり、精神的な要素を含んではいなかった。彼らは火葬を好んだが、その理由は、どんなものであれ埋葬がすべて不衛生の源になる点にあり、もっとも敬虔なそれ（教会のなかでの埋葬）はとくにそうであった。これとは異なり、汚染についての教会法的定義によれば、もっとも厳格に衛生基準を守って行なわれた葬儀であっても、キリスト教徒の墓地を汚染することがあった。不信心者、破門された者、あるいは洗礼を受けずに死んだ子供、これらの死体の場合である。[(8)]

犯罪の研究とその扱いは、医者が司祭にはっきりと取って代わった三番目の領域である。一八世紀末、後に刑事学と呼ばれるであろうものが、司祭であり神学者でもあるスイス人ラヴァテル（一七四一―一八〇一）の人相学によって姿を現わした。監獄学に関しては、一七世紀にベネディクト派の碩学マビヨン（一六三二―一七〇七）という有名な先駆者がいた。監獄は、刑罰としてはもともと聖職者に対する教会法上の制裁であったが、当時すべての人びとに関わるものになろうとしていた。病院の役割があいまいであったこともあり、犯罪者がもっとも弱い者、すなわち女性と子供の場合、教会が慈善活動の一環としてその面倒をみるようになったからである。他方、修道会[*47]は懲戒行政との連携を保ったり、また専門的な制度を設置したりして（ボン・パストゥール修道会のように）、現在まで、矯正活動の協力者でありつづけることになる。

衛生学の研究文献、とくに『公衆衛生年報』のような雑誌が体系的に検討されれば、近代刑事学と監獄学の形成にあたって医学的考察の果たした重要な役割が、いつの日かきっと明らかになるだろう。イタリアの有名な医者ロンブローゾ[*48]（一八三六―一九〇九）の『犯罪人論』（一八七一年）は、たしかに近代刑事学に向かうひとつのステップの役割を果たしているが、結局のところ、それ以上ではないと断言できる。衛生学の研究文献は、この問題に解剖学的で精神医学的見地から取り組み、統計的、社会学的、地理的、そして経済的アプローチに道を開くことによって、犯罪を働く者に対する産業社会の態度（集団的リンチのような野蛮さは残るとしても）を根底から変容させた。これらの犯罪者は、これ以降、治療の対象としてみられるようになった。衛生学が最後には勝負に敗れたことによって、この治療がやがて非医学的なものになったとしても。

衛生学の崩壊

「学問は終わりを知らなければならない」、ブルーノ・ラトゥールは、パストゥール（一八二二－一八九五）型の医学が衛生学を消滅させるのにいかに寄与したかを明らかにする際に、こう述べた(9)。私たちはそれに、学問は死の収容所を考えだす前に終わりを知らなければならない、とつけ加えよう。

　衛生学の最大の功績は、都市計画の領域にある。衛生学者は、都市が工業化時代の必要に適合するように行政を動かすことができた。この領域での彼らの影響力をもっとも端的に示すものに、建築認可制度がある。一八五二年以来、衛生の向上を第一の目的にした建築認可制度がパリにあったが、一九〇二年二月一五日の公衆衛生に関する総合的な法律によって、それがフランス全体に広げられた。

　それに対して、経済の現実に関する衛生学者の無知は、行政当局の不興をかう原因となった。有害物をリサイクルすれば必ず利益を生みだすという考えは、その典型である。その結果、一八四八年、公衆衛生諮問委員会の発足のときには多数（五七パーセント）を占めていた医者が、一八五〇年には四六パーセント、一八五六年には四〇パーセント、一八八四年には三五パーセントというように、その数を減らしていった。

学問としては、衛生学者はあらゆる場所で有毒気体を追いかけ回した。この気体は、不潔な場所のすみずみに漂っており、とくに有機物質が腐敗しているところで見つけることができるとされ、病気の原因とみなされた謎の気体である。これによって、どこにでも顔を出す医者のふるまいが正当化された。それに対し、体内に入った細菌の特性を把握しようとするパストゥール型の医者は、人体に関心を集中させ、これ以降、人間は病院という環境のなかでのみ正しく診断され、適切な治療を受けることができると考えられるようになった。医学世界の権力意思が病院に集中されたのは、一九世紀から二〇世紀へと進むこの時期のことである。その一方で、衰退する衛生学は、危険なことではあるが、優生学と人種主義と手を組む以外には生き残る術がなかった。

衛生学の残骸のなかの法律家

一九世紀後期、医者が諮問機関から姿を消した後、誰がそれに取って代わったのだろうか。それは法学素養を身につけた技術者と官僚であった。この法律家たちは保健警察の専門家であるか、あるいはそうなるべき人たちであった。

一九世紀、公衆衛生警察ともいわれるこの保健警察は、行政法の重要な部分として発展したが、もともとは医者の意思をそのまま法規として実行するための機関であり、衛生学者が構想したものであった。そして衛生学は消え去ったが、保健警察はその後も生きつづけた。さらに、厚生行政が医者たちのまったくあずかり知らないところで整備された。

難破した衛生学が残したもっとも注目すべき漂着物として、法律家はまた、刑事学と監獄学を回収することになる。

フランスの法学部に、この学問分野のための研究所と学位が登場するのは、一九〇五年と一九〇六年のことである。刑事学を活用するため、そして監獄学を有用なものにするためには、刑法と刑事訴訟法の知識が必要なのは確かだが、法学が刑事学の誕生にはなんら関与せず、監獄学に何の発想もあたえていないにもかかわらず、それ以来、このテーマは法的なものと考えられるようになった。この学問は、社会学、心理学、ときとして民族学——さらには風土学——から養分を吸収しているが、それでもなお、医学の支配のもとで学問的な認証を得て、それによって宗教的ドグマから切り離された領域であるということに変わりはない。今日、刑事学と監獄学が法学部で教えられて、医者が介在することはほとんどないという事実は、歴史家からすれば説明のつくことだが、認識論としては依然として奇妙なことなのである。

もっとも、医学は犯罪現象の管理から完全に排除されたわけではなかった。監獄医学と法医学がまだ残っている。監獄付きの医者は行刑委員会のメンバーであり、それを考えれば、諮問的役割とはいえ、刑の執行の決定に関与していることになる。しかし、決定権限は司法官が握っている。一九世紀の衛生学者なら、フランス刑事訴訟法典七二二条にある「懲治的処理」の決定は、当然のこととして医者の職権に属すべきものというだろうが、フランスでは行刑判事[*49]が決定を下している。法医学に関しては、「ジャンヌ・ウェバー事件」（「グット・ドールの女食人鬼」事件）[*50]で、法の歴史にとっても科学の歴史にとっても重要な敗北を法医学が喫したが、それは刑事学と監獄学が法学部に迎えいれられてからわずか数年後のことであった。この時間的符合に注目することは、おそらく無意味ではないだろう。この事件において、レオン・トワノ（一八五八－一九一五）という当時の法医学界の大立物の権威の前では、取るに足らない予審判事[*51]の推論などはものの数ではなかった。しかし、正しかったのは予審判事の方であった。そしてその結果、予審のための学問が存在すること、それは雑多な要素を組み合わせるという非常に細かくて、報われることの少ない技術を要し、医者の鑑定書はこの要素のひとつにすぎず、それ以上のものではないということが証明され、予審判事の重みを認識させることになった[10]。

　二〇世紀前期、法律家の権威は強化された。しかし、彼らが遺産を受け継ぎ、それを守ってきた者であることを忘れてはならない。当時、刑法は身体刑の廃止を何よりの契機にして、非肉体化を完成させようとしていた。自由を剥奪する刑、少なくとも強制労働をともなわない自由刑は身体に対する刑罰とはみなされなかったことを考えれば、間違いなく身体刑は廃止された。

　それでも、刑事学と監獄学は刑法学者の視界のなかに肉体をふたたび導き入れた。骨相学（頭蓋骨の形の研究）に異議を唱えるためではあったにせよ、刑事学は、肉体的特徴によって犯罪傾向がはたしてわかるのだろうかと自問し、ロンブローゾの示した犯罪人の型について考察を進めた。監獄学者は刑務所環境の調査に参加し、自由の剥奪がとくに皮膚病と胃潰瘍を引き起こし、さらに雑居状態では暴力が支配する環境にさらされているということを明らかにした。そして、このような自由剝奪がほんとうに非身体的な刑罰といえるかどうか、やがて法律家が問い直すひとつのきっかけをつくった。

医者と法律家がかつては協力関係にあったが、衛生学の壊滅によって法を扱う者の権威が強まった領域がもうひとつある。産業がもたらす危険に労働者がさらされることによって生じる問題である。不衛生な施設に関する法令（一八一〇年一〇月一五日の政令）は、間接的ではあるが、衛生学者が労働者の健康に責任を負うものとした。彼らの仕事を立法者が引き継ぎ、まず労働監督官が設置され（子供の労働に関する一八七四年五月一九日の法律）、ついで労働衛生と危険防止の最初の規則が定められ（一八九三年六月一二日の法律）、最後に、労働災害について、雇用者側には不利なことではあるが、過失にではなく危険にもとづく責任原理が打ちたてられた（一八九八年四月九日の法律）。

これらの社会立法は――結局のところ、保健警察や刑事学・監獄学にはじまる一連の流れと不可分のものだが――、教会法とは関わりをもたない法律家が、肉体をふたたび発見する端緒になった。

工業化の進んだ環境における労働者の肉体

衛生学の破綻によって、法律家は労働者の肉体を自分たちのものとしたのだが、それを確実に管理するための手段を市民法が何も提供しないことにすぐ気がついた。当時、市民法の非肉体化はほぼ完成されようとしていた。工業化された環境に特有の肉体への悪影響が明らかになり、社会立法が避けられないものになっていたが、市民法はこの法の闖《ちん》入をすぐには受けいれることができなかった。浮かびあがってきたのはひとつの生態学、すなわちグロテスクの生態学であり、他の「物」との対質によって肉体の力を考えるという見方であった。市民法学者のおよび腰は、この生態学がローマ的シヴィリテとは永遠に無縁のものであることに原因があった。

産業社会はふたたび、そして突然に、グロテスク芸術の古代のメッセージをつきつけた。人間の肉体は「物」の世界のただなかにあるというメッセージである。また、機械化によって、「物」のなかに置かれた肉体は、ローマ的シヴィリテが開花した生態学的文脈では考えられないほどに安全と健康を脅かされているということが、誰の目にも明らかになった。工業化された「物」と肉体の、この危険をはらんだぶつかり合いにおいて、労働者の肉体は有害物として、また同時に被害対象として、その最前線にあった。(11)

有害物になるという事実ほど、肉体の「現実」をよく物語るものはない。この点については、死体の研究を通して私たちはすでに学んでいる。そして、重要な事実を指摘しておきたい。産業有害物から人口密集地帯を守るための法律は、労働者を都市から追いだすためにも使われるべきであると考えた市民、あるいはときとして行政官が、裁判官にそれを認めさせるためにいかに努力したか、ということである。貧富に関係なく、都市の市民あるいはブルジョワ地区の住民の目には、労働者の肉体は産業環境が生みだすさまざまな病気の原因と、総じてなんら異ならないものにうつった。それどころか、これこそが主要な原因であるとしばしば考えられた。労働者の肉体は犯罪、蜂起、そして伝染病の象徴であった。(12)

労働者の肉体は、一種の有害な「物」として敵意を向けられる存在であったが、また「物」によって犠牲にされる存在でもあった。古代世界では当然のことながら、職業病と労働災害は奴隷に特有の災いであった。ヒポクラテス〔前四六〇頃‐前三七七頃〕、ケルスス〔生没年不詳〕、老プリニウス〔二三‐七九〕は、鉱夫の職業病である珪肺症を「奴隷の病気」と呼んだ。ユスティニアヌス法典には、労働災害が――往来での事故と同様に――奴隷の死亡原因として頻繁に登場している。産業社会になり、プロレタリアートと機械が奴隷に取って代わったのだが、ローマ的シヴィリテに由来する法体系は、産業環境によって労働者の肉体がこうむる損害に対応できなくなっていた。市民法と刑法は人間の肉体を守っていると考えられていた。人格という抽象的被造物が保護され、その結果として肉体が守られているという論理である。しかし、実態としては、手足を切断された労働者、あるいは鉛中毒に冒された労働者は、自分の雇用者の過失を立証することがほとんどできなかった。こうして、一九世紀の最後の一〇年間、工業化の進んだ国家は、ローマ的シヴィリテから受け継いだ概念の外部での立法的解決をめざすか、内乱を起こしかねない社会状況を放置するのか、選択を迫られた。

社会保障をそれぞれの国家的システムとして構築しようとした国々にならって、フランスでも、労働災害と職業病では、過失が立証されない場合でも肉体的損害は補償されるとする法律がつくられた。工業化された環境は危険を秘めたものであり、危険が現実のものとなった場合の経済的負担を、労働者にかぶせたままにしてはならない、ということが承認された。

労働災害に関する一八九八年四月八日の法律と、その制度を職業病にまで広げた一九一九年一〇月二五日の法律は、雇用者の無過失責任、危険性にもとづく責任（雇われた者の仕事から利益を得る者は、彼らがさらされている危険の金銭的負担を負うべきである）の原則を確立した。まさにこの法律は、この領域における責任という観念の消滅を告げるものであった[13]。こうして、工業化された環境そのものが、誰のせいにもできない肉体的損害を生みだす原因であるという事実がはじめて認識された。このような事実確認は、それでもなお市民法の枠外のことであった。しかし、これは単なる執行猶予にすぎなかった。やがて、工業化された環境はシヴィリテの正面から攻撃を仕掛けることになる。

*

その後の流れを推測させる指標として、二つの記事をあげておきたい。

一八四三年、『公衆衛生年報』は「イギリスにおける事故死統計」を論評し、つぎのように指摘した。技術者という職業は、もっとも危険なもののひとつになった[14]。

この雑誌は五年後、化学工場の廃棄物が引き起こした被害を調査した、二人の化学者の報告を掲載した。彼らは、工場の汚染から労働者を守った後には、「労働者に被害をあたえた廃棄物が（中略）、開口部、通風口、排煙用の高い煙突から排出されること」から付近の住民を守ることを考えなければならない、と結論づけた[15]。

一九世紀中期、フランス衛生学の公式な機関誌とみなされていた『公衆衛生年報』は、私たちには当たり前のことを発見した。鉱山技師はガス爆発の犠牲になるかもしれないということであり、作業場の換気をすると隣人を中毒にする危険があるということである。この時代、このような事実は誰でも知っている平凡なことでは決してなかった。

一八四〇年代の衛生学は、ローマ的シヴィリテが「奴隷の病気」と名づけたものが、労働者階級だけに関係するものではないことを発見した。労働者が機械に脅かされる唯一の存在ではなかった。工場には、技術者、監督、その他ブルジョワジーもいた。やがて鉄道輸送の発達とともに、工場のなかには決して入る機会のなかったブルジョワジーも機械によって傷を負い、あるいは死にいたる場合も考えられるようになった。産業汚染が住民に襲いかかる生理学的被害とは、もともとは工場に限定されていたある種の職業病が、軽減されてではあれ、一般社会にまで広がったものにほかならない。今日、私たちはこれを公害病と呼んでいる。

要するに、労働者の肉体は前衛であった。工業化された環境のなかでその肉体に影響をあたえたものは、肉体労働の世界には属してはいない者の肉体にも、いずれ関係してくるものであった。

法律家がこのことを認識するには長い時間が必要であった。一八九八年、労働災害に関する法律は工場労働者だけに関わるものであり、それが私企業のすべての従業員に拡大されるには四〇年の歳月を待たなければならなかった。そして医学と法学の進歩が世論に反映し、衛生立法と社会立法は社会全体に関わるものであり、単に労働者や貧しい人にのみ関わるのではないということが――遅まきながら――認識されたのは、社会保障が確立し、病院制度が改革された二〇世紀中期のことである(16)。

要するに、労働者の肉体という新しい法的事実の出現は、法律家の視野のなかに、人間を一個の肉体としてみる視点が新たに登場する大きなきっかけになった。学問認識についても変化が起きようとしていた。この現象が主な要因となって市民法の枠外で発展してきた法が、やがて法学部での講義科目になった(労働法、社会法、社会保障法、公衆衛生法、その他)。これらの科目のテーマには共通点がある。それは労働者の世界から出発し、最後には社会全体に及ぶという一般化の動きであった。

それでは、肉体の新たな出現が、市民法の概念体系そのものには影響をあたえることがなかったのだろうか。私たちは見方を変えて、市民法が最終的に、どのように自分の裂け目に近づいたのかをみることにしよう。

13　暴力がシヴィリテを脅かすところ

二〇世紀の初め、市民法は二〇〇〇年の歴史を実にみごとに渡りきったといえよう。その純化は完成された。私法の内部では、すでに商法が独立し、それは商売特有の俗っぽさを受けもってくれ、やがて、社会的な見地にたち、労働者を視野に入れたさまざまな法が分かれていく。一方、刑法は、未開の法の要素が最後まで抜けなかったものの、かつて刑法から市民法へと進むことが文明化であるといわれたことが、過去の話になる日が目前にきていた。

その傍らで公法はふくれあがり、爆発的に大きくなる。議会制が憲法を生みだし、国家の干渉政策から行政法が生まれた。また、別の主題が姿を現わし、それはやがて財政法という分野を形成することになる。そして経済学や行政学や政治学、こういった学問を人びとは語りはじめていた。

この学問認識の引っ越し騒動の渦中にあっても、市民法は、法律用語の意味を理解するために参照しなければならない法でありつづける。それは、あいかわらずシヴィリテの場であった。ただし、ローマ的なものを未開のものに対立させるというシヴィリテの意味が、時とともに質を変えたことは明らかにしておかなければならない。シヴィリテはいまや、誰でも入ることのできるひとつの場所ではなくなっている。シヴィリテをめぐる対立は経済力の違いから生みだされるものになり、それがそのまま文化水準の対立になって、閉じられた場所を作りはじめていた。

これはむき出しの冷厳な事実であるが、刑法は統計的には貧者の法である。だからといって、市民の条件、個人の地位、そして家族の権利を定める市民法が、富者の法であると決めつけることは間違っている。しかし、民法典の主要な項目が社会のあるカテゴリーの人たち、すなわち遺言を残さない人、会社を興さない人、そして土地をもたず小作人の地役権とぶつかることがない人、これらの人に縁がないことは事実である。

フランス民法典の起草者たちは、どんな人であろうと法典から排除しようとはしなかったが、頭のなかではあるタイプの市民、すなわち、彼らがシヴィリテであると感じるものにきちんと当てはまる人たちをイメージしていた。だからといって、上流社会の人びとの肉体が巻きこまれなければ、市民法がふたたび受肉化の波に襲われることはないといえば誤りだろうが、市民法学者がこの問題を意識したのは、上流社会に関わりが及んだときだけであると考えることは間違っていない。

この章の表題には暴力という言葉があるが、読者の方には唐突な言葉ではないだろう。工業化された環境が労働者の肉体をいかに危険にさらし、社会立法のなかにその肉体をどのように登場させたかをみたばかりである。他方、フランス民法典にその横顔が垣間みられる人びと、すなわち、肉体労働の世界には属さない人びとの場合、収入を得る場所で暴力に見舞われることはほとんどない。しかし、一九世紀、ブルジョワジーと旧貴族は、社会的対立のなかに肉体でもって対応せざるをえない暴力の文脈を発見した。まず、社会的優位を見せつけるためには、たくましく美しくなければならなかった。さらに、旅行したり余暇を過ごす際に、この上流階層もまた、機械による暴力を受ける危険性があった。

　市民法の視野のなかに肉体が浮かびあがってきたことを、法律家が不安を感じつつ発見したのはこのときであった。

人は法においては自由かつ平等に生まれるが、力と美しさにおいては不平等に生まれる

　法人格の非肉体性を示すために、ひとつだけ例証をあげるとすれば、一七八九年のかの「人および市民の権利宣言」第一条、「人は、自由、かつ権利において平等なものとして生まれ、存在する」という条文が選ばれることになるだろう。この条文はローマ的シヴィリテの近代的書きかえにほかならない。それを説明するとなるとあまりにも明白すぎて、いまさら、生まれながらに自由というが、乳児が肉体的に自由というのは奇妙だとか、法的に平等だとしても肉体的な平等などありえないとか、さらに、知的・経済的不平等はどうだといった類のことにこだわるのは、子供じみたことでしかない。

　もっとも、「存在する」という部分については、こだわってみると案外おもしろいことがみえてくる。たしかに、人は法的に平等なものとして生まれ、さらにそうでありつづける。しかし、肉体はそうではない。ごく当然のこととして、肉体は変化する。ただし、自然のなりゆきに逆らってありつづけようとすることはできる。そこで、スポーツと美容外科が登場してくる。

革命期の法律とナポレオンの諸法典によって自由と市民的平等が浸透したが、それにより歪んだ結果がふくらむことになった。自由と平等の裏側で、階級は肉体的にぶつかることになった。当時、各人は契約しようとしまいと、あるいは提示された契約条件を受けいれようと拒もうと、法的には自由であった。ローマ的シヴィリテの論理では、契約当事者の一方が空腹であるとか、寒さにふるえているとかはどうでもよかった。その人の肉体的「現実」は覆い隠されていた。

一九世紀、市民的平等とは、経済的不平等による抑圧に自由な場をあたえるものであった。これは誰もが指摘する平凡な事実であり、もはや経済的新自由主義の書物の驚くべき愚かさのなかでしか否定されることがない(1)。身分的・団体的な社会構造は、フランスでは革命という政治的事件によって断罪され、他の国では工業化の破壊的な力によってくつがえされ、階級対立に場所を譲った。そして、この階級対立には肉体的対立が含まれていた。

戦いの方法

サイクリング(一八六〇年代)と「イギリス型スポーツ」(一八八〇年代)が出現する以前、フランスのスポーツとは、基本的に暴力行為の手ほどきをすることであった。まず、直接的に戦場を模したものが存在した。乗馬、フェンシング、そして射撃である。そして二つの新しいスポーツ、器械体操とボクシングへも関心が高まっていた。

復古王政期の一八二〇年代、フランス体操の父フランソワ・アモロス〔一七六九-一八四八〕の影響のもと、軍隊の訓練に器械体操が導入された。近代工学の発達によってますます危険なものになった戦場の環境に、人間の体を順応させようという意図が、ここには見てとれる。

軍隊に必要であると判断されたものは、また民兵組織である国民軍にとっても必要なはずであった。この武装組織は一七八九年七月一三日（フランス革命の真の出発点）、パリのブルジョワジーによって創設され、ついで王国のすべての都市に広げられた。国民軍は、当初ははっきりとブルジョワジー防衛軍として位置づけられていたが、国内の治安を担い、さらに、国が侵攻された場合には自分たちが予備部隊になるという、フランスのブルジョワジーの意志を表わしたものでもあった。

ここで、人物戯画が語るものについて注目してみたい。ドーミエ（一八〇八－一八七九）やその他の七月王政期の戯画家は、一般的には、腹のつきでた男という外見で国民軍を描いている。これは、当時のフランスのブルジョワジーが、まだ運動というものに魅力を感じていなかったことを表わしている。彼らは国民軍の召集にほとんど応じることなく、パリでは、金持ちの道楽息子が「インゲン豆ホテル」と呼んだ、あの牢獄で数日間の罰をくらう方を好んだ。そこでは、多くの落書き、なかでも作家アルフレッド・ミュッセ（一八一〇－一八五七）とテオフィル・ゴーティエ（一八一一－一八七二）の落書きをじっくりと読むことができた。この状況に対しては、国民をまるごと武装させ、国民自身に向かわせることで解決が見いだされたように思われたが（一八五一年六月二六日の法律）、この方法は二〇年後のパリ・コミューンの遠因となり、そしてその反動として、国民軍を廃止させることになる。

フランスのブルジョワジーがなかなか理解できなかったこと、それは産業社会がエリートに攻撃的な社会参加を要求するということであり、それが肉体的な社会参加でもあるということであった。この間、イギリスの貴族とブルジョワジーは豊かで教養があるだけでなく、さらに筋骨たくましいエリートとして自らを作りあげるために、「パブリック・スクール」において、大衆の暴力の一部を高尚なスポーツとして取りこんでいた(2)。

集団的防衛から自己防衛へと視点を移してみよう。そうすると、一九世紀中期のボクシングの歴史がそのまま合法的防衛の歴史になっていることがわかる。

合法的防衛の変容は、市民的で法的な平等とは、実は肉体的なつき合わせを前提にしていることをはっきりと示している。アンシャン・レジーム期、襲撃に対する報復は、最初の襲撃の暴力に釣り合っていなければならなかったが、同時に、襲撃を受けた者の地位にふさわしいものでなければならなかった。生命や財産を守るためだけではなく、名誉を回復するためであっても、相手を傷つけ、あるいは殺すことができた(3)。また、貴族には武器を携帯し、護衛をともなう権利があり、したがって、たった一人が素手で行なった襲撃に対しても、これらの手段を使って応戦することができた。

革命から生まれた合法的防衛の制度はまったく異なるものになった。最初の襲撃の重さに釣り合った反撃だけを合法的なものとし、名誉の防衛はもはや許されなかった。こうなると、武器をもって戦う特権が貴族にあった時代の名残で、あいかわらず「下賤の勝負」と呼ばれていた「殴り合いの喧嘩」(そして、蹴り合い)の本場である場末育ちの襲撃者に対して、どのように自らを守ればよいのだろうか。唯一の対策はちんぴらの戦い方を知り、自分もそれを実行することである。そこで一八三〇年以降のフランスでは、ブルジョワジーと旧貴族の間で路上の喧嘩を習うことが流行した。当初、この訓練は「サヴァト」とか「ショーソン」とか呼ばれたが、後に、パンチとキックを併用する「フランス式ボクシング」としてスポーツ化された[4]。

アマチュアの仲間内で一緒にいること

コレラによる大量死であれ、社会的害悪（結核、梅毒、そしてアルコール中毒）であれ、すべては一致して、一九世紀の労働者の嘆かわしい健康状態をあからさまにしている。この状態は徴兵審査委員会の不安をあおり、一八三〇年代と一八四〇年代に大規模な調査（一八三〇年代に医者のヴィレルメ〔一七八二―一八六三〕が行なった社会学的な調査と同じ方法による）が実施されるまでになった。

この問題を取りあげた調査報告は、ほとんどが労働者の健康状態を改善すべきであると考え、そのための方策を提案した。しかし、これではひとつの事実が隠されてしまう。改善のかけ声とはうらはらに、健康の問題が社会的つき合わせの切り札として意識されていたという事実である。たとえば、フランス北部リール地方の労働者の健康を調査するなかで、トゥヴナンという医者が工場主の間で大いに広まっていたひとつの考えを告発したとき、彼にはこのことがはっきりと理解できていた。工場主たちは、労働者が力と金を手に入れ、自分たちの競争相手として仕事をはじめることを恐れて、健康を害する悪習から彼らを引き離すべきではないと考えていた[5]。

スポーツによって豊かな社会階層の肉体的状況は向上し、その結果、この階層と肉体労働者層の間の健康面での不平等が拡大した。ところが、一八八〇年から一八九〇年にかけてスポーツ世代になった裕福な青年たちが、階級間の肉体的つき合わせにおいて優位にたったという自覚を総じてもっていたかというと、そうとはいいがたかった。逆に、この青年たちは庶民的な腕力スポーツから離れ、新しいスポーツを自分たちだけの特権とし、賃金労働者を徹底的に排除した。これがアマチュア主義のもともとの姿であった。

新しいスポーツは、アマチュアの仲間内で一緒にいたいと願う人びとの寿命を伸ばした。

アマチュア主義が重んじられるようになったのは、「イギリス型スポーツ」（陸上競技、ラグビー、サッカー、その他）がフランスで盛んになった一八八〇年代のことである。オリンピックを復活させたクーベルタン男爵（一八六三―一九三七）がひときわ輝くこの優雅な階層では、当時、芸術家とは違う「芸術愛好家」なるものが存在したことにならって、自らを「スポーツ愛好家」、すなわちアマチュアと称した。アマチュアの社会に属するということは、スポーツを気品あるレジャーとして楽しむ余裕のある人びとの列に加わることを意味していた(6)。

また、アマチュアの一員でありたいと思うことは、貧しいがゆえに、ごく当たり前のように自分の運動能力で金銭を得ようとする者とはつき合いたくない、という願いも表わしていた。一九世紀末のスポーツクラブの規約には、本当のプロでなくても、職人階層に属する者、さらには誰でも受けいれるスポーツ大会に参加したことのある者は入会できない、という決まりが多くみられた(7)。

労働者の肉体は、市民法の枠外とはいえ、法的には考慮の対象になっていたが、スポーツに関しては、参加する意思があろうとなかろうと、金のために使われるという理由ではじめからアマチュア主義の外へと放りだされていた。肉体労働者は、仕事とはいえ、自分の肉体を使って生活費を稼いでいるがゆえに、アマチュアではありえなかった。

ローマ的シヴィリテは、肉体を使う労働は奴隷の仕事であり、不名誉なものであると教えこんだ。中世になって、この労働は機械を使う職人仕事へと姿を変えたが、そこにもまた自由な人間には値しないものがきちんと揃っていた。手を使うと同時に金を受け取るということである。職業的なものに対する蔑視は、ある意味で、ローマ的シヴィリテに対して社会が忠実であることを物語っていた。今日では、この種の蔑視が、情事において職業的、すなわち売春を業とする女性の場合を除いて残っていないという事実、アマチュアの仕事といえば、通常は「プロの仕事」よりも価値が低いとみなされるという事実、これらはローマ的シヴィリテがここ一世紀の間に荒々しく揺さぶられたことを示している。

ボディビル、あるいは美容術

肉体的つき合わせには美しさという選別板もある。美しさはもっとも直接的で明らかな肉体的不平等であり、個人の力をどうすれば比較できるかなどと考えるまでもなく、ひと目でわかる差異である。したがって、格好の考察材料になっている(8)。

ここでは、工業化された時代に特有なものとして、二つのことに触れておかなければならない。

第一に、女性の理想像を一変させた新しい価値基準が生まれた。肥満に対するスリムさの勝利と、女性として魅力的でいられる年齢を延ばすことができるという希望である。少し考えれば、美しさの新しい定義の中心にあるものは、実は自然に対する反発、すなわちたくさん食べることへの反発、そして以前なら自然のなりゆきとして甘受していたこと、すなわち美しさが「若き日にしかない」ことへの反発であることがわかる。もはや単に髪型を整え、化粧することによって自然の姿が隠されればそれでよいというのではなく、まさに本当の戦いが行なわれるようになる。自然は肉体の改造計画によって戦いを挑まれる。そして、食餌療法、語のもっとも広い意味でのあらゆる鍛錬を含むスポーツ、そして二〇世紀になってからは、美容センターと美容整形クリニックに女性の希望が託された。

第二の点は、男性の美しさである。この話題は長い間、問題にはならないこと、さらには下品なことと考えられていた。しかし、工業化された時代はまた、マスメディアの時代でもあった。写真、大新聞、映画、テレビ、これらのメディアが男性の美しさの価値を突然に見せつけた。美しさは男性のものでもあることに人びとは気がついた。

やがて、広告に登場する経営者の姿がやたらと目につく、そんな日がおそらくくるだろう。振り返ってみると、一九世紀には、多くの経営者が広告欄に自分の写真を載せることを当然のことと考えていた。やがて経営者の姿は消えたが、ここ数年、通信審議会の統制のもとにふたたび姿を現わした。これは、男性的美しさが、階級間の肉体的つき合わせにおいて重要な場所を占めるということを端的に表わしている。

男性にとっても、スリムであることは理想的な美しさのための重要な要素になった。女性スポーツと同様に、男性スポーツにも美しさに近づくために、肉体の改造をめざすものがある（ボディビル）。男性にとっても、美しさを向上させることは肉体の構造を根底から作り変える行為であると、ようやく認められるようになった。先天的なものであろうと、後天的なものであろうと、洗練された豊かな肉体は人間としての優雅さの基本になり、それは単に衣服の優雅さを増大させるだけではなく、それ以上に精神の優雅さをひと目で表わすものとみなされた。一九世紀初期のイギリス社交界の華ブランメル（一七七八-一八四〇〕は、この革命を引き起こした男性であった。

工業化された国々にスポーツを教えたのはイギリスであるが、さらに、この有名なダンディの名をあげれば、男性の肉体という新しい事実を見いだすにあたってのイギリスの役割が、いっそうはっきりしてくる。ブランメルは革命児であり、男性のモードの歴史において他に例をみない存在であった。彼によって決定的な転換がもたらされた。もはや飾りたてず、すなわち男性の肉体を隠さず、地味な色調と体にそった仕立ての衣服によって、肉体を表に出した。貴族的伝統の強い国民においてでさえ、優雅さを誇ることは社会的競い合いに肉体でもって参加するひとつのやり方であり、それに完璧に勝利することであると、ブランメルは教えた。

事故が工場の外に出るとき

機械化の影響は市民法にまで及ぶかもしれないと市民法学者が考えはじめたとき、ずっと以前からすでに、機械は工場のなかで人を死に追いやっていた。しかし、それはシヴィリテの外、「社会問題」に属することとして、離れたところから眺めていた工業の現場の出来事であった。

市民法も無関係ではすまされないということを市民法学者が発見するには、機械が工場の外で人を死にいたらせるのを待たなければならなかった。ここで、工場外での機械化の問題をわかりやすくするために、一八九〇年代のゆとりある夫婦の状況を考えてみよう。

小さな工場を経営する夫は、自分の作業場にある機械に親しんでいる。技術者や作業監督よりも低く、労働者に比べるとはるかに低い程度ではあるが、彼自身もその機械が起こすかもしれない事故に巻きこまれる危険にさらされていた。

その妻は、機械といえばミシンを使うだけである。他方、彼女の母親はどんな小さな機械にも決して近づかなかった。妻が公共の交通機関の存在をはじめて知ったのは、ひとつの機械、鉄道によってであった。やがて彼女は、散策のために、個人的な移動のための機械（自転車）を手に入れることになる。たしかに自動車をはじめて運転した一般人は女性であった（一八八六年にベンツ夫人）が、差し当たり彼女は、自分が自動車を運転するなどとは夢にも思っていない。しかし、冒険心を刺激する怖いものみたさも少しあって、やがてはエンジンのある車で夫と一緒に旅行できることを楽しみにしている。その息子はというと、空を飛ぶことを夢みていた。

やがてある階層では、機械が引き起こす事故が日常的な現実の一部となる。このことは市民法学者に注意を促したが、それはすぐに懸念へと形を変えた。

二〇世紀に入って三〇年ほどたつうちに、産業社会の出現によって市民法の主要な項目が再検討されるだろうということが、はっきりしてきた。この再検討は、市民法が拠ってたつもの、すなわち「人」と「物」を区別する考え方に疑問を投げかけるところまでいくに違いなかった。実際に、人間の意思が以前よりはるかに「物」の暴力に屈するようになったこと、権利の主体である「人」がさらに権利の対象にもなる恐れが強くなったということ、これは誰の目にも明らかであった。

「物」の暴力

文明の歴史において、ローマ的シヴィリテは新たな局面に進む重要な一歩をしるした。「物」がもつ力よりも人間の意思の方に大きな重要性をあたえたからである。「人」は権利の主体となる唯一の存在というだけでなく、さらに、法的状況を作りだすにあたって、もっとも重要な役割を果たしていた。法的問題が生まれるということは、一般的にいえば、少なくとも「人」が法的行為を行なったか、あるいは法的事実の原点に「人」がいたからであった。

この「人」の優位は、法が非神聖化されたことのひとつの帰結であった。古代社会において、「物」は神聖さの刻印を帯びることがあり、その神聖さは、恵みをもたらすものであれ、災いをもたらすものであれ、つねに義務を作りだした（触れてはならないという義務、迂回する義務、犠牲を捧げる義務、浄めの儀式を行なう義務、その他）。神聖なものを遠ざけることによって、ローマ法はいつまでも「人」が「物」の支配者でありつづけることを保証した。しかしそれは、ローマ的シヴィリテが発展してきた環境が根底から変わることがない、という条件のもとにであった。

もっとも、フランス民法典の法体系において、「物」の介入がまったく結果を生じないというわけではなかった。人間の意思は、不可抗力と呼ばれる自然の営みの前では自由を奪われることがあった。また、工業化される前の社会で危険なものとみなされたのは動物と建築物だけであったが、これらが引き起こした損害に対して、その所有者と飼い主（動物について）の責任が問われる場合があると考えられていた。しかし一九世紀の学者は、動物と建築物が原因で賠償責任が発生するのは、それ自体に問題があるのではなく、「人」に過失があったと推定されるからである――一八八〇年代までは、この点で見解の相違はなかった――と考えた。したがって「物」の介入は、それが不可抗力とされるものであったときのみ法的な効果をもたらした。そのとき、「人」は義務から解放された。

　民法典が編纂された時代、交通事故の法的処理は、民事責任の一般原則に属するか、あるいは動物の行為による責任と同じ種類のものであった。一九世紀、鉄道の大事故が起こると人びとの間には動揺が広がったが、鉄道事故を原因とする賠償責任は、法律家の関心をとくに引くことはなかった。鉄道を使った旅行者は、乗り合い馬車を使った場合よりもはるかに生命の危険が少ない、ということが統計的に明らかになり、ごく短期間の間に、鉄道交通の安全性が驚くべき事実として認識されたからである。(9)

　一九三〇年代、工業化の進んだ国では自動車が事故死の第一原因となった。このことが明らかになったとき、すべては変わった。ところで、自動車事故の負傷者や遺族は、賠償を得ることがきわめて困難であった。民事責任の一般原則によれば、彼らの側に運転者の過失を立証する責任があり、その立証はきわめて微妙なものだからである。

　実は、労働災害についても同じ問題に直面していた。「物」の暴力は、人間がその責任を引き受けるにはあまりに強すぎて、その能力を越えていた。工場の機械と自動車は、市民法の責任体系では把握できない客観的危険を生みだすことによって、ローマ的シヴィリテの環境を一変させた。

　こうして、まさに責任の観念が消滅する序章がはじまった。労働災害の場合にならって、交通事故についても、これは危険責任の問題であると考えることができた。労働する環境には労働者の体への危険が存在したのと同様に、自動車の往来が作りだす環境にも人体への一般的な危険が存在した。

この新しい状況に対応する方法として、法律によって道路交通に特有の責任制度を確立するというやり方が、まず考えられた。一九〇九年にドイツが、一九三二年にスイスが行なったことはこれである。フランスでも、交通事故については責任の観念にこだわらず、保険と社会保障機構で危険を負担しようという法改革を、一九六六年に比較法学者アンドレ・タンク〔一九一七－一九九九〕[*52]が提案したが[10]、この試みは実現しなかった。フランスでは、一九三〇年に有名なジャンドール判決が出され、いまでもこの判例による解決でよしとされている。これは、フランス民法典一三八四条に、物の所為による責任の原則――法典起草者のまったく知らない原則――を見いだした判決である。

このように、自動車の暴力が侵入することによって、市民法の基本的な一項目が揺さぶられ、くつがえされた。法の修正が新しい法律の採択によってなされようと、既存の法律の新しい意味づけの発見によってなされようと、それは重要なことではない。唯一重要なことは、ローマ法に由来する法体系において、自動車がローマ的シヴィリテの基礎を揺るがす大きな存在になったという事実である。人間の所有物であるにもかかわらず、自動車はその力によって、「人」による「物」の支配という原則を脅かした。

つまり、市民法に対する最初の根本的な問題提起を引き起こす要因になったのは、機械と人体が共存しなければならないという生態学的な現象であった。労働災害に関する一八九八年の法律は、法体系をその現象に適合させようとする最初の対応であった。この法律は、労働法やその他の社会的見地にたつ法がつくられるための土台のひとつになったのだが、市民法自体を適合させなければならないということとが認識されたのは、自動車事故により大量の死者が出る時代になってからのことであった。交通事故被害者の補償の問題は、機械の暴力と肉体がぶつかり合うという一般的状況から出てきたものだが、実は、人が権利の対象になりうるのかどうかを問いかけるテーマでもあった。

「人」は権利の対象になりうるのか

二〇世紀、交通の機械化（鉄道、航空機、とくに自動車）と余暇の機械化（機械を使ったスポーツ、遊園地の遊具、おもちゃ、大工道具、その他）によって、機械が肉体的損害を引き起こす機会が増大した。裁判所はこの種の事件で埋めつくされ、保険会社がフランス人の日常生活に日増しに介入した。裁判所の判例と保険会社の業務は、人間の体とその各部分が、いわばフランク時代のゲルマン法の贖罪金*53にも似て、それぞれ価格がつけられるかのような印象をあたえることになった。

一九三二年、リヨン大学法学部長ルイ・ジョスラン（一八六八－一九四一）は、肉体が完全であることに資産的価値があるとするような流れに対して、法律家に注意を促すことが自分の責務であると考えた。彼は航空旅客輸送の無責任条項が承認されたことを知り、また、受忍される危険という考え方が、近代的輸送機関にはじまり、やがて対決型スポーツ（とくにボクシング）、遊園地の遊具、放射線療法、美容整形外科へと広げられていくのをみた。そして、一九一一年以降、破毀院の判例によって旅客に対する補償はたしかに大きくなっていたが、彼は、それが商品輸送に関する制度を旅客にまで広げたものであることにとりわけ憤慨し、それでは人間が「一個の経済的価値」、さらには「ひとつの小荷物」にさえなり、このような流れは人間を「物のレヴェル」におとしめるものであると結論づけた。(11)

ルイ・ジョスランは、いま触れたさまざまな状況の共通点が危険の承認であると考えた。そして、最初は労働災害と近代的輸送手段での事故に限られていた肉体的危険性という観念が、肉体と機械のぶつかり合いだけではなく、産業社会が秘めている暴力に肉体が巻きこまれる危険性全体をさすようになった、と指摘した。彼は自分の懸念を根拠づけるために、この危険性のカタログを作りあげたが、そのカタログでは、機械の暴力に肉体をさらすこと（飛行機、自動車、遊園地の遊具、放射線療法）だけでなく、個人と個人の肉体的向かい合い（スポーツ、美容整形外科）にも言及がなされていた。

こういった問題の多くは、工業での危険に労働者の肉体がさらされている状況からきていること、「社会問題」に対処するためとされた法律の介入のおかげで、数十年間は市民法がこれらすべてから距離を置いたままでいられたこと、それはそのとおりである。しかし、工業の暴力が、加害者としてであれ、被害者としてであれ、「社会問題」とは無関係のはずの階層の人たちにも関わってくるということが確実になったとき、市民法学者は、この後、市民法の内部で何かしら基本的なものが問題視されるだろうということに気がついた。

一九三二年のフランスで、自動車をもち、飛行機に乗り、美容整形のお世話になる勇気をもつには、まだ相当な財産が必要であった。しかし同じ時代、アメリカでは、少し後にスタインベック〔一九〇二－一九六八〕が『怒りの葡萄』（一九三九年）で描いた不幸な人たちでさえ自動車を所有していた。ヨーロッパの技師たちは大衆向けの車の設計にとりかかったところであった。さらに、遊園地での遊びは、実をいえば、上流階層の余暇ではなかった。フランスの一九三〇年代は社会保険と家族手当に関する重要な法律があいついだ時期であるが、これらの法律は、労働災害に関する法律と同様に、後にフランス社会保障計画

（一九四五－一九四六年）のなかで練り直され、そこではじめて、かつての社会問題は国民全体の問題になったということをつけ加えておきたい。ルイ・ジョスランのカタログのなかで、いまだごく豊かな者にのみ許されているものは、美容整形だけといってもよいだろう。

このように、市民法も無関係ではいられないということを法律家が認識するためには、肉体的危険が「社会問題」から外に出なければならなかった。しかし、この認識が生まれたとき、肉体に関する法的問題は、財産と結びついた健康上の特権を部分的に残したまま、真の公衆衛生という医学的で行政的な枠組みのなかで考えられようとしていた。この変化の方向は、一九三〇年に、労働省から最終的に分離する形で保健省という官庁が創設されたことに表われていた。

こうして公衆衛生という観念――すでにみたように、この観念は教会法に発想の源があった――がふたたび浮上した。したがって、これもまた教会法的なものである生物学的資本という考えが復活したとしても、論理的には何の不思議もなかった。ただそのためには、人間の外部で、人間的な素材を生きつづけさせることができなければならなかった。

そのとき、市民法学者は肉体に対して目をつむることをやめなければならなくなるだろう。

＊

ともあれ、ルイ・ジョスランの論文は、市民法のなかで肉体があいかわらず秘匿されていた時代の証拠になっている。肉体的損害と肉体保全に関する取り決めをまさに問題にしているにもかかわらず、この論文のなかでは「肉体的」という形容詞は決して使われることがなく、「肉体」という名詞は二度使われただけであった。一度目は、受肉化した古代法の最後の残存物である「肉体の拘束＝滞納留置」を取りあげなければならなかったときだが、この制度に彼が触れたのは、それが民法と商法から消え去ったことに満足の意を表明するためであった。二度目は、離婚に代わる教会法上の制度であり、カトリック教徒を満足させるためだけにフランス民法典に導入された「肉体の分離＝別居」に関して、場合によっては起こりうる財産上の問題に触れた挿話である。しかし、根本的な問題、肉体に関する取り決めの問題を扱うときには、ジョスランは「人格」、「自然人」あるいは「身体的完全性」を論じるだけであった。

肉体は市民法と刑法が人格にあたえた保護の背後にみごとに隠され、市民法学者の目の前に頻繁に、そして完全に姿を現わすことはなかった。しかし、それから二〇年もたたないうちに血液がフラスコのなかに保存されるようになり、これは法的にはいったい何であるかを語らなければならない日がやってきた。

14　ある日、血が

ひとつの見方がかなり広まっている。法学も実定法も裁判も、医学、外科技術、そして生命科学の進歩にいつも戦々恐々としているという。しかし、このような見方は絶対にするべきではない。法人格という観念を発明することによって、市民法は、医学の世界が今日乗りだそうとしている研究領域を、ずっと以前から自分のものにしてきた。生命科学が「法人」という観念に匹敵するような何かを考えつくことができるとしても、それは明日すぐにというような簡単なものではない[1]。

それにしても、すでに述べたように、生命科学が市民法学者に対して、人によっては胸躍る挑戦と思えるようなものをつきつけたことは間違いない。劇的な変化が催促されていると感じた人もいただろう。それ以来、市民法学者はあらためて肉体をみることを余儀なくされている。「直視することができないにしても、肉体を覆い隠す」ことはもはや不可能であり、終わりにしなければならない。労働災害、自動車事故による大量死、要するに産業社会のあらゆる暴力によって、法的関係における肉体の存在があらためて重要なものになっていた。しかし、それでもなお肉体を見ずにすますことができた。人格という抽象的観念でこと足れりとするやり方は、あいかわらず可能であった。たとえば、肉体的損害の補償についての契約上の限界を論じるにあたって、ルイ・ジョスランのように肉体にまったく触れることなく、「法的取引における人格」を語ることでよしとすることができた。そもそも肉体は人格が保護されることによって完全に守られているのに、なぜそれについて語る必要があるのだろうか。

二〇世紀以前、人間を自分の肉体の所有者とする考え方がなんどか現われた。たとえば、一七世紀のイギリス哲学（水平派とロック〔一六三二－一七〇四〕）、一九世紀のドイツ法思想（この点で、世紀を代表する二人の法学者サヴィニー〔一七七九－一八六一〕とイェーリング〔一八一八－一八九二〕は反対の立場をとる）にそれをみることができる[2]。しかし、これらの理論は、実際的役割としては広い射程を有するものではなかった。奴隷制、自殺、そして自分の身体を毀損する行為について検討し、結論を導くために立てられたものであり、法が人格について定め、保護する枠内にとどまっていた。体を売ることは人格を隷属状態にする。自殺は肉体的生命を抹殺することにより、人格の消滅をもたらす。人格は刑事的に保護されるのだから自傷行為は許されない。これらがその結論であった。肉体と人格の区別が正面から問題にされることは決してなかった。

市民法学者に肉体を見つめることを強いるためには、医学が肉体から何か生きているものを取りだし、それは何かを問いかけ、彼らを最後の塹壕へと追いつめなければならなかった。ビーカーのなかの血液、ドライアイスのなかの精液、体から切り離された手足、移植を待っている臓器、これらには人格と呼べるものは何もない。こうして、市民法学者はつぎの二つの問題に向き合うことになる。

第一の問題：体から離れた肉体の一部の法的地位は何か。
第二の問題：分離された肉体の一部の法的地位は、完全な状態での生体のそれと同じなのか。

「人」と「物」を区別した法体系においては、体から離れたものは「人」ではありえず、「物」のカテゴリーに属するというしかない。そうなると、本質的問題は、私たちの判決‐フィクションが問いかけた例の問題ということになる。体の一部を切り離すという行為は、この部分の法的地位を変えるのだろうか。もし変えないと答えるのであれば、それはまさしく、肉体がもともと「物」であることを認めることになる。

すべては輸血によって、正確には、人体の外部で血液を生きたまま保存する技術の開発によってはじまった。後に、角膜、腎臓、そして移植される臓器と組織のすべて、再接合される手足、精液、卵子、胎盤などをめぐって出される問題が、ここではじめて提起された。それに対して、胎児をめぐっては問題が同じ言葉で語られることは決してないだろう。「人」と「物」を区別することではなく、いつ「人」が現われるのか、肉体としては胎児の状態にすぎないものを「人」とすることができるか、こういったことが問題になる。この問題の限りない重要性を認めはするが、それでもこれは私の主題とは別のものであるとしたい。

ここでは輸血の問題を話の中心にすることになるが、それは、肉体に関する基本的な法的問題がまずこれについて提起されたからである。つまり技術的発見がなされたおかげで、はからずも私は、もっとも強い神聖さの刻印をつねに帯びている人体の部分、すなわち血液を考えることからこの研究をはじめるというめぐり合わせになった。

提供者＝救命者の時代に

ときとして、映画は優れた証人になることがある。かの有名な『北ホテル』（一九三八年）で、マルセル・カルネ監督は、俳優ベルナール・ブリエに人命救助者で血の提供者でもある水門番人の役をあたえた。この番人は、誰かが水に落ちるとサン・マルタン運河にすぐに飛びこみ、自殺志望者が自分の血管を切ったりすると血を提供するために病院に駆けつける。そして実際に、当時、輸血を行なう医者は、必要なときには呼びだすことのできる提供者を何人か抱えていた。

一九四五年四月二五日、輸血の問題がフランスの判例に加わったのはこういった時代のことであった。輸血によって梅毒に感染するという事件が起きた。被害者は売買に関する法（隠れた瑕疵についての担保責任）を何よりの根拠にして、医者の責任を追及した。それに対し、パリ控訴院は輸血が血の売買であるという考えを否定した。輸血は治療行為であり、医者が患者に行なう手当て全体から切り離して考えることはできない、と判断した。(3)

この判決の意味を正しく理解してもらうためには、輸血が行なわれた状況をはっきりさせておかなければならない。この時期、医者が管理する輸血施設があり、そこには常連の提供者がいて、そのなかの一人を使って腕から腕へと輸血がなされていた。裁判では、輸血された血は問題にされなかった。問われたのは輸血の行なわれ方、すなわち治療行為それ自体であり、提供者が病気もちで医者がいい加減であったという点で、その行為が断罪された。売買に関する規則の適用を拒むことによって、パリ控訴院は血液の法的性格についてではなく、実質的には、輸血の法的性格について見解を表明した。言いかえれば、法廷は責任に関する法、とくに医者の職業的責任の法という土俵にのっており、財産法という土俵ではなかった。問題にされたのは血液の質ではなく、提供者の健康状態であり、それをチェックする医者の軽率さであった。

人間の血液が法律家の視角から考えられることはいちどもなかった。血液は提供者の腕から患者の腕へ、注射器についた管を通して速やかに流れていくものであり、法的舞台に登場することはいまだかつてなかった。性行為が精液の贈与などと考える人は誰もいない。腕から腕への輸血が血の贈与であると主張することも同じである。一九四五年四月二五日の判決は、医者の責任という領域では意味があり、救助行為が助けられた人に損害をあたえた場合に参考にすることができる。しかし、血液の法的性格が問題になるときには決して引き合いに出せない。法律家にとって、生きている血液というものがいまだ存在していなかったからである。

血、「物」とは認められないもの

一九四〇年代、人体の外部で血液を保存する技術が日を追って進歩した。この血液は輸血される時を待つ完全に生きた組織であり、まさにこのときにはじめて、血液は、提供者の人格とも受ける側の人格とも異なる別個の法的存在になった。

人体の外部で保存された血液は、人間の体から取りだされたものでありながら、排泄物でもなければ栄養物（たとえば母乳）でもない。市民法学者がこのような物質の法的地位について見解を明らかにしなければならなかったのは、はじめてのことであった。しかも、考察するに時機を失してはならず、この厄介な問題を取りあげるには勇気が必要であった。

一九五二年七月二一日の法律

輸血に関する法律ができあがったときには、本質的なことは解決されているはずであった。法律をつくるとなれば、血液の法的地位について考察する絶好の機会であり、結果として、肉体が人格とは別の法的事実となったことを発見できたかもしれなかった。しかし実際には、立法府があまりにも妥当と思われる解決策を提示したことによって、権威ある学者たちは血液の「現実」に関して問題提起を行なうことを回避することができた。これが一九五二年七月二一日のフランスの法律（公衆衛生法典六六六条から六七七条）であり、輸血に関する世界で最初の法律であった。この法律は、血液と血液製品の分配にあたって、無償贈与と利得排除の原則を打ちたてた。また、国土の全域に多様な形態の輸血施設のネットワークを組織し、あるものは病院の管理に服し、あるものは一九〇一年の法律が制度化した組合形式となった。

一九五二年の法律では、血液と血液製品の採取、保存、加工、分配に関しても、また、この作業を独占的に行なう機構の法的地位に関しても、売買による利得を排除するために万全の策が講じられた。
この法律によって立法の場に血液が登場した。医者とモラリストはこれを称えた。法律家もそれなりに称賛の輪に加わったが、肉体の神聖さをこのうえなく表わすものの突然の出現に直面して、ことのほか後ろ向きの姿勢であった。

法的世界における民族学の一ページ

血液について発言しなければならなくなったとき、フランスの法律家のエスタブリッシュメントはラテン語で語りはじめた。フランスの学界でこのテーマの基本文献とされているものに、ルネ・サヴァティエ〔一八九二－一九八四〕の論文があるが、それは「血液の法について De sanguine jus」と題され、彼は、血液に関する法を「Jus de sanguine」というラテン語の表現以外では決して言い表わすことがなかった[4]。碩学の優雅さとしてすませるべきだろうか。制度化された知の世界を民族学的に観察することは不謹慎であると考えるなら、この説明でよしとしなければならないが。

市民法学者が儀礼的な古代語をふたたび使いだしたということは、血液の出現という出来事に対して、一九五〇年代初頭の法律家が、その観察者であるよりも当事者であったことを実は示している。ラテン語の復活は、彼らがあるものを感じとったということを表わしている。理解したという以上に。

血液の出現、それは法律家の視界のなかに、肉体が形づくる「現実」と神聖さの混ざり合ったものが復活したことを意味していた。一九五二年の立法者もそうであったが、フランスの法学説は古代の、あるいは異国的な社会タブーを再発見した。儀礼的言語が用いられたのは血のタブーがひとつの原因であるが、また――学問的にはこちらの方が重大である――立法者、学説、判例が一体となって例の検閲と秘匿をはじめたからであり、これが血液に関するものを通常の法律用語を用いて語ることを妨げた。フランソワ・テレは、債権・債務関係の対象が血液であるというだけで、契約は通常の呼び名を失う、と指摘した。テレは輸血に関する法律が公布された五年後に学位論文を刊行し、そのなかでこの本質的な点を取りあげたのだが、法律が類型を定めている有名契約とそうでない無名契約の研究者である彼はおそらく、名づけようのないものに遭遇したのだろう。

裁判所には、売買に関する民事規則を血液の供給に適用することへの反感がある。（中略）売買という呼び名を使うことに嫌悪感を催させるのは、債権・債務関係の対象が原因である。(5)

フランソワ・テレは当時まだ非常に若い研究者であったが、法的言説のなかに異常なものを見てとったようである。法を考えるにあたって、「反感」や「嫌悪」を感じるとはどういうことなのだろうか。これは『ロベール辞典』にいう「見ることも、臭いをかぐことも、触ることも耐えがたいものが引き起こす激しい嘔吐感」なのだろうか。そうだとすれば、このような語彙は市民法には無縁である。これはタブーと禁忌の言葉である。

ルネ・サヴァティエは、一九五二年七月二一日の法律のもっとも優れた分析者とみなされている。市民法学者は一致してそれを認めている。そして、彼は彼なりに、何か特別なことが起こっているということを感じとっていた。しかし、それを隠そうとする市民法学者の姿勢の奥底にある、未開の神学を見きわめることができなかった。法律家の学問と精神が卓越したものであるとする前提を否定することなく、キリスト教の教義に軽く触れ、「教皇の回勅が自然な人道主義に合致していること」にあいまいに言及するだけで、それ以上先に進むことができなかった。

しかし、キリスト教の教義との比較は意味のないものではなかった。一九五二年の法律は血液を全員の共有とし、サヴァティエはそこに行政が担うべき「公役務」が現われるのをみたのだが、これは教会がその管理を担おうとした、例の「血の宝庫」という考え方と同じ視点にたつことであった。それに加えて、エルンスト・カントーロヴィチの著作がフランスで十分に知られていれば、血を提供することの倫理性を愛国的犠牲に結びつけることになっただろう。そして、同じく輸血に触れた一九五四年四月一四日の法律が、西洋の伝統的思想のなかに深く根を下ろしていることが理解できただろう。この法律は、第二次世界大戦末期の一九四四年と一九四五年に入隊した者は軍役を果たしていないので、「必要に応じて、軍隊での輸血業務のため、あるいは公衆衛生の需要充足のための採血を命じられること」があると定めていた。

したがって、カトリック教会に触れることはきわめて的をえたことであった。しかし、宗教に言及してはいても、支配的宗教のレヴェルで止まってしまい、タブーと検閲を唯一説明することのできる未開の神学にまで話をもっていくことはなかった。この検閲の最たるもの、もっとも重要なものは、血がひとつの「物」であると認めることを頑なに拒否することであった。

血が何かではないというだけで満足すること

サヴァティエにとって、一九五二年の法律を支配している原理を確定することは「容易」であった。彼はつぎのように述べている。

> すべては、人間の血液が商品ではないという原則に帰着する。

こうして、法律、学説、判例、すべてが否定的定義から出発して、輸血の法を作りあげた。血液は商品ではないということがしきりに繰り返されるだけで、それがひとつの「物」であると認めることなど決してないだろう。そして、血液が「物」であることをこのように隠すことによって、血液が売買されているという事実が隠されることになる。

立法者と法学エスタブリッシュメントが遠回しな言い方や言い落としによって、いかに細心に血液売買を隠したかをみてもらいたい。血液、血漿、血液の派生物は「有償での引き渡し」の対象であるとか、「手術の費用」であるとか、「譲渡の料金表」が定められているとか、いくつかの血液製品は「薬局の調剤室で保管」されているだけである、といったふうにである。サヴァティエは、血液の派生物にさまざまな改良が加えられると、やがて薬局に置いてあるような薬品の一種になる場合もあると書いている。しかし、それが「言葉の商法的あるいは民法的意味で、売買される」ということを認めることはなかった。

商売は利益を追求する。したがって、血液について商売という言葉を使うことは適当ではないと――とりあえずは――認めよう。しかし、売買であれば、利益のない、あるいは損を承知のうえでのやりとりもあり、この言葉を使うことには何の問題もないはずである。売買という呼び名を拒否する根拠として、サヴァティエは立法者がこの言葉を使わなかったということをあげるが、これはあたかも、立法者が言い落とせば、ある対価によって何かを譲渡することを売買であると学説も語ることができない、といっているようなものである。彼は一九四五年の判決の後ろにも身を隠す。繰り返しになるが、この判決が出た後に、血液の地位は根底から変化した。血液保存方法の発見によって法的存在としての血液が生みだされたのだが、一九四五年に問題になったのは血液ではなく、医療行為と救命行為であった。生命科学が血液を人体とは別の権利の対象にしてしまって以来、血液に関しては、この判決はもはや何の意味ももたない。最後に、サヴァティエは血液の「現実」を認識することを拒否し、誰かに血液の所有権があるということを否定しながら、血液が贈与の対象になると明言している。つまり、所有権のないものをあたえることができるといっているのであり、まったくの矛盾であるということをつけ加えておきたい。しかしながら、彼の論文「血液の法について」は、フランスの学説にとって基本的参考文献でありつづけた。

法的分析としては批判すべきことがきわめて多い論文ではあるが、この論文は民族学的には依然として貴重な資料である。要するにこの一貫性のなさには、人間の肉体を、いわば人間のつくった法のなかに組みこまれた存在として考えることに対する、本能的な拒否が見え隠れしている。そして多くの点において、一人の優れた法律家の反応が大勢の血液提供者の反応に似ていることは、きわめて興味深い。

肉体は神聖であり、血液は商品にはなりえず、したがって血液の提供は法的な行為ではないとする点では、まったく同じであった(6)。肉体的なもののなかに神聖さを認めることによって、血液提供者は肉体を人間のつくった法の領域から外に出そうとする。つきつめて考えれば、自己犠牲という考えへの執着があり、それが自分の行為を法的な行為とみなすことを拒否させている。犠牲という語の語源は神聖なものをつくるという意味であり、まさに、献血行為を神聖な行為として扱ってもらいたいという願望が込められている。

たしかに、このような態度はどこまでも尊重すべきだろう。とくに、事業のセンスが乏しく、血の事業など考えにも及ばない者にとってはそうである。

15 血の事業

生命科学の進歩によって、市民法学者はあらためて肉体に関心をもたざるをえなくなった。しかし彼らは当初、一介の血液提供者と同様に、神聖さに怯える人間のごとく反応した。その間に、人体からの産物は産業社会の商業論理のなかに入っていった。

血液提供者にとって「提供」は献身の行為であり、ときとして兵士の愛国的犠牲と、またカトリック信者にあってはキリストの犠牲、そして殉教者の犠牲と同列に置かれた。このような神秘主義が献血者団体を動かしており、この団体のシンボルには、宗教的な影響と軍事的な影響の混ざり合った模様が見てとれる（十字架、軍旗、勲章）。

しかし、献身的な提供だとしても、所有物が譲渡されたことに変わりはない。

自分の血を意図的に体外に出した者は、その血の所有者である。一九五二年の輸血に関する法律以前は、それを自分の好きなように使うことができた。保存したり、棄てたり、それで字を書いたり、絵を描いたり、あるいは栄養物として摂取することも、あたえることも、売ることも。

輸血に関する法律ができた後、血液、血漿、そしてそれらからの派生物は、「医学的コントロールのもと、厳密に治療目的にのみ用いられる」（公衆衛生法典六六六条）ものとなった。この条文が厳格に適用されれば（第三者が介在していないと事実上不可能であるが）、法律が定めた医療手術以外に血液の使い道はもはやありえなくなる。

だからといって、血を流すことはいつでもできるし、保存しようと廃棄しようと自由であることに変わりはない（「血の使用」ではなく、処分する権利が問題になる）。

血液から何かが作りだされた場合、血を流した者がその所有者になる。この場合を考えて、自分の血を提供する道は残された。それは処分行為であり、献血という制度の枠内で自分の血を採取させることは、無条件に、かつ最終的にその血を放棄することであると解釈されている。そしてその結果、血液は製品を作りだすメカニズムに組みこまれ、ときとして、そのメカニズムは今日まで説かれてきたこととは反対に、血液を商品に変えることになる。

名誉ある金儲け

公式には否定されているにもかかわらず、ある種の血液製品が実際には商品になっているのはどうしてなのか。また、他人の血を分配するにあたっては、利得が出ないように配慮しなければならないとされているが、それはなぜなのか。これらを理解するためには、自由業に特有の伝統、とりわけ健康を扱う職業に根強い伝統について、まず考察することが重要になってくる。無償の行為という誇りにこだわりながら、実は謝礼という形で結果的には財をなすという伝統が、この職業にはあった。輸血にあたってすべて無償でなければならないという原則は、底の深いこのあいまいさのなかにその起源がある。

医者に敬意を払うこと

リトレ（一八〇一－一八八一）の『フランス語辞典』（一八六三－一八七三年）にある歴史的な解説によれば、謝礼とは、ローマでは「政務官が、任命された栄誉に感謝するためにあたえる金銭」であった。つまり、もともと謝礼とは自由業に就いている人が受け取るものではなく、支払うものであった。それはこの職業が自由人にふさわしいものであり、自由であるということは、金銭か何かを提供することによって「施し libéralité」を行なわなければならない立場にある、ということを意味していた。ただし、謝礼とは本来このようなものであったとしても、自由業に従事しつつ豊かになることには何の問題もなく、自由人の世界と金銭の関係を支配する欺瞞が、ここには端的に表われている。

中世ヨーロッパでは、医業は自由業、すなわちローマ的定義に従えば、自由人にふさわしい技芸であった。このことは、医者が技術を使う職人でもなければ、金銭を目的とする人でもないということを意味した。自由な技芸の世界の対極にあるのが、あらゆる農民、そして工場主と商店主、その雇用人など、機械のような技術（すなわち手を使う技術）の世界であった。したがって、自由な技芸のひとつに数えられるために、医業は外科医（手を使う仕事）と薬屋（手を使い、かつ売り買いの仕事）とは一線を画さなければならなかった。

中世の考え方によれば、自由な技芸は無償で行なわれなければならなかった。もっとも、貧困が理想とされていたのでは決してない。むしろ逆である。自由な技芸をふるう者は、十分な資産をもっているからにせよ、あるいは定期的な収入が見こまれる身分にあるからにせよ（教会の聖職禄をもっているとか、実入りのある地位を保有しているとか）、金銭的な心配から解放されていなければならないと考えられていた。しかし、給与を受けることは自由な技芸と両立しなかったわけではなく、たとえば自由な技芸の典型であった大学の教授職は、ほとんどの場合、給与を受ける立場にあった。さらに一九世紀まで、医学博士の称号は、医者である以上に教育者であることを表わしていた。自由な技芸であるための条件は活動の知的性格であり、それに従事する者の経済的自立ではなかった。

ただし、これは原則論であり、実際には医者が早いうちから支払いを受けるようになっていたことは確かな事実である。一六世紀の初め、エラスムス（一四六九頃－一五三六）は『愚神礼讃』（一五〇九年）のなかで（三三章）、神学者の貧窮を、医者のうらやむべき社会的地位と対比して書いている。

産業社会になると、自由な技芸の観念は二つの要因によって完全に変質した。すなわち、かつては卑しいとされていた職業が上昇したこと、「自由」という形容詞に経済的な意味づけがなされたこと、この二つである。

まず、かつては職人的であるとか、金がからむとか、あるいはその両方の理由で蔑視されていた職業が自由業となる一方で、大学の教授職のように自由業のリストから抹消されるものが出てきた。外科医と薬剤師の自由業への仲間入りは、健康を扱う職業の社会的プロフィールを根底からくつがえした。知的な活動でなければならないという排除条件が消え、肉体を処理する多くの職業が自由業として扱われるようになった（マッサージ治療師、まめやたこを治す足部治療師なども含めて）。一七七七年までフランスでは香料屋と同一視されていた薬剤師が自由業へと上昇したことは、商業的な利益を追求する職業であっても、自由業という観念と両立できるということを表わしていた。かくして、職人的であると同時に金儲けもする自由な技芸という考え方が受けいれられるようになった。血液からの製品を流通させて利得を手にしてはならないとするシステムにあって、薬剤師という自由業の存在は鎧に開いた穴となって残ることになる。

一八世紀末から一九世紀初頭にかけて、いくつかの職業が新たに自由業のなかに迎えいれられたが、この流れは、根本的には、自由主義的な個人主義の広がりと歩調を合わせたものであった[1]。自由業をその職業的性格から語ることはしだいに少なくなり、自由に働くことに対して語られるようになる。現在、自由業という観念は、日常的には、本来の意味からすれば完全に歪曲して使われている。非商業的な職業という税務上のカテゴリーと同一化してしまっている。したがって、一九八九年の職業ガイドブックは一六〇〇の職種を自由業としてあげているが、そのなかには山岳ガイド、モデル、さらには売春婦が含まれているとしても、驚くに値しない[2]。

このような流れのなかで、自由とは、その職業が自由人たる性格のもの（知的な活動であること）かどうかではなく、それに従事する人が経済的に自立しているかどうかによるものになった。こうなると、医療行為に対する患者の負担、あるいは自由という観念からはさらに矛盾するようにみえるのだが、なかば公的な機関である社会保障によって支払われる医療報酬が自立のためのりっぱな財源であり、医業が自由業であることの不可欠な条件ということになる。そして、このような考え方の変化は、その論理をつきつめていけば、知的な人間でありながら同時に特権的な商売人でもある薬剤師を、自由業の最高の代表者にすることになる。

しかし、健康に関わる職業の人たちは、自分たちが支払いを受けているのではなく、「敬意を受け取る」と考えている。金銭を受け取ることをこのように言い直せば、無償であることにもとづく職業倫理の名残を維持することができた。

血の提供者に報いること

このような医療謝礼金と、血液の「譲渡の料金」と呼ばれるものをつなぐ中間項がある。フランスでは一九四〇年代まで、血液提供者には金銭が支払われていたのだが、この金銭を彼らに対する補償であるとする考え方がそれにあたる。

人体の外部で血液を保存する方法が見つからなければ、血液に関する法はなく、血液提供者に関する法が存在しただろう。ある物の法的地位について考える代わりに、ある特殊な人間の法的地位が問題になっただろうという意味である。それは、一九五二年七月二一日の輸血に関する法律に先だつ議会での審議にうかがうことができる。

たしかに、ある提供者は報酬を得ているが、それは、新鮮な血液の提供者、より正確には、昼でも夜でもいつでも呼びだされて、腕から腕へと血を提供する者に限られている。それは血の代価を意味しているのではなく、突然に呼びだされたことへの迷惑料と、その結果として稼ぎができなくなったことへの補償である。現状では、いまだ多くの場合、直接的な輸血に頼っている。腕から腕へと新鮮な血液を輸血するための血液提供者が、しばしば呼びだされている。したがって、家族・人口・公衆衛生に関する委員会では、彼らを保護し、卑しむべき血液売買がはじまることを避けるために、この法律の適用のための行政命令が出され、これらの血液提供者のための規則の作成に着手するべきであるという意見が出された(3)。

この一節は二重の意味で興味深い。ひとつには、輸血に関する法体系がもともとは人に関するものとして考えられており、それが財産に関する法に移り変わったことを示している。さらに、これを道しるべにして、医療の無報酬という神話の延長線上に、血液の無償性の神話がはさみこまれていく道筋をたどることができる。

医者への謝礼が必要経費の意味であるにせよ、感謝し敬意を払うための伝統的な贈り物の意味であるにせよ、いずれにしても、金銭は仕事の代価とはみなされていない。同様に、腕から腕へと自分の血を提供する者は、何よりも医療の協力者であり、その行為は医療倫理のなかで考えられた。そして議会での審議によれば、提供者への報酬は「血の代価」とみなされるものではなかった。後にみることになるが、「血の代価」という言葉には劇的で深刻な意味が込められており、報酬が「血の代価」となると、神学の世界に入ってしまい、もはや心穏やかに取り組むことはできず、口調も語彙も即座に儀礼的なものになるということを指摘しておきたい。さらに、「血の代価」をもちだすことは、物の売買を問題にしてはならず、人への補償を考えなければならないということを意味している。たしかに、輸血によって実際は小遣い稼ぎをしているのではないかと考えたりすれば、それは礼を失することであり、さらには冒瀆することでもあるという雰囲気が間違いなくあった。

議会での提案にもかかわらず、血液提供者というカテゴリーがつくられ、その存在が公的に承認されることはなかった。消防士や救助隊員と似かよったカテゴリーの者とされてもおかしくはなかったのに、そうなることはなかった。一九五二年の法律は、血液の提供を道徳的義務と愛国的犠牲の間の何かしら中間的なものにした。神を冒瀆するような「血の代価」という言い方が引き起こす嫌悪感を合わせて考えれば、どの点からみても、輸血のための原料調達という問題に冷静に取り組むことができるはずもなかった。血を探し求めれば、肉体の複雑さとアンビヴァレンスにぶつからざるをえないだけに、よりいっそうそうであった。

売買の肉体的地形学

「個人 individu」という単語は分割できないものという意味が語源であり、個人という観念は、人間の肉体がいわば一個の塊りであるということを暗に示している。したがって、どんな部分を傷つけても、それは肉体の神聖さを同じように犯すことになるはずである。しかし実は、人間から生みだされたものに関する法をみれば、人間の体が性格の異なるものから成りたっていることがわかる。この事実は、肉体の「現実」を浮き彫りにし、また肉体の神聖さは部位によって異なるということを教えている。すでにみたように、ミルチァ・エリアーデは、人びとの宗教意識のなかで、肉体は一軒の家、すなわち広がりをもった領域であると考えた。宗教からすればそのどこかに魂が住み、法からすればどこかに人格が居を構えている。ここに、肉体の地形図が描かれる余地があった。

キリスト教の教義は肉体のすべての部分に魂が存在すると説いたが、その教義を最後まで貫くことはできなかった。男根という邪悪な器官を切り離して考えたからである。男根には悪の地形図の隠喩的意味が込められている[4]。他方、魂の場所を定めようとした文化はどれも、血液と、血液が大量に流れこむ器官をつねに特別視してきた。こうなると、魂の場所は、二つの選択肢の間で決められることになる。ほとんどのところにある、しかし、いたるところにではない、これが結論であった。ただ、いずれにしても、肉体の神聖さの神髄が血液にあるとする見方は、魂の住処であるとはっきりと特定するにせよしないにせよ、宗教的感情としては普遍的に存在するといっても間違いではない。

二つの極——血と糞便

人間から生みだされるものには序列がある。それは神聖さに対する地形学的アプローチにもとづいている。血液が肉体の神聖さのこのうえない表現であるとすれば、糞便はそれとは正反対に、同じ肉体のなかに汚物のための場所もあるということを思い起こさせる存在である。そして、糞便は物質の世界そのものであり、金銭が支配する世界、利得が活力である世界を何よりも象徴している。この世界に死体を提供する前に、人間は毎日きちんと糞便を捧げて物質的世界を豊かにしている。糞便、それはお金である。この同一視は、精神分析学者にあっては周知の事実にほかならない[5]。さらに、糞便は衛生学者が好んで論じたテーマであり、この話題は彼らの出版物のなかで飽くことなく繰り返された（再利用可能なものすべてと同様に詳細に）。自家中毒を起こしている産業社会を救うために、儲けへの誘惑を利用しようとする彼らの意図が、そこにはよく表われている。

売買できないという価値に値するもの

血と糞便という二つの極の間には、人間の生みだすものが位置づけられる微妙な序列がある。何が上位に置かれるかは、さまざまな基準が比較対照されなければならないがゆえに、レッテルを正確に貼っていくことは容易ではない。

まず、もっとも古くからの基準がある。それは神聖さの基準であり、現在では、生命に関わるものを尊重するということになるが、この基準によれば、つねに血液とセットで扱われる精液がもっとも上位に置かれる（基準一）。

つぎに、近代的な分類がある。それは神聖さにはなんら触れずに、多少なりと有効利用できるものを評価し、生理学的かつ経済的な面だけを基準にする即物的な分類である（基準二）[6]。

さらに第三の分類があり、これは先にあげた二つの基準の中間に位置し、おろそかにすると人格が損なわれてしまうもの、とりわけ肖像としての価値に重きをおくものである（基準三）。

この基準を組み合わせると、それなりに妥当で微妙な結果が考えられ、生命に関わる物質だけを尊重するという具合に、ひとつだけの基準を適用することは恣意的なことといわざるをえない。たとえば、爪の切りくずはほとんど糞便と同じであり、すべての序列で最低にランクされることになるが、爪そのものは基準一と基準二では低くランクされるものの、基準三では貴重なものとなる（伸ばせば、美容上の価値がある）。同様に、最初の二つの基準からすれば低くランクされる髪の毛も、基準三では逆に最高のランクに位置する。人格と髪の毛の関係は美容上の問題を超越している。それは戦士の勝利の証《あかし》（インディアンの毛髪つき頭皮）、ときとして女たらしの戦果となり、あるいは高貴な存在の尊い聖遺物になる。また、かつらをつくるための髪の売買は二〇世紀初頭まで盛んに行なわれていたが、若い女性たちには一種の売春のごとく思え、よほどのことがなければ髪を売るようなことはしなかった(7)。

二つの形の体液が見いだされるところ

民族学と宗教史学は、精液と血液がつねに同一視され、多くの場合は一体となってタブーの対象になっていることを明らかにしてきた。それは、いまではよく知られた事実になっている。さらに、法律家の関心の引き方からしても、精液と血液は運命共同体であることがわかる。人体から流れでたものをみるという前に、精液でも血液でも、そのなかに人間の行ないが感じとられているという点で、まさに同じものということができる。

血液に関する法と精液に関する法には、それぞれ輸血に関する法と人工授精に関する法（あるいは、少なくとも、このテーマに関する法学研究）が先行した。しかし、同じように人にあたえるものであっても、この二つの間には大きな違いがあった。前者が救命行為であるのに対し、後者では、性交渉あるいは授精直前の自慰行為が必要であり、一見すると不貞行為とほとんど変わらない。教会法とカトリックの国の判例が、人工授精を敵視する理由がここにある(8)。

一九四〇年代に、血液についても精液についても保存方法が見つかり、人体から流れでるこの二つの液体はそれぞれが一個の法的存在になった。まず血液が、ついで精液が法律家の受けいれるところとなった。ただし、それには儀礼的配慮がともない、はっきりと告白されることはなかったとしても、この配慮はそれらが神聖なものであることを物語っていた。ともあれ、血液にならって精液もまた、物が物だけに特殊なものではあれ、契約の対象になると認められた[9]。このように、まずは精液、ついで生殖に関する物質全体が、血液と同じカテゴリー、もっとも強烈な神聖さを帯びた人体の産物というカテゴリーのものとして、法的シーンに出現した。

タンパク質による証明

人間が生みだすものは生物学的な基準だけで評価するとされている。しかし、タンパク質の法的な扱い方をみれば、人間が生みだすもののなかでどれが商品化されるかは、つねに神聖さの地形図に照らして決められるということがはっきりわかる。

事実、タンパク質は、それが血液から採取されたものかどうかによって、まったく異なった法的地位のものと考えられた。同じく人間が生みだしたものであっても、それが血液から取りだされたものなら商品化されることはない。ところが、血液以外から取りだされたものなら商品になった。たとえば、胎盤である。

胎盤は生殖において重要な役割を果たし、そして体外に出る。その生理学的性質は血液に近い。しかしフランスでは、法的には廃棄物であり、血液よりも糞便に近いものとみなされている。この扱いの違いを説明するものはひとつしかない。私たちの文明が、胎盤を神聖なものとすることが決してなかったからである。

胎盤がからむ法的問題に取り組むにあたって、法律家は口ごもることをやめ、この人間の産物を冷静に扱い、平然と契約法のなかに取りいれた。契約法では、胎盤は他の「物」と異なった扱いを受けない。人はこう考えた。この物質を廃棄する人がいるが、その意図がわからない。子供の法的代理人たる親には「できる限りのものを財産として残す」義務があり、新生児の胎盤を売ることができるという主張は理にかなっている（ただし、銀行の通帳に売上金を記載するべきかどうかについては明確にされなかった）。しかし、倫理的には反論も考えられた。

仕事としては何もせずに、いわば偶然に自分のものになった財産を用いることであるから、倫理的次元の反論がなされる可能性がある。(10)

この留保意見に苦笑してはいけない。人間の尊厳という観念の背後には神聖さへの畏れが見え隠れし、通常、倫理とはそれに対する言葉の綾として用いられるのだが、例外もあるということを鮮やかに示している。この場合、金儲けをしても後ろ指をさされないかどうか、その程度の倫理が問題にされているにすぎない。こうして人体の売買の地形図では、胎盤は汚物容器のすぐ隣に置かれ、金を儲けても何の問題もない区割りに入れられる。そして、胎盤にはタンパク質が豊富に含まれていた。

タンパク質は製薬業界が懸命に求めている物質である。それでは、タンパク質は商品なのだろうか。

ない。

フランスの法律家は、同じタンパク質でも、胎盤から取りだされたものは商品であり、血液から取りだされたものであれば絶対に売買することができないと、きっぱり答える。人間が生みだしたものに関する私たちの法が、近代的生理学よりも未開の神学に近いということを、これ以上はっきりと示すものはない。

実業家はごく早いうちに、このシステムのなかにある断層を見つけていた。血液のタンパク質は商品化することができないが、胎盤のタンパク質は売買可能であり、彼らはそのために産婦人科病院と協定を結んだ。こうして、フランスの大きな研究機関は、輸出にも目を向けるほど大量にタンパク質を回収することができた。そのなかには、タンパク質であれば、どんな起源のものでも血液からつくられる製品と同じ扱いをするデンマークの法律に邪魔されたので、自分のところでつくったタンパク質は受けいれるようにと、フランス政府に働きかけをさせようとした業者もいた。[11] しかし国際取引では、血には代価など存在しないとする原則からさまざまな儀礼的取り決めが生じ、それを無視することは許されなかった。

血の代価

「血の代価」の存在を認めることは、血液やそれからつくられる製品、あるいは血液と同様の神聖さをもつ製品が商品であると認めることになる。

生命科学の進歩によって血液が肉体から独立した別の存在になり、その結果、法律家がその存在を考慮しなければならなくなって以来、法的言説のなかに「血の代価」という言葉が姿を現わした。卑しむべき言葉としてであった。血液や血液からの派生物、さらに広げて血液と同等に神聖なものとみなされる人体からの産物、これらの引き渡しに金銭がからむことは事実である。しかし、一九五二年の輸血に関する法律の議論にはじまり、ごく最近の学問的分析にいたるまで、この金銭を「血の代価」と考えることは執拗に否定されてきた。

「血の代価」とはいったい何なのか。

「血の代価」、それは三〇デナリウスである。一七世紀、デュ・カンジュは『語彙集』のなかで「キリストの血の代価は三〇デナリウス」と書き、この代価について語ることは、キリストを死刑執行人に売り渡してユダが受け取ったあの銀貨、ユダが聖所に投げこんだあの銀貨、大祭司長が「血の代価」[12]であるがゆえに宮の金庫に入れようとはしなかったあの銀貨に言い及ぶことにほかならない、ということを私たちに教えた。[*54]

「血の代価」、それは今日では、血液や血液からの派生物、あるいはそれと同じ程度に高貴な人体からの産物、これらが商品化されていることを覆い隠す儀礼的表現になっている。しかし、この言葉を使うことによって漂ってくるお香の煙をあえて吹き散らせば、売り手への補償という理屈のまやかし、そしてまた、血液製品が商品であるという現実がみえてくる。

売り手への補償

サヴァティエは、献血という犠牲的行為は人類のためであり、人類全体を真の受取人としてなされるものであると述べた。たしかにそうだとしても、血液や血漿、あるいはその派生物の準備、保存、分配を委ねられた施設が、採取された血液の所有者になることも事実である。実際、輸血センターのさまざまな権利は所有者としての権利である。採取された血液を廃棄することができるし、医療には適さないとなれば劣化するにまかせることもできる。改良することもできる。そして、政令で定められた料金で売却することもできる。

輸血に関するフランスの法律は、原則として、血液と血液製品の流通から利得が生じることがないように、あらゆることを想定してつくられた。さらに、利得という言葉には、否定すべきものという意味が含まれていることを知っておかなければならない。ここで問題になっている利得とは、明らかに「不当利得者」、すなわち、その能力からして資格のないものを受け取る者をさげすんだ言葉からきている。ただ、いずれにしても、ある事業が利益を生みだしたとされるためには、仕事が終わった時点でその組織が黒字である必要があるかといえば、そうではない。管理者の金銭的利益のみを考えるなら、役員に十分な給料を支払うがゆえに利益配当のできない商社と、利益配当をする必要はないが、同じ給料を理事に支払っている組合とか財団、この二つに何の違いがあるだろうか。

これは苛だたせるような問題であるが、それだからこそ取りあげなければならない。満足のいく答えを見つけることの困難さは、ここでもなお補償の神話が生きていることを教えている。一般的にいって、補償という考え方は、自らを犠牲にする行為、あるいは、少なくとも献身的な行為に対して報酬を支払うことを正当化する論拠として、頻繁に使われるようになっている。自由業での謝礼についてはこの考え方が表面に出ることはないが、代表的な例としては、国家に自分の人格を捧げたとされる国会議員と閣僚に対する報酬がこの考え方によっている。当初、血液提供者への報酬を説明するためにもちだされたのも補償という考え方であった。したがって、血液と血液製品の分配についても、補償という考え方が用いられたのはきわめて当然であった。

法律は、神話を信じこませるという幸運な結果をまねく場合がある。つまり、公衆衛生法典六七三条が「引き渡しの料金は（中略）利得を完全に排除するために、厚生大臣によって定められる」としているのだから、血液と血液製品は商品ではない。こう述べてさえいれば、天使のような合法主義の快適さに浸ることができる。

ところが、この幸運とはうらはらに、厚生大臣が「調剤室で保管される血液製品の料金表を定める政令」を定期的に出すおかげで、薬剤師の利ざやがはっきりとみえてしまうことになった。

薬剤師の利ざや

私たちはここで、注意深く隠されたあるものに触れることになる。すなわち、いくつかの血液製品はまさしく商品として扱われている。

実際、補償という考え方は越えがたい障害にぶつかっている。健康に関わる職業である薬剤師は、また商売をする職業でもあった。

たしかに、立法者も学説も、薬局での血液製品の売買について語ることを慎重に避けている。公式には、「薬局の調剤室で保管される」製品の「有償での引き渡し」だけが存在する（公衆衛生法典六六八条、六七五条）。

しかし、血液からの派生物である免疫グロブリンは、輸血センターから引き渡される料金より四八パーセントも高く薬局で売られている[13]。補償という考え方をあらためて援用して、このような利ざやを正当化しようとは誰も考えないだろう。いったい何パーセント高くして売れば薬剤師には儲けがあるのか、こんな計算は時間の無駄であると考える者は、いわば、輸血機構の責任者がどの程度の給料を取れば商社の役員に近づくのかを考えようとはしない者と同じであり、こういった人にとって、利得が存在しないということは、ほとんど神話に近いものになっている。

これはまさに信仰の告白である。このような告白に接すると、生物学的資本という発想がキリスト教から生まれたということを、あらためて認識せざるをえなくなる。

16　人間にとっての肉体、そして別の「物」

歴史をたどってみると、肉体が法的事実として姿をみせるときはいつも、卑俗さの入り交じった神聖さが意識されていることがわかる。当然のことながら、この神聖さを呼び起こすことが合理的な法的言説を作りあげることを妨げた。法律家がローマ的シヴィリテにすがって実体のない存在の世界を守り通し、肉体の「現実」を秘匿することになる理由はここにある。肉体を教会法と医学のルールに委ねたままで、市民法学者は法の非肉体化を進めた。これこそが自分たちにとって、賢者の石を手に入れるための「大いなる作業」であるとずっと信じこんできた。

血液、ついで精液、臓器、そして細分化された肉体の部分を見つめるように突然求められたとき、市民法学者は近代科学の恐怖に向き合った。この恐怖は、物質的生活を憎悪した文学者レオン・ブロワ〔一八四六－一九一七〕がかつて吐露したあの強い生理的不快感と(1)、何かしら神聖なものに触れるという感覚から生まれるものであった。

肉体の神聖さを意識することにはじまる意図的な沈黙をまず乗り越え、そして、それが原因となっている一貫性のなさを正しながら、法のなかに肉体を取りこむ作業を平静な心ではじめるべき時がきた。どんな状態であろうと、生きていようと死んでいようと、全体であろうと切り取られた部分であろうと、肉体に単一の地位をあたえることによって解決をはからなければならない。死体が争う余地なく「物」であるという事実。切り取られた部分もまた「物」であるという事実。医学がますます必要とするだろう肉体の提供のためには、まず所有されていることが前提であり、その後にはじめて犠牲的行為がなされるという事実。これらのことを考えれば、「人」と「物」の中間的観念が存在しない以上、肉体を「物」のカテゴリーに入れるしかないということに気づかなければならない。

神聖さへの回帰を乗り越えること

人間から生みだされるものが製品化され、流通する時代が輸血によって幕を開けたとき、実はそれ以前から、人間を起源とするものはすでに商品化されていた。かつら業者は髪の毛を買っていた。母乳は採取され、流通しており、それぞれ報酬が支払われていた[2]。さらに一九世紀を通して、糞便は乾燥技術によって乾燥人糞の名で知られる肥料に形を変えていた。これらの売り買いに倫理を振りかざそうとは、誰も考えもしなかった。扱われた肉体の部分は、美容のため、栄養のため、あるいは排泄物という性格からして、疑問の余地のない「現実」をともなっていた。それらは明らかに「物」であり、消費したり、捨てたり、あるいは売るための「物」であった。

しかし、肉体と人格を同一視する立場からすれば、人体を構成するものはどんなものでも人格とは無関係のものにはならない。刈られる前の髪の毛、採取される前の母乳、排便される前の糞便、これらはこの論理からすれば人格を作りあげる一部になる。肉体と人格を同一視するのであれば、膀胱とか腸の中身だからといってそれを排除することは許されない。このことに強くこだわりたいと思う。

法的分析から離れて宗教的感情の世界に身を置いて、部位によって神聖さが異なるということを言いだすとなると、話は別になる。神聖さという点では、血と尿、血管と歯、心臓と髪を一緒にすることなど考えにも及ばない。倫理に訴えたり、人間の尊厳を声高に唱えたり、あるいは生体の尊重について生物学的議論が繰り返されているが、すべてこの神聖さにとらわれており、さまざまな主張の違いは、神聖さがどこにあるのかという地形図の違いが写しだされているにすぎない。

市民法学者が決して口に出せなかったこと、自分のなかでさえ否定したいと思ったこと、それは血液によって生命が彼らの前に姿をみせたことであり、しかもその生命とは、もっとも崇高なもの、すなわち宗教や精神主義哲学が魂と呼ぶものをもち合わせているということであった。このような姿勢をみて、医者は、近代の法律家が時代に適合した学問を作りあげるには生物学的知識を身につけなければだめだ、と考える。しかし、これは間違っている。法律家は生物学者の用語をきちんと使っている。その用語を使ったうえでなお、神聖さの違いによって肉体の扱いを変えているのである。生命科学は法律家を未来科学のなかに投げいれたのではなく、それとは逆に、ローマ的シヴィリテ以前の古代的雰囲気のなかにあらためて浸らせたのである。

これはタンパク質の地位が雄弁に物語っている。人間の肉体にはタブーの刻印が押された部位があり、その部位をつくりあげている物質は、それだけで同じようにタブーの対象になる。タブーであったりなかったりする一貫性のなさは、タンパク質の性質それ自体からは出てこないからである。このような考え方は、肉体に対する私たちの法的アプローチすべてにしみこんでいる。それはいつの日か、人間からの別の産物についても表面化することだろう。たとえば、血液と尿には共通の成分が多く含まれているという事実は、実用的にはともあれ、学問的にはきわめて重要な意味をもっているのだが、この共通な成分が商品になるとすれば、それは尿から取りだされた場合だけだろう。

法律家が学問的一貫性を犠牲にしてまで、このようなアプローチをしようとしている理由は、宗教のためでは決してない。むしろ宗教は受け身であった。たとえば教会は、輸血に関して「償いを拒否することは提供者にとって美徳であるが、だからといって、それを受け取ることが必ずしも悪というわけではない」(3)という原則を、いちど確認したことがあった。この原則が臓器移植についても適用されることになるのだが、それはルネ・サヴァティエがカトリックの教義にまで話を進めてしまったからであった。これは教皇ピウス一二世が明かした事実である。つまり、私たちの文化を覆っている支配的宗教に対して譲歩がなされたからではなく、ローマ的シヴィリテが肉体を検閲することにより追いだした、あの原始的神学を法律家が突然に発見したことが、すべてのはじまりであった。

ここで、儀礼的覆いを切り裂こうとした学者について、あらためて語りたいと思う。

オレル・ダヴィドを再読する

フランスの法律家のエスタブリッシュメントは、儀礼的雰囲気のなかで血液の到来を迎えた。そこでは、血液が「物」であるなどと認めるよりも、否定的な定義（商品ではないもの）の方が好ましく、それで十分であるという考え方が支配していた。ルネ・サヴァティエの論文「血液の法について」は、その雰囲気を完璧に表現している。こういった時代である一九五五年、オレル・ダヴィドは、私が前にその重要性について触れた学位論文を発表した。それは「人格の構造」というタイトルのもと、「人と物の区別に関する試論」として提出された。(4) その学位審査には、ノーベル物理学賞を受賞したルイ・ド・ブロイー〔一八九二−一九八七〕が加わっていた。

オレル・ダヴィドの試みをわざわざ取りあげてくれた民法の教科書もあったが、その本では長い間、「肉体の非人格的な部位と人格を切り離そうとする奇妙な努力」として紹介されていた。彼の試みは「社会学」という分類なら受けいれてもらえただろうが、「法理論」のカテゴリーのなかに居場所を見いだそうとしても、それはできない相談であった。(5)

オレル・ダヴィドの学位論文は、現在の市民法学にとってもっとも重要な学問的業績のひとつである、と私は考えている。しばしば批判されてはいるが、近代市民法がどのようにして肉体の「現実」を意識するようになったかを知ろうとする歴史家と法律家にとって、基本的な文献になっている。

オレル・ダヴィドは、移植技術の進歩と輸血に関する法律によって問題を感じとり、本質的なことがらを証明しようと試みた。「人」と「物」を分ける境界線は、人体とその外部に出たものを分けるものとしては使えないということである。

オレル・ダヴィドはあえてタブーを冒した。彼の時代の法学エスタブリッシュメントのように、沈黙とか、「このうえない人間の尊厳」に儀礼的に触れるだけで身を隠したりはせず、大胆にも、法学を医学、生物学、物理化学とつき合わせて、人格と肉体、「人」と「物」の関係にとりかかった。残念ながら、この科学主義的な見地には、民族学者のような視点が含まれてはいなかった。それがあれば、人体の神聖さをみることができただろうし、その神聖さが市民法学者の反応の原因であるということを明らかにできただろう。しかし、その視点があったとしても、実際に活用することは彼にとって困難であったことを認めようではないか。博士号を取ろうとする者が指導教官に民族学の研究を提出するということは、法学部の慣行では考えられないことであった。

しかしオレル・ダヴィドの著作は、肉体が、その全体を考えても、あるいはその部分を考えても、「物」のカテゴリーに入るということを市民法学者がはじめて語ったという点で、歴史的価値を有している。彼の学位論文は、臓器、血液、精液、そして遺伝物質全体の贈与、遺贈、売買、これらを説明することのできるいまなお唯一の法的分析である。今日、オレル・ダヴィドの理論を取りあげる新しい世代の市民法学者を見かけることがあるが、その理由はここにある(6)。他方、著者が高名であるという理由で批判的分析から完全に守られてきた論文「血液の法について」を参照することは、もはや時間の無駄にすぎない。

「人」と「物」の間には、何かが存在するのか

「人」と「物」の区別にもとづくすべての法体系は、死体が「物」であり、肉体から切り離された部分も「物」である以上、生きた人間の肉体がひとつの「物」であることを認めなければならない。それ以外に考えることはできない。

それを認めたとして、その後については、法体系によって対応が分かれるだろう。たとえば、ムーア事件でカリフォルニア控訴院が表明した考え方によれば、肉体とその部分、そして肉体から生みだされたものを市場の原理に従う商品とみなすことになる。それに対して、フランス法が選択した考え方を貫くのであれば、肉体はあくまで市場の外に置かれなければならない。

たしかに、フランスの体系には実際上の問題（薬品の流通と、補償理論の限界）がある。「文明化することがフランスの使命」という偉大な伝統において、原則においてきわめて高潔であり、本来なら「教訓の提供者」という側面をもつはずである体系に、この問題は足かせをはめることになりかねない。(7) しかし、この点は横に置いておきたい。何よりも本質的なことは、この問題について、フランス法を強固な学問的かつ立法的基礎の上に据えることである。その基礎とは、つぎの二つに分けて表現されるものと私は考えている。

（一）人間の肉体は「物」である。

（二）人間の肉体は商品ではない「物」である。

人間の肉体が「物」であるという「現実」から逃れるためには、「人」と「物」の間の中間的な法的カテゴリーが必要になる。ローマ的シヴィリテは私たちにそれを提供しなかった。では、近代法はそれを発明することができるのだろうか。クザヴィエ・ラベは肉体と人格の同一視を維持したままで、「用途による人格」[*55]というカテゴリーを胎児と移植組織にまで広げることを提案した。これは人工補綴や障害者の必要用具について、判例と学説が作りだしたカテゴリーである[(8)]。私は人格の出現の問題を扱わないつもりでいるので、胎児の問題は避けることにするが、肉体から生みだされるものすべてをラベのいう移植組織のなかに含ませて考え、それらを「用途による人格」のなかに入れることの妥当性にしぼって分析してみたいと思う。

まず、「人」と「物」の区別を再検討するにあたっては、二つの論理がぶつかっていることを指摘しておきたい。まず人間の体には、生きている部分であっても今後は所有権を譲渡する場合が考えられるものがあるということ、さらに人工補綴という生命のないものを受けいれる場合もあるということを考慮して、「人」と「物」を分ける線は人間の内部に引くべきであるとする論理がある。たとえば、オレル・ダヴィドのように「人間のなかに物がある」という考え方である。つぎに、肉体の全体を人格と同一視し、さらに法人格を人間を越えたところにまではみださせ、生命のないいくつかのもの（人工補綴と障害者の必要用具）を包みこませようとする論理がある。現在、フランスの判例と学説は、この第二の論理が支配している。

クザヴィエ・ラベの提案は、一見したところ魅力的である。まず、いわんやという推論が効果を発揮するように思われる。人工補綴が「用途による人格」であるなら、移植組織はなおさらのことである。さらに、私たちの「盗まれた手」の判決‐フィクションで、窃盗犯を切断の実行者として断罪することができそうである。盗まれた手は事故の被害者の「用途による人格」になりうるものであり、その再接合を妨げることは切断と同じようにみえる。

しかし実は、このフィクションの場合では、切断された手を「用途による人格」として特別扱いすること以上に、本来の人格の観念が問われている。すでにみたように、手が切り離された瞬間に法的地位を変えなかったとみなされる場合にのみ、手の盗人を切断犯として断罪することができた。それがあいかわらず「物」のままであるか、人格に含まれたままでなければならなかった。したがって「用途による人格」の観念は、それが実際に役にたちそうな唯一の場合であるにもかかわらず、使うことができないことになる。

手足の再接合という仮の話から離れると、私たちは解決しようのない理論的問題や、実際上はまったく意味のないことにばかりぶつかる。理論的な混乱は、たとえば腎臓が提供されるとして、移植を受ける人が手術以前に完全に決まっている場合に現われる。摘出と移植の間、腎臓は誰の人格に関係するのだろうか。ドナーだろうか、レシピエントだろうか。それ以外にも、「用途による人格」の観念が何を意味するのか、理解しがたい場合が多くある。とくに血液の提供に関してそうである。血液が人格のように保護されると理解するべきなのだろうか。この血を捨て去ったり、劣化するままに放置することができないという意味なのだろうか。その成分を分離させることもできず、実験のために使うこともできないということなのだろうか。この論理を究極まで進めてみよう。利益ぬきでも売ることができないし、提供することも、輸血することさえもできなくなる。

移植組織や人体から離れたものは、実際に移植されたり再接合された場合にのみ「用途による人格」であると主張するのであれば、この観念はまったく役にたたない。なぜなら、そもそも問題になっているのは、体に入る前の地位を明確にすることだからである。

移植組織は――治療、あるいは遺伝子操作の目的で人間から摘出されるものすべてが同様である――移植の前と後で法的地位を変えない。なぜなら生理学的性格が変わらないからである。それは生きているが、いつかは死ななければならない「物」である。肉体の「現実」は誕生し死亡するという事実に集約されるということ、生命があるがゆえに肉体は「物」の世界のなかに置かれるということ、これがまさにグロテスク芸術の言説であった。また、塵に戻るがゆえに人間は塵であるという、キリスト教のメッセージでもある。そして法もまた、死亡、切断、摘出、移植あるいは輸血の前でも後でも、肉体は変わることなく同じものであるということを、何をさしおいても認めなければならない。

ところで、フランス民法典はここで貴重な助けを私たちに提供してくれる。

民法典は、肉体の「現実」を強固に基礎固めすることができる

肉体を「物」のカテゴリーに入れることに実際的な意味があるのは、死体の法的地位を明確にするとか、肉体の一部の所有権を譲渡するとかの場合に限られる。それ以外の場合には、肉体を人格と同一のものとして扱えばすべてがすんでしまう。肉体が「物」であるという「現実」は、とりたてていうまでもない事実にすぎない。しかし、肉体の提供、あるいはいくつかの国では臓器売買に直面したときに、その事実を認識する必要に迫られる。

ローマ的シヴィリテが考えついた「物」の大きな区分、すなわち「取引される物」と「取引されない物」の区別について、私は繰り返し述べてきた。「取引されない物」とは、いかなる法的契約の対象にもならない「物」であり、取引できない理由は、「人の法」を理由にする場合（万人が共有する物と、国家あるいは都市に属する物）と、「神の法」を理由にする場合（さまざまなランクの神性に属する物）があった。後者の場合を簡単に「神聖な物」と呼びたいと思うが[9]、その「物」のひとつに墓があり、それが神聖とされるのは死体が神聖だからであった。

そして、この「取引される物」と「取引されない物」という区別は、フランス民法典一一二八条に受け継がれた。条文には、こう書かれている。

契約の対象になる物は、取引される物だけである。

概して、民法典の条文はいつも簡潔な表現であるが、一八世紀の法学者ポティエ〔一六九九―一七七二〕を読めば、その意味が明瞭になる。法典の起草者が参照し、じかに発想を得ていたのはポティエであった。ところで、そのポティエの著作をみれば、一八世紀の市民法が「物」のカテゴリーのなかの大きな区分をあいかわらず問題にしていたこと、そして「取引されない物」には、いまだに、万人が共有する物と、「教会と墓地」のように「神の法」に属する物が含まれていたことがはっきりとわかる。(10)

すでに述べたように、肉体は商品ではないことを主張するために、フランスの学説は民法典一一二八条を援用するが、それは肉体が「物」であると認めていることに実はほかならない。この言わずもがなの告白は、肉体をその「現実」から逃れさせることができないということを明らかに示している。しかしまた、ローマ的シヴィリテをどうすれば産業社会に順応させることができるのか、という大きな問題を視野に入れながら、肉体と肉体が生みだしたものに関する法を考えだそうとすれば、フランスでは、その基礎になるものがこの条文にあるということを、示唆してくれている。

一九三〇年代に、フランスの学説が民法典一三八四条に新しい役割をあたえたという先例を、私たちは知っている。法典の起草者たちが「管理している物に（中略）責任を負う」と書いたとき、具体的にはそれにつづく二つの条文を考えており、そこでは、動物と建築物が引き起こした損害に対する責任が規定されているだけであった。物の所為による一般的責任原則を作りだそうとは、明らかに思っていなかった。一三八四条にこの想定外の射程をあたえることにより、フランスの判例と学説は、自動車による大量死という近代的現象に対処する必要性とローマ的シヴィリテを、形のうえで適合させることができた。

産業社会は肉体を「物」の暴力にさらさせたが、またそれは、生きた物質を肉体から分離する技術が開発される時代でもあった。その結果、現在、法律家はローマ的シヴィリテが定義するカテゴリーのなかで、その分離された物質を分類するように迫られている。そこで「取引されない物」、より正確には「商品化が制限される物」のカテゴリーはあらためて、きわめて重要なものになろうとしている。一一二八条を起草した者は、一三八四条を書くにあたって自動車のことを考えなかったのと同様に、生命科学のことを知らなかった。しかし、彼らが保護しようとした「物」のカテゴリーには、ずっと変わらないものもあれば、かつてはそうでなかったものも含まれていた。もともとローマ法にある「神聖な物」のカテゴリーは、キリスト教が伝わる前の寺院、死者に対する家族の信仰、支配領域を守るための魔術的慣習、これらをイメージして考えだされたものだが、民法典編纂の時代には、キリスト教の教会と墓地に関するものと考えられた。

「神聖な物」のカテゴリーの中心には不変の事実がある。古代ローマにおいても啓蒙期のフランスにおいても、この事実は変わらない。それは死者の崇拝である。肉体の秘匿、とりわけ死体という姿になった肉体の秘匿にもかかわらず、一一二八条をローマの思想に結びつけ、この条文に歴史的重みをあたえているものは、死体の「現実」とその神聖さを同時に認めているという事実である。

民法典一一二八条は、人体に関する法をつくるにあたって、「物」のカテゴリーに分類したうえでの保護と尊重を人体に認めるための土台になる条文である。フランスの学説は、概して、この条文にある

「物」が商品をさしていると考えてきた。肉体が「物」であるという考え方は、それでは野菜や家庭電化製品と同じ店の棚の上に人体を並べることになるという理由で、拒否されてきた。しかしそうではなく、一一二八条は、肉体が教会や墓地と同じ「物」のカテゴリーに属するといっているのである。

ミルチァ・エリアーデが聖なる世界の中心に肉体を位置づけたことについて、もういちど考えてみたい。人間の体が最初の寺院であり、それを中心にして物の神聖さが組みたてられた理由は、肉体が「物」の世界の中心にあるからであった。ミルチァ・エリアーデにとって、「神聖なものは、何にもまして現実的なもの（傍点はエリアーデ）」であり、神を考える人間は、肉体、家（とくに寺院）、宇宙という三つの現実が入れ替わりながら作りあげる同心円を通して、神聖なものを理解するという[11]。このように人間の体が「物」の世界全体を統合するという見方は、世界＝大宇宙における肉体＝小宇宙という図式によって、古代と中世に飽くことなく操り返されたテーマでもあった。

肉体を再発見したときの市民法学者の儀礼的態度は、肉体の「現実」を告白している。彼らが血液の神聖さを感じとったのは、それを特別な「物」としてみたからであった。そして、すでに述べたように、タンパク質の法的地位のような馬鹿げたことを避けるためには、この神聖さの意識を乗り越えなければならない。しかし、民法典一一二八条に頼ることは、神聖さをあらためてもちだすことになりはしないだろうか。この点については、まず、肉体の神聖さをもちださなくても、人間の尊厳という観念が十分にその代わりを務めることができるということをいっておきたい。これは、法学の文献のなかでごく普通に行なわれていることである。一七世紀ドイツの代表的自然法学者プーフェンドルフ（一六三二－一六九四）は、超自然的な刻印を実際には信じなくても「神聖な物」のカテゴリーを使いつづけることができ、信じな

いからといっても「人間がさまざまな方法で、この物の種別を活用しなければならない」ことに変わりはないと考えた。(12)

さらに一一二八条は、「神聖な物」だけではなく「共有の物」にも関わっていることを忘れてはならない。ところで、一九七六年一二月二二日の法律は、生前に不同意の意思表示をしなかった人の臓器を治療目的で死後に摘出することを認め、それによって、死体のある種の共同所有権を制度化した。終戦前二年間の軍入隊者に対して血液の提供を義務づけた一九五四年四月一四日の法律、そして血液、骨髄、臓器を提供することは国民の道徳的義務であると執拗に叫ばれているという事実、これらを一九七六年の法律につけ加えて考えるなら、肉体は、近代における「神聖な物」であると同時に、「共有の物」にもなろうとしており、この点で、まさに「取引されない物」の典型であると結論づけることができる。それでは、この「取引されない物」に対して、個人の自由がどこまで許されるのだろうか。つぎは、この問題を考えなければならない。

自由は空白があることを恐れる

法的空白！　人はどこまで自由に肉体を利用することが許されるのか、その答えを知ろうとする者は、この言葉を繰り返し語る。

法的空白など存在しない。自由とは何か。それは知的に、あるいは身体的に自らを表現する人間の権能である。そしてその表現のためにはつねに肉体が使われ、したがって、この権能は人間が肉体の主人であることを必要としている。ここに、肉体と自由の法的関係がある。そして、素晴らしい未来を予感させる考え方に出会うことがある。肉体が「物」であるという「現実」を否定する文脈のなかで述べられたものだが、未開の神学の書きかえにではなく、人間の基本的権利にもとづいて人体とその産物を尊重しようとしており、ぜひともここに紹介しておきたい。

精液は生命を運んでいる。つまり、それは人間存在の根本的自由、生命をあたえるかあたえないかの自由に関係する存在である。(中略) 生殖という場面で、人間存在の基本的権利を体現しているもの、それが精液である。(13)

人は肉体を所有している。こう考えると、肉体に関する権利を明瞭に定義することができる。また、この権利を有効に保証することも、その限界を明らかにすることもできる。

肉体は「物」であり、人にはその所有権があるとすること、これには生体、あるいは死体、そしてその各部分を法的に安定させるという実に大きな実際的利点がある。その部分が体とつながっているかどうかで区別する必要もなくなる。さらに人工補綴と人工臓器も、別の法的制度が関わってくるとはいえ、同じ「現実」に属するものになる。たとえば、非常に高い値段で購入した義足や義手がもう自分には合わなくなったが、別の患者の症状には合うという場合に、その転売を禁止する理由がなくなり、自由に転売できるようになる。

私たちの判決‐フィクションにおいて、手が体から切り離される以前からひとつの「物」でなければ、手の盗人を切断行為として断罪することはできなかった。手が「物」であれば、それを切断することと、その再接合を邪魔するためにそれを盗むことは、まったく同じ犯罪になる。つまり、肉体を「物」のなかに位置づけるという単純なことによって、自分の肉体に対して人が願っている完全性を十分に保証することができる。さらに、自分の肉体に対する所有権を認めることは、それから生みだされたものを商品化しようとする者に対して（ムーア事件のように）、肉体を守る最良の方法になる。そして、公権力の不当な野望に対しても同様である。

さらに、肉体の「現実」を原理として採用することによって、肉体に対する権利の限界を正確に定めることができる。人が自分の肉体の所有者であるという考え方を拒む者は、所有権がどんな場合でも無制限であると思っているふしがあるが、これは驚きである。所有権を手直しすれば、人の所有物であっても、それが商品にならないようにする完全な保証を手にすることができる。所有権の制限としては、都市計画法に破壊の禁止という条項がある。また、たとえば家族財産に関する法（一九〇九年七月一二日の法律）では、譲渡が禁止されているものがある。売買に関する多くの法律、そのなかでも食糧、とりわけ薬品の売買に関する法律が、肉体に対する所有権が認められたからといって、無秩序な商品化が進むわけではないことの保証になっている。肉体と、肉体が生みだすものを商品にしてはならないという点に同意できるのなら、「単なる物ではない物」、すなわち、所有権とは別の権利の対象にもなっていた「物」は譲り渡すことができないという理屈を認めることに、なんの無理もないはずである。

肉体を「物」のカテゴリーに入れることについては、民法典一一二八条という法的根拠がある。それには明晰さと有効性という利点があり、さらに、契約の自由を制限しながらではあるが、それによって臓器、組織、血液、遺伝子に関わる物質、そして人間が生みだすそれ以外の多くのものの贈与と遺贈を行なうことが可能になる。

最後に、この考え方は、自由に関する哲学的で政治的な観念に実際的な有効性をあたえるという利点がある。ただし、逆の結果を生みだす場合もあるということを指摘しておきたい。自由という観念は、非肉体化された法のもとでは、人間の尊厳へのもっとも恐るべき攻撃を正当化することもあった。

人間の尊厳からすれば、肉体を「物」として認めることは当然である

人間の尊厳という観念は、肉体の神聖さを近代的に言いかえたものにほかならない。私たちはこのことを確認した。そして、神聖さとは「物」についてのみ語ることができる。これも確証した。そこで、これまでの主張をより強めるために、さらに進んで、肉体が所有された「物」であることを否定すると、それは人間の尊厳にとって脅威になることを明らかにしたいと思う。

肉体と人格を同一視することは、どこまでも危険な考えである。人による肉体の所有を認めないとなると、人から切り離された肉体の一部は「無主物」になる。それは誰のものでもない「物」、より正確には法の外部にある「物」、すなわち事実としての所有の対象になる。こう考えてくると、一八世紀の教会法が、肉体に対する所有権を否定する考え方を使って、奴隷制を正当化することができたとしても

驚くべきことではない。

中世の教会法は、肉体に対する各人の権利を明らかにするにあたって、肉体のきわめて現実的な捉え方を採用した。これは前に述べた。その捉え方によれば、肉体に対して人が権利を有するのは、それが「物」だからであり、権利が制限されるのは、この「物」が神聖だからであった。

しかし現在の教会法は、非肉体化した市民法の影響を受けることによって、もともとの姿の多くの部分を失った。これはすでに指摘したことだが、この現象は、一八世紀に早くも見てとることができた。とりわけ、この時代に教会法と神学の百科全書としての役割を果たしていたフェラリス〔生年不詳－一七六〇〕の膨大な著作のなかに、それは現われている。フェラリスの著作より七〇年ほど前、ドイツの哲学者ライプニッツ〔一六四六－一七一六〕によって、自分の肉体に対する権利とは自由であり、「人」に対する権利（債権）や「物」に対する権利（所有権、その他の物権）とは異なる人間の特権であるという考え方が、市民法学者の間に導入されていた[14]。フェラリスにとって、この区別は、彼の時代の奴隷制擁護論に教会法を合致させることができるという点で貴重なものであった。

人は自分の生命の主人ではない。生命は神の意思に委ねられている。したがって、人は自分の生命を守り、使うことしかできない。（中略）しかし自由については、人はその所有者であると一般に考えられている。その理由は、自由を使うことも使わないことも、自分の意思で決めることができるからである。言いかえれば、人は望むなら、自由を売って自らを奴隷にすることができる[15]。

このような理論は、教会法が非肉体化したことの直接的な結果であった。神を唯一の主人とする生命、神に由来する尊厳を人間にあたえる生命、この生命という観念の背後に肉体は消えた。そして、当時の政治哲学、法哲学がこの理論と結びつき、非肉体化された人間が生みだされた。肉体は存在するが、名ばかりの外形になり、これもまた非肉体的な観念である自由に奉仕するにすぎないものになった。その結果が、奴隷制の正当化である。したがって、人間の尊厳という名によって肉体の「現実」に対しておおげさに反駁することに、何かうさん臭いものを感じとることはあながち間違ってはいない。

それでも、肉体の「現実」を神聖さと結びつける伝統的な教会法の考え方は維持され、その結果、肉体はそのまま法的視野のなかに残った。「物」である以上、肉体は多くの物権的な権利の対象になることができたが、「神聖な物」である以上、譲渡することはできなかった。ただし、殉教という尊い理由がある場合は除かれた。そして今日、この殉教が愛国的犠牲という文脈において、血液、その他の肉体を提供することに姿を変えた。

奴隷制を考えることなど原則としてありえない時代である現在、肉体の「現実」を認め、肉体を人の所有物とすることの実際的な利点は、自分から切り離されたものに対する個人の権利を確定しなければならないときに、はっきりとみえてくる。私たちの判決‐フィクションで確認できたことを思い出してみよう。肉体の「現実」を認めないのなら、肉体から分離されたものだけが唯一「物」であり、分離された瞬間にはじめて「物」になるということであった。この瞬間に、肉体の一部は「無主物」、すなわち誰のものでもない「物」として出現する。もちろん、もともとはそれが自分の肉体の一部であった者は、それに対する所有権を主張できるが、他の誰とも対等な立場にいる。所有者であるためには、肉体の一部が切り離された後に、最初にそれを手にした者でなければならない。したがって「盗まれた手」の事件は、ある「物」の「領得による窃盗」事件以外ではありえない。ただし、盗人とされた者が、最初の占有者として所有者にならなかったことが前提になる。

私たちの判決‐フィクションの内容をなぜ振り返ってみたのかというと、現実の世界がフィクションの世界をいちどならず追い越してしまうからである。そもそも切断された手が盗まれるという事件を私が考えてみたのは、もっとも基本的な権利が、人間の尊厳という名において、いかに嘲弄されるかを実証する判例を知らなかったからであった。しかしその後、一九九〇年七月九日にカリフォルニア最高裁でひとつの判決が下された。控訴院の判決をくつがえし、例の細胞の所有権を認めるように求めた、ジョン・ムーアと彼の相続人の訴えを却下する判決であった。判決文にはこうある。

> 人間の尊厳の名において、ジョン・ムーアは自分の肉体の所有者ではない。人間の尊厳の名において、ジョン・ムーアの（生きている）肉体から採取された細胞は、その商品的価値を生みだした者の財産である。
> 人間の尊厳の名において、この細胞に関する特許を登録し、その商品開発を行なうことは許される。[16]

要するに、奴隷制も肉体の商品開発も正当化する人間の尊厳というアイディアの前では、「盗まれた手」という私たちのフィクションなど、まさに平凡なものに思えてくる。

人格への同一化は、肉体を隠し通すための近代的な方法である。しかし、その結果、肉体、少なくとも切り離された肉体の部分は「無主物」となり、最初に触れた人が自分のものにできることになる。逆に、民法典一一二八条という法的基礎にもとづいてフランスの学説を再構築すれば、人が保有しうる「物」のなかでもっとも重要な「物」、すなわち自分の肉体に対する人間の権利を確定することができ、それによって、人間の尊厳に強固な足場を提供することができる、と私は考えている。

自分の肉体に、そしておそらく別の「物」についても。

そして、別の「物」について語るなら

医学の新発見と生命科学の進歩は、ローマ法に由来する法体系の再検討を促すだけではない。それにとどまらずに、法学の基本的観念について考察する絶好の機会になっている。振り返ってみれば、人間が肉体を所有するということ、これは肉体を教会法と医学に委ねて以来、忘れ去られていた現実であった。この現実が私たちの視界にあらためて姿を現わし、私的所有権の基礎について真剣に考察することが、いかにないがしろにされてきたかを思いしらせた。

肉体が人によって所有される「物」であると認めることは、奴隷制のない社会において、人間として生きている以上、その人には最低限の所有物があると認めることである。こうなれば、所有権は生物学的必要性によって正当化され、個人として、あるいは家族として必要とされる規模を越えたときのみ、

攻撃されるものになる。人には生きる権利があり、その分だけ所有者となる権利が認められなければならないからである。

肉体の「現実」にもとづくこの法の捉え方に何かしら革命的なものがあるのは、ここに理由がある。法を非肉体化することによって、ローマ的シヴィリテは肉体としての生命から完全に自立した生命を発明した。それは肉体なしですむ生命であり、したがって食糧も衣服も安息の場も必要のない生命であった。それに対し、肉体を「物」のなかに入れることは、法のなかに本当の生命を入れることであり、生命に不可欠な環境なしに法が肉体を受けいれることのないようにすることである。

クザヴィエ・ラベは、障害者に欠かすことのできない人工補綴と用具を「用途による人格」とした、フランスの判例の重要性を十分に認識していた。しかし私は、肉体と人格の同一視を前提にしている点で、この呼び方には欠点があると考えている。これらの生命のない用具は、用途によって肉体的なもの(語源的意味において)になったとする方が好ましいだろう。[17] ただしこの点を除けば、私たちが本質的な進化を目の前にしているということは認めなければならない。法人格という抽象によって隠されてはいるが、所有権を生物学的に考えるアイディアは認められつつある。

人格と肉体を分けるとなると、市民法は、中世にフランチェスコ修道会の教義であった考え方と向き合うことになる。法に背いてでも満たされなければならない当たり前の生物学的な必要事がある、と彼らは考えた。いわんや、法が肉体の存在を認めるときは、この必要事を無視することは許されない。肉体は単独で法のなかにやってくる「物」ではない。なぜなら、肉体は、その周囲に「物」に対する「物」の関係をもちつづけている。[18] 生物学的現実として受けいれられた肉体は、したがって、それに生命をあたえつづける「物」（空気、水、食糧、人工補綴、その他）に依存する「物」として姿を現わす。

人間にとって、自分の肉体の所有者であることが生存の条件であるということを認めるなら、その結果として、いかなる道徳規範も法規範も、窃盗に関する法律でさえも、生きていくために盗みを働く者を非難するためにもちだされることはありえない。これこそが、窮乏のはてになされた盗みに関する神学の教義であり、教会法の考え方であったことを私たちは知っている。そして、法のなかに肉体を入れることによって、生きるための最小限の保証を提供することを義務と考える思想に、新しい力をあたえることができる。[19] 人間の尊厳を守ろうとするあまり、いたずらに先に進まないようにする歯止めとして、肉体と人格を同一視する理論が、それでもなお必要とされるかもしれないが。

一九九二年七月三日、アネシーにて

日本語版へのあとがき

一九九三年に本書がフランスで刊行されたとき、私はひとつの研究グループに属していた。[1] そのグループは、共通の学説を構築しようという漠然とした名目のもとに、制度的枠組みによってお互いに無関係にされていた学問分野をつき合わせようという意図にはじまり、伝統的な制度的区分を無視して生まれた。要するに、真剣に研究することは、自由でリラックスした、ときとして楽しげな雰囲気と十分に両立するという思いがあった。そのグループには、物理学者、化学者、医者、生物学者、生態学者、情報科学者、哲学者、神学者、科学史研究者、認識論研究者、経済学者など、さまざまな研究者が参加していた。法学も忘れてはならない。法学者が二、三人参加していたが、ある日、フランス法では人間の肉体がどのように扱われているのか、現状を報告するように求められ、法学者のひとりとして、私が担当することになった。

この問題について、当時のフランスの学説は「肉体、それは人格である」という定式に要約される。この定式は、一九八八年、生命科学に対する法学の立場を明確にするよう政府から諮問されたコンセイユ・デタがこの文言をそのまま確認し、その後、公式な定理として認められた。

＊

本書が刊行された一年後、フランスで、いわゆる「生命倫理法」と呼ばれる法律が採択された（一九九四年）。この法律によってフランス民法典に特別な章が追加され、特筆すべきことに、民法典に肉体という語が入った。生命科学と外科技術の進歩によって、法律家は、自らの学問体系の基礎を問題にすることなしにではあるが、肉体を人格に吸収させるのではなく、肉体それ自体を認識せざるをえなくなっていた。フランスの立法者もまた、このことを認めた。今日、肉体は人格であるとさえいっておけばことが足りるなどとは、誰も考えなくなっている。

民法典のなかに肉体を登場させた条文は、以下のとおりである。

第二章　人体の尊重について

一六条　人格の優位性は法律によって保証され、人格の尊厳に対するいかなる攻撃も法律によって禁止される。

一六条一項　各人の肉体は尊重されなければならない。
　人体は不可侵である。
　人体、人体の各部、人体からの産物、それらは財産権の対象になりえない。

この法文を人類学的視点からみると、これらの条文がとりたてて何かを規定しようとするものではないことがわかる。何がいいたいのか、読む者に対して説明しなければならない言葉が多すぎる。「優位性」、「尊厳」、「尊重」という言葉がそうであり、それ以外の文章も、きちんと理解しようとすれば摂理に頼らざるをえず、それでいて、言外の意味が豊富に込められているようにみえる。しかし、医者、聖職者、専門的哲学者（フランスでは、きわめて重んじられている分野である）や、さまざまな人（私のように法学者も含まれているが、原理について意見を求められただけであった）によって起草されたこれらの条文は、法人格とは何かを知らない者にとって、美しく調和のとれたものに思われたとしても不思議ではなかった。

＊

それはなぜか。注目すべき業績があるにはあるが、人格という観念は依然として謎であり、その歴史は調べるべきことが多いテーマだからである。ひとつだけ確かなことがある。ローマの法思想が真の存在であるかのように作りあげた人格という抽象体を、カトリック教会の神学が、神であれ人であれ、合理的な存在をさし示すものとして再利用した。そしてボエティウスを受け継いだトマス・アクィナスが、神学に、そして西洋の哲学にこの観念を植えつけた。こうして、神の人格について神学が語る場合（キリスト教的三位一体）は別にして、哲学的用語と通常の用法では、法人格と人間存在はまったく同じものとして考えられるようになったということである。

ところで、今日の法律家が「自然人」と呼ぶものは、ローマ法では「ペルソーナ」と呼ばれていた。

もともとこのラテン語は劇場で使われる仮面のことだが、やがて、法という舞台で人間を表わすための法的抽象体をさすようになった。人間存在とローマの「ペルソーナ」の違いについて本書で述べたこと（とくに、「ペルソーナ」が人間よりも先に生まれたり死んだり、あるいは人間が死んだ後も生きていたりすること）は、その後、ヤン・トマスの研究によってはっきりと追認された。ローマでは、一人の人間がさまざまな「ペルソーナ」でありえたことが明らかにされた(2)。今日、ローマの「ペルソーナ」は「自然人」と呼ばれ、人間を言いかえたものと考えられている。しかし、この二つは別のものである。この二つの関係を正しく位置づけるために、「自然人」は人間に代わるものとして存在するという言い回しを、私は使っている。

もうひとつ別の法的抽象体がある。それは「法人」と呼ばれ、人間と財産の総体、さらには一塊りの財産（中世では職業団体、大学、近代では会社、組合、公共団体、基金、その他）を法という舞台に登場させ、そこの存在にするために、中世のローマ法学が作りだした観念である。常識的には、「法人」だけが人工的な法の創造物であり、「自然人」はそうではないと思われている。それは、神学的・哲学的な語彙、あるいは一般的な使われ方のなかで、人格と人間存在が混同されているからである（「胎児は……」の原則(3)、民事死、不在という法制度、そしてフランス固有のものとしては、生まれてはきたが生命力のない新生児の法的地位、これらはこの二つが別のものであることを示しているのだが）。実は、法律家たちも、結局のところ、「法人」だけが人工的な観念であるという意識をもつようになっているが、それも同じ原因による。しかし「自然人」も「法人」も、ともに「法人格」、すなわちローマ人のいう「ペルソーナ」であり、いずれも法の世界でのみ実在する擬制である。法律家の表現を使っていえば、どちらの場合も、権利の主体を意味する人格であることに変わりがない。

本書の最後の章で、私は「用途による人格」理論を取りあげた。これは人工補綴や障害者の必要道具の法的地位を明確にするために考案された理論であり、いまでは胎児と移植組織もそれに包含されようとしている。私は一九九三年の時点では、この考え方が不十分ではあるが、魅力的でもあると思っていた。より正確には、判例、学説、立法が、法のなかに肉体をしっかりと取りこむことのできる理論を発見しつつある、という印象をもっていた[4]。すなわち、「用途による人格」とは、肉体を全体として捉えたものであり、それを表現したものではないのかと、考えていた。

自然の法則からみれば、人体はひとつの「物」である。この認識から出発しなければならないと私は考えている。ところで、この「物」はきわめて多様な部分によって構成されようとしている。本来の肉体に加えて、ますます複雑になる人工補綴、ますます精巧になる器具、そして移植される器官などが、肉体の一部になっている。そのなかでも肉体と人工補綴の関係は、人格の問題を考えるにあたっての問題点をもっともわかりやすくしてくれる事例である。

栄養物、薬品、注入される血液製剤、あるいは移植される器官とは違って、人工補綴は当然のように肉体に統合されるものではない。肉体と一体であるとされるのは、法的にそうみなされるからにすぎない。たとえば、盗んだ宝石や麻薬などを体のなかに隠した場合とは、法的扱いが違うだけである。人工補綴は商品である。しかし、人格という法的地位にあたえられた恩恵に浴するために、人工補綴はまず商品であることをやめ、肉体の一部という法的地位に移らなければならず、ついで、肉体とともに、人格という法的抽象体のなかに消え去らなければならない。人工補綴が装着されたとき、それは性格からして肉体とは別のものである。しかし、用途によって肉体の一部になり、そのとき以降、人体がもっている特別な性質、すなわち譲渡できず押収されることもないという性質が、それに認められることになる。しかし、この論法の最初の時点では、人工補綴は間違いなく「物」の領域に属している。つまり、自然な法則からすれば肉体が「物」であるという事実と同じである。そして、肉体は人格という抽象体によって巧みに隠されることによってはじめて、法的には「物」であることをやめる。人工補綴に「用途による人格」という法的地位をあたえるものも、この肉体の地位の論理そのものである。このように、人工補綴は三つの擬制の働きによって人格に統合される。まずは、人間存在を法人格に取って代えるという擬制であり、二番目は、本性からして肉体とは異質のものを法的に肉体に統合するという擬制であり、三番目は、肉体の全体を「用途による人格」に変えてしまう擬制である。フランス法はせっかく真理に近づく道を歩んでいたのに、人工補綴を「用途による人格」とすることで満足してしまった。単なる義歯は、「物」のカテゴリーから「人」のカテゴリーへと変容させるこの崇高な論理にとって、明らかに役不足ではあるが。

つまり、肉体は人格という法的地位の恩恵にあずかることになるのだが、それは擬制を積み重ねた結果にすぎない。そして擬制は、本来の目的とは反する結果を生じるや、消滅しなければならない。たとえば、肉体の完全性を侵害する行為（細胞や器官の窃盗など）が正当化されるとか、法律が認めた自由（自分の体の一部を提供したり、国によっては、売ったりする自由、あるいは死後に自分の体を処理する自由）に足かせをはめてしまうような場合がそうである。本書でなんども問題にしたムーア事件におけるる医者のように、肉体と人格が不可分なのだから、肉体から取りだしたものにもはや人格はなく、すべて黄金に変わりうる塵とみなしてもなんら問題はなく、特許さえ取れば、利益は自分たちのものであるとまで主張するのなら、このような場合には擬制は消滅することになる。擬制が消滅してしまえば、性質からして「物」である肉体の所有者が誰であるのか、あらためて決めなければならなくなる。そして、誰が考えても、肉体は本人のものであり、本人を代表する法人格以外のものをその所有者とすることはできない。

人間が自分の肉体を所有し、その権利主体であるという考え方は、人間を商品棚の上に並べようとしているのでは決してない。肉体の尊重と人間の尊厳のための防壁をつくること、それも、悪知恵の働く者がかくもさまざまな抜け道を考えだす儀礼的なあいまいさとは無縁の防壁をつくろうというのである。最後には、この防壁によって、肉体の尊重と人間の尊厳は法的にいっそう確実に保護されたものになる。これが本書に込めた私の主張である。

ジャン＝ピエール・ボー

訳者あとがき

一

本書は、Jean-Pierre Baud, *L'affaire de la main volée. Une histoire juridique du corps*, Paris, Éditions du Seuil, 1993 の全訳である。

著者ジャン＝ピエール・ボーは一九四三年九月一日、スイスに近いフランス・サヴォワ地方の小都市アネシーに生まれている。リール大学法学部で学び、法史学と私法学の学位（ＤＥＳ）を取得した後、アミアン大学法学部の助手となり、研究・教育の道を歩みはじめた。一九六九年にはパリ第十大学（ナンテール）に移り、一九七一年、そこでＰ・ルジャンドル教授の指導のもと、法学博士号を取得した。翌一九七二年、「経済的社会的事実と制度の歴史」部門の法学アグレガシオン（教授資格）に合格、ストラスブール大学の講師、一九七五年からは同大学教授、そして一九九九年からはパリ第十大学教授となり、現在にいたっている。

本書以外の主な著作としては、法史学者の立場から錬金術を考察し、中世の学問秩序を解明しようとする『錬金術裁判』(*Le Procès de l'Alchimie*, Strasbourg, Cerdic Publications, 1983)、生と死の規範を神話にさかのぼって考察し、ヨーロッパ文明の根幹を見つめ直そうとする『生と死の法——生命倫理の考古学』(*Le droit de vie et de mort. Archéologie de la bioéthique*, Paris, Aubier, 2001) がある。なお、本書はイタリア語の訳書も刊行される予定である。

二

私がこの書物を知ったのは、ある夕食の席であった。一九九八年に日本民法典百年記念国際シンポジウム出席のため来日し、名古屋に立ち寄ったフランスの法史学者アルペラン教授が、食事後の雑談のなかで、フランスの最近の歴史書で面白いものとして紹介してくれたなかの一冊である。とりあえず手に入れて、軽い気持ちで読みはじめた一九九九年二月、本から目を離してテレビをみると、日本で最初の脳死者からの臓器移植のニュースが大々的に流れていた。クーラーボックスに入れられた臓器が高価な割れ物のように、あるいは貴重な小生物のように運ばれている様子は、非日常的な不思議な光景であった。

さらにその後、切り取られた肉体の部分について、個人的な体験をする機会があった。その年の春、親しかった従兄弟が亡くなった。患者の信頼の篤い優れた医者であった。彼は自分の体を医学のために献体し、まず眼球が病室で摘出された。その直後、誰にもみられていないと思ったのか、看護婦がまるでランチバスケットのように楽しげに運ぶのをたまたま見かけた遺族には、冒瀆されたような不快感があったという。そして夏、私は腸のポリープを切除した。数時間後には自分で運転して帰ってくるという簡単な手術ではあったが、初めてのことであり、私は自分のポリープを記念に保存したかった。しかし、医者は当たり前のように返してはくれなかったし、私には所有権を主張することをはばかる何かがあった。体から離れた部分はいったい何なのか、そして誰のものなのか、本書の問題提起は実は身近な、現実生活のなかの問題であった。西洋法制史という学問に取り組んでこの方、「肉体の法制史」など考えたこともなかったが、こうした現実の経験と西洋の歴史を交叉させながら、私はこの書物を考え、自分のものにしようと思った。

西洋法制史という学問の面白さは、「イチジクの葉をはぎ取る」ようなわくわくする楽しみにあると思っている。この楽しみは、私の学問的導き手である上山安敏先生から教えられたものであり、いままで曲りなりにも勉強をつづけてきたのは、この快感に魅せられてのことである。たしかに、西洋の法は、ローマ法以来の歴史のなかで、権威ある言葉の上に多くの擬制を積み重ねて独自の世界を作りあげてきたのであり、擬制が包みこんだ素顔の部分への切り口はさまざまにあると思ってきた。本書が行なったことはまさにこれであり、「肉体の法制史」という切り口から西洋の法学を俎上にのせ、神学と医学との関わりのなかで、その歴史の隠れた一面を鮮やかに描きだしている。読みすすむうちに、私は自分自身の狭いテーマから解き放たれて、学生のときに覚えたような法制史の面白さを満喫した。

読み終えたとき、このようなストーリーを自分の手で書いてみたいと思った。しかし、こういった切り口を見つけるためには、西洋文化の上澄みの部分からはみえてこない奥底に流れている旋律、よく使われる言葉を借りるなら、持続低音を聞き分ける耳をもたなければならない。さらに、その切り口を抉っていくためには、幅も深さもある相当な知識がなければならない。もちろん、日本人が西洋の事物を調べる場合、西洋人にはない視点にたち、日本人であることをプラスの条件にすることができる。しかし、本書のようにスパンの長い歴史を描く場合、感覚の部分とか、文化的・宗教的素養の部分で、どうにも越えがたい距離があることも確かであり、この書物はあらためてそのことを見せつけているように思えた。私は翻訳に託そうと思った。

古典的名著ではなく、たまたま存在を知った研究書を翻訳することに躊躇がなかったわけではない。しかし、そんなためらいや萎縮した気分は、この距離をそのまま文字にするという楽しみが吹き飛ばしてくれた。少なくとも翻訳を進めている間、私が越えがたい距離を走り回っていたことは事実であった。そして作業を終えたいま、やがて姿をみせることになる一冊の書物が、個人的な思惑や満足感を越えて、何よりも西洋法制史という学問の面白さを伝える作品になることを心から願っている。

内容としては、本書はフランスの現状に対する具体的な提言を含んだ書物であり、フランス民法典のひとつの条文に大きな位置づけがあたえられている。したがって、この点では、日本語で出版することに直接の意味があるわけではない。しかし、この提言の背景にある肉体と法の問題は、日本にも共通する要素を抱えているに違いないのである。本書の問題提起の原点にある臓器移植のように、新しい社会規範の問題が法学にもちこまれて、法律家が医の世界という異質な知的空間に向けて門戸を開かなければならなくなるとき、法学の自負する合理性と自己完結性が同じような綻びをみせないだろうか。日本での脳死の議論にあたって、法律家が医学を論じる際の違和感は、澤登俊雄氏が「脳死問題の考え方——医学と法律学との間」(梅原猛編『「脳死」と臓器移植』朝日文庫、二〇〇〇年、所収)のなかで率直に語っていることである。この違和感のよってきたる源について、本書がひとつの説明をあたえているということ、そして生命科学の時代を迎え、本書はフランス固有の具体的な問題提起を超越して、より普遍的な問いかけを含んでいること、こう考えることは訳者であることの我田引水にとどまるものではないと信じている。

ただし、一点だけ留保しておきたい。著者の主張である、肉体は「物」であり、人はその所有権を有しているという考え方について、私が同意しているわけではなく、またその是非を論じる資格があると考えているのでもないという点である。「身体の所有」とは、法学的思惟を超えた論理学的あるいは哲学的な問題であり、これについては、加藤秀一氏が「身体を所有しない奴隷——身体の自己決定権の擁護」（『思想』九二二号、二〇〇一年三月）のなかで緻密に論証されている。そして、「所有（権）という概念の本質に含まれる譲渡や移転の可能性は、〈私の身体〉が〈私のモノ〉ではなくなるという事態を潜在的に想定している」という氏の指摘に対して、本書にある法解釈論的な防壁が説得力をもちうるものかどうか、私にはわからない。本書はこの議論の法的・歴史的前提を明らかにするものであり、議論の深化の一助になれば幸いであるが、そうなるのかどうか、その判断はこの分野を研究されている方々に委ねたいと思う。

三

訳書をつくる作業は、自分の研究ノートとして訳文をメモするのとは違い、厳密な作業であり、安易なものではないことは理解しているつもりであった。それでも、安直な気持ちが抜けていなかったことは反省材料にしなければならない。とくに、本書のような通史的な書物の場合、独りで、部屋にこもって行なうようなものではないとつくづく思っている。私はローマ法の研究者でもなく、中世をテーマに選んだこともない。その点では、門外漢であり、フランス語の知識に頼って訳にあたったが、見当違いの箇所が多くあるのではないかと恐れている。とくに、登場する人物についての知識不足は最大のネックであった。正直なところ、今回の作業のなかでもっとも時間がかかったことは、人物の略歴調査であった。その心許ない成果について、本書のキーパーソンとなる人物は訳註で取りあげ、それ以外の人物については、原文からは離れることになるが、基本的な説明を本文にそのまま挿入し、生没年を括弧書きで付記することにした。ただし、生没年がわからない人物が数名あり、残念ながら省略せざるをえなかった。この点で、御教示をいただければ幸いである。なお、現在も活躍中の研究者については、原著者の師であるルジャンドル教授を除き、生年をはじめ、紹介を省かせていただいた。

本訳書の読者としては、法学に関わっている人がまず私の念頭にあるが、法学、ましてや西洋法制史とは無縁の方にも読んでもらえるものにしたかった。そこで、法制史的な事項について、人物の場合と同様に本文に短い説明文を挿入したりしたが、わかりやすい解説が必要であると判断した項目については訳註にまわした。便宜という点では割注が望ましいのだろうが、長い註記もあり、巻末に集めることにした。本文と並行して参照してもらえば、全体をスムーズに理解していただけるものと思っている。

四

本訳書の刊行は、二〇年近く前のフランス留学以来の友人であり、私にとってかけがえのない学問コーディネーターである金山直樹氏（翻訳開始時には法政大学教授、現在は慶應義塾大学教授）なくしては実現しなかった。アルペラン教授からこの書物を聞き出したのは彼であり、二〇〇〇年正月、雪山のロッジで、ワインにまかせた私の話に関心をもち、翻訳してみたいという希望に道をつけてくれたのも彼であった。法政大学出版局に刊行を快く引き受けていただいたのは、金山直樹氏の尽力のおかげである。いつものことながら、ただただ感謝するばかりである。そして、私にとって遠い分野であるローマ法に関しては、小学校から大学、大学院まで同窓である吉原達也氏（広島大学教授）から丁寧な助言をいただいた。最終的な責任はもちろん私にあるが、本訳書の前半部は、彼の助けがなければ杜撰なものになっていたことは間違いがない。また、職場の同僚である高橋壮氏（哲学）、山田豊氏（英文学）、藤田衆氏（仏文学）、柳勝司氏（民法学）からは、折につけ、わからない文献、言葉、判例について教えを受けた。雑談の場が、このときばかりは貴重な知識収集の場となった。独りの作業とばかり思っていたが、振り返ってみると、多くの方の助力をいただいたことがわかる。この場を借りて御礼申しあげたいと思う。そして、原著者のボー氏は邦訳の申し出を快諾していただいただけではなく、その後も、私の質問に労をいとわず実に詳細な返事を送ってくださった。私の拙い日本語訳が、原著者の学問的功績を損なうものでないことを心から願っている。法政大学出版局の平川俊彦氏には、翻訳権の獲得からはじまり、原稿が遅れてやきもきさせたであろうことまで、いろいろと心労をおかけした。同じく勝康裕氏には文章の修正だけではなく、文献と項目の整理にいたるまで、お世話になった。さぞかし目と手をわずらわせたことと思う。あわせてお詫びと御礼を申しあげたい。

最後に、きわめて個人的なことで恐縮だが、翻訳作業の最終段階に入ったとき、私の母の肺に異物が見つかり、家族全員が病と共存する生活がはじまった。高齢な母ではあるが、幼いころに父を亡くして以来、今日まで私にとって最高の支えでありつづけてくれた。この訳書が少しでも、それに報いるものであればと思っている。治癒の願いを込めて、母に捧げる。

二〇〇四年一月一三日

野上　博義

りぶらりあ選書

サウジアラビア王朝史	J.B.フィルビー／岩永，冨塚訳	¥5700
愛の探究〈生の意味の創造〉	I.シンガー／工藤政司訳	¥2200
自由意志について〈全体論的な観点から〉	M.ホワイト／橋本昌夫訳	¥2000
政治の病理学	C.J.フリードリヒ／宇治琢美訳	¥3300
書くことがすべてだった	A.ケイジン／石塚浩司訳	¥2000
宗教の共生	J.コスタ=ラスクー／林瑞枝訳	¥1800
数の人類学	T.クランプ／髙島直昭訳	¥3300
ヨーロッパのサロン	ハイデン=リンシュ／石丸昭二訳	¥3000
エルサレム〈鏡の都市〉	A.エロン／村田靖子訳	¥4200
メソポタミア〈文字・理性・神々〉	J.ボテロ／松島英子訳	¥4700
メフメト二世〈トルコの征服王〉	A.クロー／岩永，井上，佐藤，新川訳	¥3900
遍歴のアラビア〈ベドウィン揺籃の地を訪ねて〉	A.ブラント／田隅恒生訳	¥3900
シェイクスピアは誰だったか	R.F.ウェイレン／磯山，坂口，大島訳	¥2700
戦争の機械	D.ピック／小澤正人訳	¥4700
住む　まどろむ　嘘をつく	B.シュトラウス／日中鎮朗訳	¥2600
精神分析の方法 I	W.R.ビオン／福本修訳	¥3500
考える／分類する	G.ペレック／阪上脩訳	¥1800
バビロンとバイブル	J.ボテロ／松島英子訳	¥3000
初期アルファベットの歴史	J.ナヴェー／津村，竹内，稲垣訳	¥3500
数学史のなかの女性たち	L.M.オーセン／吉村，牛島訳	¥1700
解決志向の言語学	S.ド・シェイザー／長谷川啓三監訳	¥4500
精神分析の方法 II	W.R.ビオン／福本修訳	¥4000
バベルの神話〈芸術と文化政策〉	C.モラール／諸田，阪上，白井訳	¥4000
最古の宗教〈古代メソポタミア〉	J.ボテロ／松島英子訳	¥4500
心理学の７人の開拓者	R.フラー編／大島，吉川訳	¥2700
飢えたる魂	L.R.カス／工藤，小澤訳	¥3900
ドラブルメーカーズ	A.J.P.テイラー／真壁広道訳	¥3200
エッセイとは何か	P.グロード，J.-F.ルエット／下澤和義訳	¥3300
母と娘の精神分析	C.オリヴィエ／大谷，柏訳	¥2200
女性と信用取引	W.C.ジョーダン／工藤政司訳	¥2200
取り消された関係〈ドイツ人とユダヤ人〉	H.マイヤー／宇京早苗訳	¥5500
火　その創造性と破壊性	S.J.パイン／大平章訳	¥5400
鏡の文化史	S.メルシオール＝ボネ／竹中のぞみ訳	¥3500
食糧確保の人類学	J.ポチエ／山内，西川訳	¥4000
最古の料理	J.ボテロ／松島英子訳	¥2800
人体を戦場にして	R.ポーター／目羅公和訳	¥2800
米国のメディアと戦時検閲	M.S.スウィーニィ／土屋，松永訳	¥4000
十字軍の精神	J.リシャール／宮松浩憲訳	¥3200
問題としてのスポーツ	E.ダニング／大平章訳	¥5800
盗まれた手の事件〈肉体の法制史〉	J.-P.ボー／野上博義訳	

（表示価格は本書刊行時のものです．表示価格は，重版に際して変わる場合もありますのでご了承願います．なお表示価格に消費税は含まれておりません．）

十九世紀パリの売春	パラン=デュシャトレ／A.コルバン編 小杉隆芳訳	¥2500
変化の原理〈問題の形成と解決〉	P.ワツラウィック他／長谷川啓三訳	¥2200
デザイン論〈ミッシャ・ブラックの世界〉	A.ブレイク編／中山修一訳	¥2900
時間の文化史〈時間と空間の文化／上巻〉	S.カーン／浅野敏夫訳	¥2300
空間の文化史〈時間と空間の文化／下巻〉	S.カーン／浅野，久郷訳	¥3400
小独裁者たち〈両大戦間期の東欧における民主主義体制の崩壊〉	A.ポロンスキ／羽場久浘子監訳	¥2900
狼狽する資本主義	A.コッタ／斉藤日出治訳	¥1400
バベルの塔〈ドイツ民主共和国の思い出〉	H.マイヤー／宇京早苗訳	¥2700
音楽祭の社会史〈ザルツブルク・フェスティヴァル〉	S.ギャラップ／城戸朋子，小木曾俊夫訳	¥3800
時間　その性質	G.J.ウィットロウ／柳瀬睦男，熊倉功二訳	¥1900
差異の文化のために	L.イリガライ／浜名優美訳	¥1600
よいは悪い	P.ワツラウィック／佐藤愛監修，小岡礼子訳	¥1600
チャーチル	R.ペイン／佐藤亮一訳	¥2900
シュミットとシュトラウス	H.マイアー／栗原，滝口訳	¥2000
結社の時代〈19世紀アメリカの秘密儀礼〉	M.C.カーンズ／野﨑嘉信訳	¥3800
数奇なる奴隷の半生	F.ダグラス／岡田誠一訳	¥1900
チャーティストたちの肖像	G.D.H.コール／古賀，岡本，増島訳	¥5800
カンザス・シティ・ジャズ〈ビバップの由来〉	R.ラッセル／湯川新訳	¥4700
台所の文化史	M.ハリスン／小林祐子訳	¥2900
コペルニクスも変えなかったこと	H.ラボリ／川中子，並木訳	¥2000
祖父チャーチルと私〈若き冒険の日々〉	W.S.チャーチル／佐藤佐智子訳	¥3800
有閑階級の女性たち	B.G.スミス／井上，飯泉訳	¥3500
秘境アラビア探検史（上・下）	R.H.キールナン／岩永博訳	上¥2800 下¥2900
動物への配慮	J.ターナー／斎藤九一訳	¥2900
年齢意識の社会学	H.P.チュダコフ／工藤，藤田訳	¥3400
観光のまなざし	J.アーリ／加太宏邦訳	¥3300
同性愛の百年間〈ギリシア的愛について〉	D.M.ハルプリン／石塚浩司訳	¥3800
古代エジプトの遊びとスポーツ	W.デッカー／津山拓也訳	¥2700
エイジズム〈優遇と偏見・差別〉	E.B.パルモア／奥山，秋葉，片多，松村訳	¥3200
人生の意味〈価値の創造〉	I.シンガー／工藤政司訳	¥1700
愛の知恵	A.フィンケルクロート／磯本，中嶋訳	¥1800
魔女・産婆・看護婦	B.エーレンライク，他／長瀬久子訳	¥2200
子どもの描画心理学	G.V.トーマス，A.M.J.シルク／中川作一監訳	¥2400
中国との再会〈1954―1994年の経験〉	H.マイヤー／青木隆嘉訳	¥1500
初期のジャズ〈その根源と音楽的発展〉	G.シューラー／湯川新訳	¥5800
歴史を変えた病	F.F.カートライト／倉俣，小林訳	¥2900
オリエント漂泊〈ヘスター・スタノップの生涯〉	J.ハズリップ／田隅恒生訳	¥3800
明治日本とイギリス	O.チェックランド／杉山・玉置訳	¥4300
母の刻印〈イオカステーの子供たち〉	C.オリヴィエ／大谷尚文訳	¥2700
ホモセクシュアルとは	L.ベルサーニ／船倉正憲訳	¥2300
自己意識とイロニー	M.ヴァルザー／洲崎惠三訳	¥2800
アルコール中毒の歴史	J.-C.スールニア／本多文彦監訳	¥3800
音楽と病	J.オシエー／菅野弘久訳	¥3400
中世のカリスマたち	N.F.キャンター／藤田永祐訳	¥2900
幻想の起源	J.ラプランシュ，J.-B.ポンタリス／福本修訳	¥1300
人種差別	A.メンミ／菊地，白井訳	¥2300
ヴァイキング・サガ	R.プェルトナー／木村寿夫訳	¥3300
肉体の文化史〈体構造と宿命〉	S.カーン／喜多迅鷹・喜多元子訳	¥2900

スミス，マルクスおよび現代	R.L.ミーク／時永淑訳	¥3500
愛と真実〈現象学的精神療法への道〉	P.ローマス／鈴木二郎訳	¥1600
弁証法的唯物論と医学	ゲ・ツァレゴロドツェフ／木下，仲本訳	¥3800
イラン〈独裁と経済発展〉	F.ハリデー／岩永，菊地，伏見訳	¥2800
競争と集中〈経済・環境・科学〉	T.プラーガー／島田稔夫訳	¥2500
抽象芸術と不条理文学	L.コフラー／石井扶桑雄訳	¥2400
プルードンの社会学	P.アンサール／斉藤悦則訳	¥2500
ウィトゲンシュタイン	A.ケニー／野本和幸訳	¥3200
ヘーゲルとプロイセン国家	R.ホッチェヴァール／寿福真美訳	¥2500
労働の社会心理	M.アージル／白水，奥山訳	¥1900
マルクスのマルクス主義	J.ルイス／玉井，渡辺，堀場訳	¥2900
人間の復権をもとめて	M.デュフレンヌ／山縣熙訳	¥2800
映画の言語	R.ホイッタカー／池田，横川訳	¥1600
食料獲得の技術誌	W.H.オズワルド／加藤，禿訳	¥2500
モーツァルトとフリーメーソン	K.トムソン／湯川，田口訳	¥3000
音楽と中産階級〈演奏会の社会史〉	W.ウェーバー／城戸朋子訳	¥3300
書物の哲学	P.クローデル／三嶋睦子訳	¥1600
ベルリンのヘーゲル	J.ドント／花田圭介監訳，杉山吉弘訳	¥2900
福祉国家への歩み	M.ブルース／秋田成就訳	¥4800
ロボット症人間	L.ヤブロンスキー／北川，樋口訳	¥1800
合理的思考のすすめ	P.T.ギーチ／西勝忠男訳	¥2000
カフカ＝コロキウム	C.ダヴィッド編／円子修平，他訳	¥2500
図形と文化	D.ペドウ／磯田浩訳	¥2800
映画と現実	R.アーメス／瓜生忠夫，他訳／清水晶監修	¥3000
資本論と現代資本主義（I・II）	A.カトラー，他／岡崎，塩谷，時永訳	I 品切 II ¥3500
資本論体系成立史	W.シュヴァルツ／時永，大山訳	¥4500
ソ連の本質〈全体主義的複合体と新たな帝国〉	E.モラン／田中正人訳	¥2400
ブレヒトの思い出	ベンヤミン他／中村，神崎，越部，大島訳	¥2800
ジラールと悪の問題	ドゥギー，デュピュイ編／古田，秋枝，小池訳	¥3800
ジェノサイド〈20世紀におけるその現実〉	L.クーパー／高尾利数訳	¥2900
シングル・レンズ〈単式顕微鏡の歴史〉	B.J.フォード／伊藤智夫訳	¥2400
希望の心理学〈そのパラドキシカルアプローチ〉	P.ワツラウィック／長谷川啓三訳	¥1600
フロイト	R.ジャカール／福本修訳	¥1400
社会学思想の系譜	J.H.アブラハム／安江，小林，樋口訳	¥2000
生物学における ランダムウォーク	H.C.バーグ／寺本，佐藤訳	¥1600
フランス文学とスポーツ〈1870～1970〉	P.シャールトン／三好郁朗訳	¥2800
アイロニーの効用〈『資本論』の文学的構造〉	R.P.ウルフ／竹田茂夫訳	¥1600
社会の労働者階級の状態	J.バートン／真実一男訳	¥2000
資本論を理解する〈マルクスの経済理論〉	D.K.フォーリー／竹田，原訳	¥2800
買い物の社会史	M.ハリスン／工藤政司訳	¥2000
中世社会の構造	C.ブルック／松田隆美訳	¥1800
ジャズ〈熱い混血の音楽〉	W.サージェント／湯川新訳	¥2800
地球の誕生	D.E.フィッシャー／中島竜三訳	¥2900
トプカプ宮殿の光と影	N.M.ペンザー／岩永博訳	¥3800
テレビ視聴の構造〈多メディア時代の「受け手」像〉	P.バーワイズ他／田中，伊藤，小林訳	¥3300
夫婦関係の精神分析	J.ヴィリィ／中野，奥村訳	¥3300
夫婦関係の治療	J.ヴィリィ／奥村満佐子訳	¥4000
ラディカル・ユートピア〈価値をめぐる議論の思想と方法〉	A.ヘラー／小箕俊介訳	¥2400

りぶらりあ選書

魔女と魔女裁判〈集団妄想の歴史〉	K.バッシュビッツ／川端, 坂井訳	¥3800
科学論〈その哲学的諸問題〉	カール・マルクス大学哲学研究集団／岩崎允胤訳	¥2500
先史時代の社会	クラーク, ピゴット／田辺, 梅原訳	¥1500
人類の起原	レシェトフ／金光不二夫訳	¥3000
非政治的人間の政治論	H.リード／増野, 山内訳	¥ 850
マルクス主義と民主主義の伝統	A.ランディー／藤野渉訳	¥1200
労働の歴史〈棍棒からオートメーションへ〉	J.クチンスキー, 良知, 小川共著	¥1900
ヒュマニズムと芸術の哲学	T.E.ヒューム／長谷川鉱平訳	¥2200
人類社会の形成（上・下）	セミョーノフ／中島, 中村, 井上訳	上 品切 下 ¥2800
倫理学	G.E.ムーア／深谷昭三訳	¥2200
国家・経済・文学〈マルクス主義の原理と新しい論点〉	J.クチンスキー／宇佐美誠次郎訳	¥ 850
ホワイトヘッド教育論	久保田信之訳	¥1800
現代世界と精神〈ヴァレリィの文明批評〉	P.ルーラン／江口幹訳	¥980
葛藤としての病〈精神身体医学的考察〉	A.ミッチャーリヒ／中野, 白滝訳	¥1500
心身症〈葛藤としての病2〉	A.ミッチャーリヒ／中野, 大西, 奥村訳	¥1500
資本論成立史（全4分冊）	R.ロスドルスキー／時永, 平林, 安田他訳	(1)¥1200 (2)¥1200 (3)¥1200 (4)¥1400
アメリカ神話への挑戦（I・II）	T.クリストフェル他編／宇野, 玉野井他訳	I ¥1600 II ¥1800
ユダヤ人と資本主義	A.レオン／波田節夫訳	¥2800
スペイン精神史序説	M.ピダル／佐々木孝訳	¥2200
マルクスの生涯と思想	J.ルイス／玉井, 堀場, 松井訳	¥2000
美学入門	E.スリヨ／古田, 池部訳	¥1800
デーモン考	R.M.=シュテルンベルク／木戸三良訳	¥1800
政治的人間〈人間の政治学への序論〉	E.モラン／古田幸男訳	¥1200
戦争論〈われわれの内にひそむ女神ベローナ〉	R.カイヨワ／秋枝茂夫訳	¥3000
新しい芸術精神〈空間と光と時間の力学〉	N.シェフェール／渡辺淳訳	¥1200
カリフォルニア日記〈ひとつの文化革命〉	E.モラン／林瑞枝訳	¥2400
論理学の哲学	H.パットナム／米盛, 藤川訳	¥1300
労働運動の理論	S.パールマン／松井七郎訳	¥2400
哲学の中心問題	A.J.エイヤー／竹尾治一郎訳	¥3500
共産党宣言小史	H.J.ラスキ／山村喬訳	¥980
自己批評〈スターリニズムと知識人〉	E.モラン／宇波彰訳	¥2000
スター	E.モラン／渡辺, 山崎訳	¥1800
革命と哲学〈フランス革命とフィヒテの本源的哲学〉	M.ブール／藤野, 小栗, 福吉訳	¥1300
フランス革命の哲学	B.グレトゥイゼン／井上尭裕訳	¥2400
意志と偶然〈ドリエージュとの対話〉	P.ブーレーズ／店村新次訳	¥2500
現代哲学の主潮流（全5分冊）	W.シュテークミュラー／中埜, 竹尾監修	(1)¥4300 (2)¥4200 (3)¥6000 (4)¥3300 (5)¥7300
現代アラビア〈石油王国とその周辺〉	F.ハリデー／岩永, 菊地, 伏見訳	¥2800
マックス・ウェーバーの社会科学論	W.G.ランシマン／湯川新訳	¥1600
フロイトの美学〈芸術と精神分析〉	J.J.スペクター／秋山, 小山, 西川訳	¥2400
サラリーマン〈ワイマル共和国の黄昏〉	S.クラカウアー／神崎巌訳	¥1700
攻撃する人間	A.ミッチャーリヒ／竹内豊治訳	¥ 900
宗教と宗教批判	L.セーヴ他／大津, 石田訳	¥2500
キリスト教の悲惨	J.カール／高尾利数訳	¥1600
時代精神（I・II）	E.モラン／宇波彰訳	I 品切 II ¥2500
囚人組合の出現	M.フィッツジェラルド／長谷川健三郎訳	¥2000

著者

ジャン＝ピエール・ボー
(Jean-Pierre Baud)

1943年アネシー生まれ。リール大学法学部で学び，法史学と私法学の学位（DES）取得。1971年，パリ第十大学（ナンテール）でP.ルジャンドル教授の指導のもと，法学博士号を取得。ストラスブール大学講師，同大学教授を経て，現在，パリ第十大学教授。主な著書に，*Le Procès de l'Alchimie*（錬金術裁判）, Strasbourg, 1983 ; *Le droit de vie et de mort. Archéologie de la bioéthique*（生と死の法——生命倫理の考古学）, Paris, 2001などがある。

訳者

野上博義（のがみ ひろよし）

1950年名古屋生まれ。京都大学に学ぶ。現在，名城大学法学部教授。主な著書に，『近代ヨーロッパ法社会史』（共著，ミネルヴァ書房，1987年），『法における歴史と解釈』（共著，法政大学出版局，2003年）など。

りぶらりあ選書

盗まれた手の事件――肉体の法制史

発行　2004年7月30日　初版第1刷

著　者　ジャン＝ピエール・ボー
訳　者　野上博義
発行所　財団法人　法政大学出版局
〒102-0073 東京都千代田区九段北3-2-7
電話03(5214)5540／振替00160-6-95814
製版，印刷　三和印刷
鈴木製本所

ISBN4-588-02223-7
Printed in Japan

事項索引

項目のたて方は，原則として原著巻末の Index des matières に従った。

ただし，訳語の事情により，項目の合同（たとえば，切断＝Amputation と Mutilation）や，サブ項目の出し入れ（たとえば，「死」の項）の整理を行なっている。また，日本語のニュアンスのために訳語に統一性を欠き，項目としての体をなさない場合は省略した（たとえば，Censure：検閲）。

註は原註であり，頁番号につづく括弧内は，章・項番号（訳註の場合は項番号のみ）を表わしている。

[サ行]

[タ行]

[ナ行]

[ハ行]

[マ行]

[ヤ行]

[ラ行]

人名索引

項目のなかには「人名」とは呼べない名称も含まれているが，原著巻末のIndex des noms de personnesにそのまま従い，さらに「日本語版へのあとがき」から2名を追加した。

ただし，項目のおよそ3分の1は註に引用された文献の著者であり，邦訳書もなく，本文でも註でもカタカナ表記がなされていない人名については，原語のみを記した。したがって，事項索引とは異なり，アルファベット順になっている。

註，訳註については，事項索引の場合と同じである。

[A]

Accurse（アックルシウス）　註21(6・14),訳註40(13)

Adam（アダム）　36

Adler, L.　註28(12・3)

Alexander, N.　註26(10・20)

Alfonsi, Ph.　註32(15・11)

Ambroselli, C.（アンブロセリ）　註13(2・3),註27(11・14)

Amoros, F.（アモロス）　212

Antinoüs（アンティノウス）　65,151,訳註41(20)

Antonin le Pieux（アントニヌス＝ピウス）　61

Apollon（アポロン）　65

Ariès, P.（アリエス）　註16(3・15)

Aristote（アリストテレス）　73,84,85

Arnaud, A.-J.（アルノー）　註34(16・14),訳註41(21)

Attali, J.（アタリ）　註23(8・14)

[B]

Bakhtine, M.（バフチン）　109-10,註21(7・1)

Barbey, J.　註20(5・21)

Barbeyrac, J.　註34(16・12)

Basanoff, V.　註20(6・7)

Baud, J.-P.　註14(2・14),註25(10・11),註29(12・7,12・12,12・15),註35(4)

Benoît XIV　註27(11・21)

Benveniste, E.　註15(3・6)

Benz, B.（ベンツ）　220

Bernard, A.　註31(14・6)

Bernard, J.（ベルナール）　註15(3・12),註28(11・26)

Bertachinus de Firmo（ベルタキヌス・ド・フィルモ）　148,註24(9・21)

Bertin, Ph.　註13(1・3,2・4)

Blier, B.（ブリエ）　232

Bloch, M.（ブロック）　註27(11・11)

Block, M.　註16(3・19)

Bloy, L.（ブロワ）　259,註33(16・1)

Boèce（ボエティウス）　285

Boileau, N.（ボワロー）　191

Bologne, J.-C.　註23(9・7)

Bongert, Y　註22(8・7)

Boniface VIII（ボニファティウス8

世）　86, 88
Borillo, D.　註21(7・1), 註31(14・2), 註34(16・16)
Borneman, E.　註32(15・5)
Boulenger, A.　註27(11・15)
Braconnot, H.　註29(12・15)
Braibant, G.（ブレバン）　11
Broglie, L. de（ブロイー）　263
Brummel, G.（ブランメル）　218-19

[C]

Caïn（カイン）　56
Calvin, J.（カルヴァン）　185
Cange, Ch. du（デュ・カンジュ）　76-77, 255
Caracalla（カラカラ）　註22(8・1)
Carbasse, J.-M.　註14(2-13), 註18(5・7), 註30(13・3)
Carbonnier, J.（カルボニエ）　31, 94, 124, 註14(2・7), 註15(3・4), 註16(3・20), 註20(6・4), 註23(8・16), 註33(16・5), 訳註39(11)
Carné, M.（カルネ）　232
Catilina（カティリナ）　99, 訳註43(26)
Caulier, B.（コリエ）　169, 170, 註26(11・2, 11・4), 註27(11・6)
Cayla, O.　註35(3)
Celse（ケルスス）　204
Chenu, M. D.　註27(11・20)
Chevalier, L.（シュヴァリエ）　註29(12・12)
Chevrier, G.　註14(2・12), 註23(9・1)
Cicéron（キケロ）　註20(6・7), 訳註43(26)
Clément VI（クレメンス6世）　182
Coleman, J.　註18(5・2), 註25(10・9)
Corbin, A.（コルバン）　註29(12・5)
Coubertin, P. de（クーベルタン）　216
Couvreur, G.（クヴルー）　154, 註22(8・11), 註25(10・5)

[D]

Dalloz（ダローズ）　42, 訳註40(14)
Daoud, J.（ダウー）　9, 12, 17-18
D'Arcet, J.-P.（ダルセ）　註16(3・13)
Darmon, P.　註29(12・10)
Daumier, H.（ドーミエ）　213
Dauvillier, J.　註25(10・17)
David, A.（ダヴィド）　13, 15, 263-264, 266, 註33(16・4), 訳註37-38(5)
Delamare, N.（ドゥラマール）　191, 195, 註27(11・12), 註28(12・1), 註29(12・6)
Démocrite（デモクリトス）　13, 15, 訳註37(4)
Dillon, T. P.　註14(2・8)
Dramart, E.（ドラマール）　125
Duns Scot（ドゥンス＝スコトゥス）　133

[E]

Edelman, B.（エデルマン）　註34(16・18)
Eliade, M.（エリアーデ）　32, 132, 249, 272, 註15(3・5), 註23(9・4), 註33(16・11), 訳註39(12)
Elias, N.（エリアス）　54, 註17(4・2)
Érasme, D.（エラスムス）　244
Esmein, A.　註23(9・6)
Ève（エヴァ）　36

[F]

Faure, A.　註29(12・12)
Ferraris, L.（フェラリス）　277, 註34(16・15)
Flammarion, C.（フラマリオン）　註16(3・14)

チ） 75, 184, 237, 註18(5・6, 5・8), 註19-20(5・21), 註24(9-17), 註28(11・23), 訳註42(23)
Kutner, S. 註20(5・22)

[L]
Labbée, X.（ラベ） 18, 50-51, 78, 266-67, 281, 註14(2・6), 註18(5・10, 5・12), 註33(16・8)
Lacan, M.-F. 註27(11・10)
Lagarde, G. de（ラギャルド） 154, 註25(10・6)
Laingui, A. 註17(4・3)
La Tombelle, H. de（ラ・トムベル） 註30(13・6)
Latour, B.（ラトゥール） 198, 註29(12・9)
Laurière, E.（ロリエ） 註22(8・3)
Lavater, J.（ラヴァテル） 197
Legendre, P.（ルジャンドル） 47, 65, 131, 註15(3・2), 註17(3・23, 4・8), 註21(6・16), 註23(9・2), 註24(9・12), 註32(15・4), 訳註40(15)
Leibniz, G.（ライプニッツ） 277
Lélut, L.（レルー） 193, 註28(12・2)
Léonard, J. 註27(11・7)
Lepage, H. 註18(5・3), 註30(13・1)
Lesec, M.（ルセク） 註34(16・13)
Lévy-Bruhl, L.（レヴィ＝ブルール） 35, 註15(3・9)
Littré, E.（リトレ） 243
Locke, J.（ロック） 230
Loisel, A.（ロワゼル） 114-115, 119-121, 123, 註22(8・2, 8・3)
Lombroso, C.（ロンブローゾ） 126, 197, 201, 訳註50(48)
Louis XIV（ルイ14世） 175, 訳註42(24), 訳註50(45)
Lustiger, J.-M.（ルスティゲ） 註25(10・16)

[M]
Mabillon, J.（マビヨン） 197
Malafosse, J. de 註18(5・14), 註23(8・15)
Mandrou, R. 註26(11・5)
Marc, Dr. 註16(3・18)
Marc-Aurèle（マルクス＝アウレリウス） 61
Mayali, L.（マヤリ） 80, 註16(3・16), 註18(5・13), 註19(5・21)
Mazen, N. 註33(16・6)
Mersch, E. 註20(5・21), 註27(11・10)
Meyer, F. 註29(12・11)
Migliore, M. 註32(15・2)
Migne, J.-P.（ミニュ） 165, 註14(3・1), 註26(10・24)
Moines de Solesmes 註24(9・19), 註33(16・3)
Molière（モリエール） 191
Mollat, M. 註34(16・19)
Monier, R. 註17(4・4, 4・5, 4・6)
Montaigne, M. E. de（モンテーニュ） 108, 172, 訳註49(44)
Moore, J.（ムーア） 20-21, 265, 275, 279, 288, 註14(2・9)
Morabito, M.（モラビト） 96, 註21(6・8)
Moreau de Tours, J.（モロー・ド・トゥール） 193, 註28(12・2)
Morel, M.-F. 註27(11・8)
Mortet, C. 註22(8・8)
Müller-Hill, B. 註13(2・2)
Murard, L. 註28(12・4)
Musset, A. de（ミュッセ） 213

[N]
Naz, R. 註24(9・11)
Nicolas V（ニコラウス5世） 181
Nobel, L.（ノーベル） 263

[O]
Oesterlé, G.　註26(10・21)
Onan（オナン）　139-40
Otto, R.（オットー）　33, 註15(3・7)
Ourliac, P.　註18(5・14), 註23(8・15)

[P]
Papon（パポン）　118
Parent-Duchatelet, A.（パラン＝デュシャトレ）　註16(3・13), 註28(12・5)
Pascal（パスカル）　193, 註28(12・2)
Paulin, R.　註19(5・20)
Pelletan, E.（ペルタン）　註28(12・2)
Petrus Albinianus Tretii（ペトルス＝アルビニアヌス）　183, 註28(11・22)
Peze, M.-P.　註22(8・4)
Pie II（ピウス2世）　182
Pie XII（ピウス12世）　146, 179, 262, 註27(11・16)
Planiol, M.（プラニョル）　42-43
Platon（プラトン）　150, 190, 註24(10・1)
Pline l'Ancien（老プリニウス）　204
Pothier, R.（ポティエ）　270, 註33(16・10)
Proud'hon, P.-J.（プルードン）　註25(10・4)
Pufendorf, S.（プーフェンドルフ）　272, 註34(16・12)

[Q]
Quesnay, F.（ケネー）　註31(15・1)

[R]
Rabelais, F.（ラブレー）　110, 註13(1・1), 註21(7・1), 訳註43(29)
Rassat, M.-L.　註32(15・10)
Rava, A.（ラヴァ）　146, 註24(9・18)
Reiffenstuel, A.　註24(9・11), 註29(12・8)
Reisseinen, Dr.　註16(3・18)
Renoux-Zagamé, M.-F.　註18(5・5), 註25(10・8)
Reynes, G.　註26(10・23)
Ricœur, P.（リクール）　註22(7・2)
Ripert, G.（リペール）　42-43
Robert, P.（ロベール）　236
Roguet, A.-M.　註25(10・15)
Rousselle, A.（ルセル）　36, 169, 註15(3・11), 註26(11・1), 註27(11・17)
Roux, J.-P.（ルー）　180, 註22(8・9), 註23(9・9, 9・10), 註27(11・18)

[S]
Sade, D. de（サド）　註16(3・14)
Saint François d'Assise（アッシジの聖フランチェスコ）　155, 訳註48(41)
Saint Jacques（聖ヤコブ）　160
Saint Marc（マルコ）　159
Saint Martin（聖マルティヌス）　169
Saint Matthieu（マタイ）　註32(15・12)
Saint Paul（聖パウロ）　48, 86, 105, 131, 133, 註21(6・17)
Saint Spyridon（聖スピリドン）　30, 34, 註14(3・1)
Saint Thomas d'Aquin（聖トマス・アクィナス）　145-146, 161, 285, 註24(9・16), 註25(10・14)
Saint Gennaro（聖ジェンナーロ）　180, 訳註50(46)
Sanchez, T.（サンチェス）　134
Sartre, J.-P.（サルトル）　18, 註13(2・5)
Savatier, R.（サヴァティエ）　235-

237, 238-39, 256, 262, 263, 註13(2・1), 註31(14・4)
Savigny, F. K. von（サヴィニー） 230, 註31(14・2)
Servet, M.（セルヴェート） 185-86, 註28(11・25)
Simonin 註29(12・15)
Socrate（ソクラテス） 193
Stahl, G. E.（スタール） 186
Starobinski, J. 註17(4・1)
Steinbeck, J.（スタインベック） 225

[T]
Taisne, J.-J. 註14(2・6)
Tanquerey, A. 註26(10・22)
Tardieu, A.（タルデュー） 37
Terré, F.（テレ） 95, 236, 註15(3・12), 註31(14・5), 註32(15・8)
Terrevermeille, J. De（テルヴェルメユ） 註20(5・21)
Tertullien（テルトゥリアヌス） 132
Thoinot, L.（トワノ） 201, 訳註51-52(50)
Thomas, Y.（トマス） 註21(6・9, 6・13), 註34(2), 註35(3)
Thouvenin, Dr.（トゥヴナン） 215, 註30(13・5)
Tiraqueau, A.（ティラクオ） 57, 註17(4・3)
Tissot, S.-A.（ティソ） 144, 194, 註26(11・5)
Tonneau, J. 註24(10・3)
Trigeaud, J.-M. 註18(5・4)
Tunc, A.（タンク） 223, 註31(13・10, 14・3)

[U]
Ulpien（ウルピアヌス） 103, 130, 註20(6・7), 訳註43(28)

[V]
Vénus（ヴィーナス） 65
Victrice de Rouen（ルーアンのヴィクトリーチェ） 36
Vidal, R. 註16(3・21)
Villermé, L.（ヴィレルメ） 215
Villers, R. 註17(4・4, 4・6), 註22(8・5)
Villey, M.（ヴィレー） 73-74, 78, 154-155, 註17(5・1), 註18(5・11), 註25(10・7), 訳註41(21)
Virey, Dr. 註19(5・15)

[W]
Weber, J.（ウェバー） 201, 註29(12・10), 訳註51-52(50)

[Y]
Yahi, J.-P. 註30(13・4)
Yahvé（ヤハウェ） 56

[Z]
Zeldin, T. 註30(13・8)
Zylberman, P. 註28(12・4)

原　　註

1──判決 - フィクション

1. 最初の移植手術（指，鼻，顎，耳）が成功するには，20世紀を待たなければならなかったが，皮膚移植は外科医学の歴史と同じくらい古い。そして，ずっと以前から，もっと複雑な手術が思い描かれていた。ラブレーは頭の移植さえ考えている（『パンタグリュエル』第30章)。ラブレーは「手術の傷跡の残るエピステモン」をからかってはいるものの，手術と術後経過の詳細な叙述は，当時，この手術が幻想ではなく，実現しないとも限らない夢であったことを示している。
2. 引用符でかこみ，イタリックで表わす「現実」とは，「物であるという事実」をさしている（訳文では引用符だけを用い，ときとして，その意味をそのまま表現してある──訳者註)。
3. アヴィニョン大審裁判所急速審理法廷判決（1985年9月24日)。*Gazette du palais,* 15 février 1986, note Ph. Bertin, «Un doigt de droit, deux doigts de bon sens...».
4. Conseil d'État, *Sciences de la vie—De l'éthique au droit,* Paris, La Documentation française, 1988. とくに，序論と第1部を参照のこと（p. 9-45)。

2──体，この厄介なもの

1. 公衆衛生法典668条，673条，675条。R. Savatier, *«De sanguine jus»,* in *Recueil Dalloz,* 1954, p. 141-146.
2. ナチス時代の医学については，B. Müller-Hill, *Science nazie, science de mort,* Paris, Odile Jacob, 1989; R. Jay Lifton, *Les Médecins nazis,* Paris, Laffont, 1989.
3. ニュルンベルク綱領については，C. Ambroselli, *L'Éthique médicale,* Paris, PUF（coll. «Que sais-je?», n° 2422), 1988, p. 91-116〔クレール・アンブロセリ『医の倫理』中川米造訳，クセジュ文庫，白水社，1993年〕.
4. Ph. Bertin, «Un doigt de droit, deux doigts de bon sens...», *loc. cit.*
5. J.-P. Sartre, *L'Être et le Néant,* Paris, Gallimard, 1943（reprint 1988), p. 350 *sq.*〔ジャン＝ポール・サルトル『存在と無』松浪信三郎訳，サルトル全集，人文書院，1958年，第19巻〕。「なるほど，私は，レントゲ

ン検査のさなかに，私の椎骨の影がスクリーンに映るのを私自身でみることができた。けれども，私は，そのときはまさしく外に，世界のただなかに存在していたのである。私は，完全にできあがったひとつの対象を，他のこのものたちの間におけるひとつのこのものとして捉えていた。私がこの対象を取り戻して私のものたらしめたのは，単にひとつの推理によってである。この対象は，私の存在であるよりも，むしろいっそう適切には，私の所有物であった」。

6. X. Labbée, *La Condition juridique du corps humain avant la naissance et après la mort,* préface J.-J. Taisne, Presses universitaires de Lille, 1990, p. 55.

7. 最初の２つの語例は，J. Carbonnier, *Droit civil,* t. I, Paris, PUF（coll. «Thémis», n° 48），1955で使われたものであり，後の２例については，X. Labbée, *op. cit.* 参照。

8. T. P. Dillon, «Source Compensation for Tissues and Cells Used in Biotechnical Research: Why a Source Shouldn't Share in the Profits», in *Notre Dame Law Review,* LXIV（1989）, p. 628-645.

9. M.-A. Hermitte, «L'affaire Moore, ou la diabolique notion de droit de propriété», in *Le Monde diplomatique,* décembre 1988.

10. *id.,* «Le corps hors du commerce, hors du marché», in *Archives de philosophie du droit,* XXXIII（1988）, p. 338.

11. Conseil d'État, *op. cit.,* p. 16.

12. この問題について，参照すべき基本的文献はつぎの論文である。G. Chevrier, «Remarques sur l'introduction et les vicissitudes de la distinction du «jus privatum» et du «jus publicum» dans les œuvres des anciens juristes français», in *Archives de philosophie du droit,* 1952.

13. ローマ法における刑法の進化については，J.-M. Carbasse, *Introduction historique au droit pénal,* Paris, PUF, 1990, p. 21-62.

14. それぞれの社会には学問的合法性のシステムがあり，知識の合目的性に応じて学問を選別し，序列化する。この観念については，J.-P. Baud, *Le Procès de l'alchimie. Introduction à la légalité scientifique,* Strasbourg, Cerdic publications, 1983参照のこと。

3 ──終末……まえもって

1. 聖スピリドンの奇跡とは，蛇を黄金に変えたり，秘宝を発見したり，土地を肥沃にする雨を降らせたりするものであった。Migne, *Encyclopédie théologique,* t. XLV, *Dictionnaire d'iconographie,* Paris, 1851, art. «Spyridon».

2. ルジャンドルが伝えている逸話である。P. Legendre, *L'Inestimable Objet de la transmission. Étude sur le principe généalogique en Occident,* Paris, Fayard, 1985, p. 28.

3. 当然ながら，ここで問題にしているのは大衆の熱狂であり，神学者からみて，神意が表明されているという精神主義的な根拠があるかないかは問題ではない。大勢の信者にとって，その肉体にこそ奇跡が宿っていた。

4. J. Carbonnier, *Droit civil, loc. cit.*

5. M. Eliade, *Le Sacré et le Profane,* Paris, Gallimard (coll. «Folio»), 1989 (1ère éd. 1957), p. 25-62〔ミルチャ・エリアーデ『聖と俗』風間敏夫訳，叢書ウニベルシタス，法政大学出版局，1969年〕.

6. E. Benveniste, *Le Vocabulaire des institutions indo-européennes,* Paris, Minuit, 1969, t. II：「神聖な」ものとは，「神に捧げられたもの。敬うべきものであれ，呪われたものであれ，消すことのできない刻印を帯びたもの。崇拝すべきものと恐怖を呼び起こすもの」とされる。

7. R. Otto, *Das Heilige,* Breslau, 1917〔ルドルフ・オットー『聖なるもの』山谷省吾訳，岩波文庫，1978年〕.

8. 人間臓器抽出液療法について，*La Chronique médicale,* 1910, p. 597; 1911, p. 389-392 et p. 512; 1914, p. 80参照。当時の医者はこの治療法にときとして不快感を表わしているが，実際には魅かれるものを感じていた。19世紀後期以来，動物の臓器抽出液療法は大きなブームになっていた。

9. L. Lévy-Bruhl, *L'Ame primitive,* Paris, PUF, 1963 (1ère éd. 1927), p. 306.

10. 聖人の死体処理については，N. Herrmann-Mascard, *Les Reliques des saints. Formation coutumière d'un droit,* Paris, Klincksiek, 1975, p. 47 *sq.*

11. A. Rousselle, *Croire et Guérir. La foi en Gaule dans l'Antiquité tardive,* Paris, Fayard, 1990, p. 236-242.

12.「倫理委員会」という形の意思決定機関がもつ大きな問題点のひとつは，実際上，法の問題について意見をまとめるように求められているにもかかわらず，法についてほとんど知識のない人間が大部分を占めているということである。この事実はすでにテレが指摘している。「賢人はときとして皮肉屋である。その一人であるジャン・ベルナールは，（中略）『生物学の進歩によって，公布の翌年には時代遅れになってしまう強力で確固たる法律』を冷やかしている。有名な賢人であっても，法についてはまったく無知であることをこれは証明している。法と法律は違うものであり，法律は多くの場合，不完全にしか法を表現していない」。F. Terré, *L'Enfant de l'esclave,* Paris, Flammarion, 1987, p. 24.

13. 18年後，この脂肪売買事件は明るみに出た。『公衆衛生・法医学年報』(1831年，第2部）で解剖学教室の沿革を述べるにあたって，当時の代表的な衛生学者で，事件の証人でもあるダルセとパラン゠デュシャトレがこの話に触れた。また，*La Chronique médicale,* 1910, p. 155 et p. 312-313も参照のこと。

14. これには，しばしばエロティックな意味合いがあった。女性の皮膚（とくに，胸部の皮膚）は猥褻本の表紙に使われた。文学的な形（サドの『ジュスティーヌ』の表紙）から犯罪的な形（1871年5月，イギリスのある貴族は，銃殺されたパリ・コミューンの女闘士の皮膚が入手できれば巨額の報酬を支払うと申しでた）まで，さまざまな形のサディズムがそこにはみられた。皮膚が遺贈されることもあった。天文学者カミーユ・フラマリオンは，肺結核で死んだ女性ファンの肩の皮膚で自分の著作のカバーをつくった（*La Chronique médicale,* 1898, p. 132-137)。ジュネーヴのある医学教授は幼なじみの遺産を相続したが，皮膚の遺贈を受けいれるという条件つきであった。スイスにはこんな仕事をする者を見つけることができなかったので，彼はなめし皮作りをフランスの町アネシーの職人に依頼した。最終的には友人の外交官が譲り受け，彼はこの皮膚で，1793年版『監獄年鑑』の表紙をつくった（*La Chronique médicale,* 1912, p. 509)。

15. ジローの墓地計画については，P. Ariès, *L'Homme devant la mort,* Paris, Le Seuil, 1977, p. 506-509〔フィリップ・アリエス『死を前にした人間』成瀬駒男訳，みすず書房，1990年〕.

16. L. Mayali, «Le juriste médiéval et la mort», in *Rechtshistorisches Journal,* t. I, Frankfurt am Main, Löwenklau Gesellschaft E. V., p. 112-129（とくに，p. 123以下)。

17. ユスティニアヌス法典「法学提要」(第2巻第1法文第7節 - 第10節)。

18. アルザスの食人事件については，Dr Marc, «Examen médico-légal d'un cas extraordinaire d'infanticide par le docteur Reisseisen de Strasbourg», *Annales d'hygiène publique et de médecine légale,* 1832, p. 397-411.

19. 葬儀の問題を扱った行政法学者の例として，M. Block, *Dictionnaire de l'administration française,* Paris, Nancy, Berger-Levrault, t. I, 1905, art. «Cimetières» et «Crémation».

20. J. Carbonnier, «Sur les traces du non-sujet de droit», in *Archives de philosophie du droit,* XXXIV (1989), p. 202.

21. 墓地に関するこの判例については，R. Vidal, *Guide pratique de législation funéraire,* Paris, Librairies techniques, 1985, p. 307.

22. ユスティニアヌス法典「学説彙纂」(第11巻第7章第44法文)。

23. P. Legendre, *L'Inestimable Objet..., loc. cit.*

24. このセーヌ県軽罪裁判所の判例について，M.-A. Hermitte, «Le corps hors du commerce, hors du marché», *loc. cit.*, p. 326.

25. X. Labbée, *op. cit.*, p. 10-11 et p. 184-185.

26. 法と人びとの心情の間にある大きなずれを証明するものとして，墓荒らしへの対応をあげておきたい。墓が荒らされると人びとはこのうえなく激昂するのに対し，フランス刑法典はこの事件を比較的寛大に処置している（360条：３ヵ月以上１年以下の拘禁および500フラン以上15,000フラン以下の罰金）。

4 ――ローマ的シヴィリテが法の非肉体化を求めるということ

1. J. Starobinski, «Le mot civilisation», in *Le Temps de la réflexion,* Paris, Gallimard, t. IV, 1983, p. 13-51.

2. N. Elias, *La Civilisation des mœurs,* Paris, Calmann-Lévy, 1973〔ノルベルト・エリアス『文明化の過程（上・下）』赤井慧爾・中村元保・吉田正勝ほか訳，叢書ウニベルシタス，法政大学出版局，1977-1978年〕.

3. A. Laingui, *Le «De poenis temperandis» de Tiraqueau (1559)*, Paris, Economica, 1986, p. 321.

4. ローマ法とフランス古法における債務法の基本については，以下の文献を参照のこと。R. Monier, *Manuel de droit romain—Les obligations,* Paris, Domat-Montchrestien, 1954（ローマ法のみ）; A. E. Giffard et R. Villers, *Droit romain et Ancien Droit français—Obligations,* Paris, Dalloz, 1958.

5. R. Monier, *op. cit.*, p. 13.

6. とくに，ケルト人とヘブライ人においてみられ，イギリスとゲルマンの古代法でもそうである。この点については，R. Monier, *op. cit.*, p. 47; A. E. Giffard et R. Villers, *op. cit.*, p. 245.

7. ギリシャ哲学における肉体の位置について，D. Gorce, in *Dictionnaire de spiritualité ascétique et mystique,* t. II, Paris, Beauchesne, 1953, art. «Corps (spiritualité et hygiène du)», col. 2338 *sq.*

8. P. Legendre, *La Passion d'être un autre, Étude pour la danse,* Paris, Le Seuil, 1978, p. 176-182.

5 ――人格，その演出家による創造物

1. ミシェル・ヴィレーの主な業績としては，つぎの著作がある。M. Villey, *Seize Essais de philosophie du droit,* Paris, Dalloz, 1969; *id., La Formation de la pensée juridique moderne,* Paris, Montchrestien, 1975.

しかし，ほとんどの法哲学者と同様に，ミシェル・ヴィレーは中世の写本を読んではいなかった。その結果，12世紀のローマ法学と教会法学のきわめて重要な文献の基本的部分が無視されることになり，とくにこの点で，この欠落は厄介なものになっている。

2．オッカムの「主観的法」の観念については，J. Coleman, «Guillaume d'Occam et la notion de sujet», in *Archives de philosophie du droit,* XXXIV (1989), p. 26 *sq.*

3．「法の歴史におけるコペルニクス的転回」という言い回しに魅了された例として，H. Lepage, *Pourquoi la propriété ?,* Paris, Hachette, 1985, p. 45-55.

4．人格の観念については，J.-M. Trigeaud, «La personne», in *Archives de philosophie du droit,* XXXIV (1989), p. 108.

5．所有権と神学の関係については，M.-F. Renoux-Zagamé, *Origines théologiques du concept moderne de propriété,* Genève-Paris, Droz, 1987, p. 113-159.

6．E. Kantorowicz, *Mourir pour la patrie,* «La souveraineté de l'artiste. Note sur quelques maximes juridiques et les théories de l'art à la Renaissance» (trad. L. Mayali), Paris, PUF, 1984, p. 33-57.

7．中世から絶対王政期にかけての大逆罪については，J.-M. Carbasse, *op. cit.,* p. 254-256.

8．Gui-Pape, *Consilia,* Lyon, 1544, *consilium* LXV, n° 9, fol. 86. 同じく，E. Kantorowicz, *op. cit.,* p. 49も参照のこと。

9．*«Infans conceptus pro nato habetur quoties de commodis ejus agitur».* この定式はユスティニアヌス法典「学説彙纂」の2つの文節（第1巻第5章第7法文と第50巻第16章第231法文）から抜粋してつくられた。一般原則のひとつになっているが，何かの法典や法律に書かれているものではなく，学説と判例によって認められたものである。

10．X. Labbée, *op. cit.,* p. 63-165.

11．M. Villey, *Le Droit romain. Son actualité,* Paris, PUF (coll. «Que sais-je?», n° 195), 1987 (1ère éd. 1945), p. 58〔ミシェル・ヴィレー『ローマ法』田中周友・赤井節共訳，クセジュ文庫，白水社，1955年〕.

12．不在者の「復活」については，X. Labbée, *op. cit.,* p. 45.

13．L. Mayali, *loc. cit.*

14．ローマ法における無能力の問題の簡単な解説としては，つぎの文献がある。P. Ourliac et J. de Malafosse, *Histoire du droit privé,* t. III, *Le Droit familial,* Paris, PUF (coll. «Thémis»), 1ère part., chap. 3 : «Tutelle et curatelle en droit romain».

15. この「自然のメッセージ」は19世紀でもなお教えられていた。医学博士であり自然史教授でもあったヴィレーはつぎのように書いている。「念のために触れておくが，自然は怪物に対する強い恐怖感を母親にあたえた。あたかも，生まれようとしている存在が自然に逆らう異常な要因によって造られたものであれば，自然がそれに怒りを覚え，それがそのまま生きつづけることを望んでいないかのようである。卵に黄味が2つあり，異様なひよこが生まれそうなとき，雌鳥がくちばしでつついてそれを殺すことはよく知られている。まさに奇妙な本能である。われわれを自然の法則に従わせようとするとき，自然は，食事や性行為のように快楽をあたえ，われわれにとってその法則を快適なものにする。自然の法則に背くことがないようにするときには，われわれに恐怖をあたえる。母親であれば皆，怪物が生まれてこないか内心では恐怖を感じている。したがって別の種との性的な混交に愛情を感じることは決してなく，ただ嫌悪を覚えるだけである。その結果，一般的にはこのような受精は起こりえない。このように，われわれの魂は，幸福感や嫌悪感を通して，自然そのものに動かされているように思える」。Virey, in *Nouveau Dictionnaire d'histoire naturelle appliquée aux arts,* Paris, 1818, art. «Monstre».

16. ユスティニアヌス法典「法学提要」(第1巻第11法文第9節)。

17. 同「法学提要」(第1巻第11法文第5節)，同「学説彙纂」(第1巻第7章第30法文，第37法文)。

18. 同「法学提要」(第1巻第11法文第4節)。

19. P.-F. Girard, *Manuel élémentaire de droit romain,* Paris, Rousseau, 1901, p. 232.

20. T. Hobbes, *Le Léviathan* (trad. R. Paulin), Paris, Sirey, 1971, p. 5〔トマス・ホッブス『リヴァイアサン』永井道雄・宗片邦義訳，世界の名著23巻，中央公論社，1971年〕. ロンドン版 (A. Crooke, 1651) には，数千の存在が寄り集まって集団的体をつくっている印象的な絵が口絵として載せられている。

21. 神秘的体の問題について，その全体像を知るためには以下の文献を参照のこと。O. von Gierke, *Das deutsche Genossenschaftsrecht,* t. III, éd. fac-similé, Graz, 1954, p. 243-351〔オットー・ギールケ『中世の政治理論』阪本仁作訳，ミネルヴァ書房，1985年〕; E. Kantorowicz, *op. cit.,* «Mystères de l'État. Un concept absolutiste et ses origines médiévales (bas Moyen Age)» (trad. L. Mayali), p. 91-103 ; «Mourir pour la patrie (Pro Patria Mori) dans la pensée politique médiévale» (trad. L. Mayali), p. 127-131〔エルンスト・カントロヴィチ『祖国のために死ぬこと』甚野尚志訳，みすず書房，1993年〕; *id., Les Deux Corps du roi.*

Essai de théologie politique du Moyen Age, Paris, Gallimard, 1989〔エルンスト・カントーロヴィチ『王の二つの身体』小林公訳，平凡社，1992年；上下巻，平凡社ライブラリー版，2003年〕. キリスト教の信仰における神秘的体の実在性については，つぎの文献を参照のこと。E. Mersch, in *Dictionnaire de spiritualité ascétique et mystique,* t. II, Paris, Beauchesne, 1953, art. «Corps mystique», col. 2379-2382. フランス王政の理論家たち，とくにジャン・ド・テルヴェルメユにあって，神秘的体の観念がいかに重要であったかはバルベイが指摘している。J. Barbey, *La Fonction royale. Essence et légitimité,* Paris, Nouvelles Éditions latines, 1983, p. 279-289.

22. *Summa Elegantius in iure divino seu Coloniensis* (éd. Fransen, collab. Kutner), New York, 1969, p. 153.

6 ――体，有形な物――見いだせない明白な事実について

1. ユスティニアヌス法典「法学提要」(第1巻第2法文第12節 - 第1巻第3法文前文) «Omne autem jus quo utimur, vel ad personas pertinet, vel ad res, vel ad actiones. Et prius de personis videamus».

   «Summa itaque divisio de jure personarum hæc est, quod omnes homines, aut liberi sunt, aut servi».

2. 同「法学提要」(第2巻第2法文前文 - 第1節) «Quædam præterea res corporales sunt, quædam incorporales».

   «Corporales hæ sunt, quæ sui natura tangi possunt : veluti fundus, homo, vestis, aurum, argentum, et denique aliæ res innumerabiles».

3. J. Gaudemet, *Les Institutions de l'Antiquité,* Paris, Montchrestien, 1982, p. 351.

4. J. Carbonnier, *Droit civil, op. cit.,* n° 52.

5. 奴隷が家子や妻と同列に置かれているということは，ユスティニアヌスの法で奴隷が「人」のカテゴリーにはっきりと入れられていたことの2つ目の例証である。ユスティニアヌス法典「法学提要」(第1巻第8法文第1節)。

6. F. Terré, *op. cit.*

7. 動物の所有者はその動物の子を自分のものにできるが，奴隷の子供はそうではない。この論争はキケロによって知ることができるし (Cicéron, *De finibus bonorum et malorum,* 1. 4. 12)，ユスティニアヌス法典「学説彙纂」(第7巻第1章第68法文) に採録されたウルピアヌスの一節からも知ることができる。参照すべき文献として，V. Basanoff, *Partus ancillae,* Paris, Sirey, 1929.

8. M. Morabito, *Les Réalités de l'esclavage d'après le Digeste,* Paris, Les Belles Lettres, 1981, p. 206-213.
9. ローマでの父親の恐怖と子供の暴力については，Y. Thomas, «La peur des pères et la violence des fils: images rhétoriques et normes du droit», in *Droit et Cultures,* 1983, p. 5-23.
10. ユスティニアヌス法典「法学提要」(第1巻第10法文第10節）によれば，奴隷にも血族関係が存在し，解放された後に合法的な婚姻を行なうにあたって，その関係が障害事由になる場合もあった。
11. J. Gaudemet, *op. cit.,* p. 352-354.
12. ユスティニアヌス法典「学説彙纂」(第50巻第16章第135法文),「勅法彙纂」(第6巻第29章第3法文)。
13. Y. Thomas, «*Res,* chose et patrimoine (Note sur le rapport sujet-objet en droit romain)», in *Archives de philosophie du droit,* XXV (1980), p. 414-426.
14.「学説彙纂」(第9巻第2章第13法文）についてのアックルシウスの註釈：「何となれば，自由人は評価を受けないからである。後掲，『学説彙纂』第9巻第3章第1法文（家の外へ物を流出させ，または投下した者について）第5節にあるごとし」: «Quia liber homo non recipit æstimationem: ut infra de his qui deje» 1. I. § Sed cum homo (Digeste, 9. 3. 1 §5). Accursius.
15. ユスティニアヌス法典「学説彙纂」(第11巻第7章第2法文第5節)。
16. 5世紀のゲルマン民族の大移動後，いわゆる法属人主義の原則によって，多様な住民はそれぞれ生まれもった法を使いつづけた。この原則のもとでも，あるいは急速にそれに取って代わった属地主義の慣習のもとでも，教会は聖職者についてローマ法を使うことが認められていた（ただし，ローマ法の知識はしだいに薄れ，その状態は11世紀にボローニャで再生するまでつづいた)。教会とローマ法の関係について，P. Legendre, *La Pénétration du droit romain dans le droit canonique classique de Gratien à Innocent IV* (*1140-1254*), Paris, Jouve, 1964, p. 13-26参照。
17. 聖パウロ「コリントの信徒への第一の手紙」(7，4)。

7 ――狂気とグロテスクに関する逸話

1. M. Bakhtine, *L'Œuvre de François Rabelais et la culture populaire au Moyen Age et sous la Renaissance,* Paris, Gallimard, 1970, p. 34-43〔ミハイール・バフチーン『フランソワ・ラブレーの作品と中世・ルネッサンスの民衆文化』川端香男里訳，せりか書房，1988年〕. 同様に，D. Borillo, «De la chair grotesque au corps instrumental», in *Comités d'éthique*

à travers le monde: recherches en cours 1990, Paris, INSERM-Tierce médecin, 1991.

2. P. Ricœur, «Manifestation et proclamation», in *Le Sacré-Études et recherches,* Paris, Aubier, 1974, p. 58-64〔ポール・リクール「聖書的言語における隠喩の役割と機能」P・リクール/E・ユンゲル『隠喩論——宗教的言語の解釈学』麻生建・三浦國泰訳，ヨルダン社，1987年，所収〕.

8 ——ゲルマン人には角が生えているのか

1. カラカラ帝の勅法によって，帝国のすべての住民にローマ市民権があたえられた。
2. A. Loisel, *Institutes coutumières,* Paris, Videcoq, 1846 (1ère éd. 1607), n° 357.
3. *Ibid.*『慣習提要』の1710年の版にド・ロリエは注釈を追加したが，そのなかのひとつからこの諺を知ることができる。
4. F. Iselin et M.-P. Peze in *Encyclopedia universalis,* t. II, 1985, art. «Main—Chirurgie de la main». この百科事典の「手の手術」という項にはつぎのような記述がある。「治療が失敗に終わると影響の大きい場合，ただ技術的な面だけを考えて軽々しく手術を行なったりすることは控えた方がよい。これは，いまでは当然のことである」。
5. A. E. Giffard et R. Villers, *op. cit.,* p. 151-159.
6. この点については，フランクルの博学な研究を参照のこと。B. Fraenkel, *La Signature. Genèse d'un signe,* Paris, Gallimard, 1992.
7. 神判について，Y. Bongert, *Recherches sur les cours laïques du Xe au XIIIe siècle,* Paris, Picard, 1949, p. 215-228.
8. C. Mortet, in *La Grande Encyclopédie,* t. XVI, art. «Épreuve», p. 126.
9. J.-P. Roux, *Le Sang. Mythes, symboles et réalités,* Paris, Fayard, 1988, p. 133 *sq.*
10. Gui-Pape, *Decisiones gratianopolitanae,* Lyon, 1607 (1ère éd. 1490), question 278.
11. 飢えた者の窃盗については，G. Couvreur, *Les pauvres ont-ils des droits? Recherches sur le vol en cas de nécessité depuis la «Concordia» de Gratien (1140) jusqu'à Guillaume d'Auxerre (1231),* Rome-Paris, 1961; J.-M. Carbasse, *op. cit.,* p. 290-292.
12. ユスティニアヌス法典「法学提要」(第2巻第2法文第1節)。「有形な物」のなかで，衣服は「人間」のすぐ後にあげられている。
13. 食糧は消費物であり（通常の使用によって破壊される)，不動産所有権の移転のシンボルとしては適当ではない。

14. 所有することは死の恐怖から逃れることであり，財産が墓のなかまでつき従うことに人間存在の比喩的な意味があることについて，J. Attali, *Au propre et au figuré. Une histoire de la propriété,* Paris, Fayard, 1988, p. 12 *sq.*〔ジャック・アタリ『所有の歴史——本義にも転義にも』山内昶訳，叢書ウニベルシタス，法政大学出版局，1994年〕。
15. P. Ourliac et J. de Malafosse, *Histoire du droit privé. Les biens,* Paris, PUF, 1961, p. 348 *sq.*
16. 「人間の肉体は人格の『実体』である。たしかに，ナポレオン法典の哲学であり，19世紀の自由主義的法律家の哲学である精神主義哲学は，人格の本質は肉体にではなく意思にあると考えた。しかし，意思をもたず，肉体にすぎない精神病患者や幼児にも人格があることに変わりはなく，他方，われわれは意思が肉体に縛られたものとは考えない。人間の肉体が人格となるということを，原理として確認することは不条理なことではない」。J. Carbonnier, *Droit civil, loc. cit.*
17. M.-A. Hermitte, «Le corps hors du commerce, hors du marché», *loc. cit.,* p. 324.

9 ——肉体の教会法的定義——権利の対象

1. G. Chevrier, «Remarques sur l'introduction...», *loc. cit.,* p. 30.
2. P. Legendre, *La Passion d'être un autre..., op. cit.,* p. 176.
3. *Ibid.,* illustration n° 8.
4. M. Eliade, *op. cit.,* p. 148-151.
5. Duns Scot, *Opus oxoniense,* dist. XXVI, q. I, n. 17.
6. A. Esmein, *Le Mariage en droit canonique,* t. II, Paris, 1891, p. 14-16.
7. 中世における堕胎については，J.-C. Bologne, *La Naissance interdite. Stérilité, avortement, contraception au Moyen Age,* Paris, Olivier Orban, 1988, p. 221 *sq.*
8. 生活環境の保護に関わることすべてについて，もともとは神聖さに関する言葉（純粋性，汚染）が医学用語（健康，害毒感染）に取って代わったのは，19世紀後半のことにすぎない。
9. 民族学者と宗教史学者にとって，精液と血の同一視は普遍的事実であり，ときとして，精液は「白い血」と呼ばれてさえいる。J.-P. Roux, *op. cit.,* p. 58.
10. もっとも有名な定式は「創世記」（4，10）にある。「お前の弟の血が土のなかから私に向かって叫んでいる」。血の復讐については，J.-P. Roux, *op. cit.,* p. 134-148参照。
11. 血と精液による汚れのカズイスティクは，つぎの文献に豊富に述べられ

ている。A. Reiffenstuel, *Jus canonicum universum,* t. V, Paris, 1868 (1ère éd. 1700-1714), p. 158-162. 同様に，R. Naz, in *Dictionnaire de droit canonique,* t. VII, Paris, 1958, art. «Sang (effusion de)» 参照。血や精液のような肉体の一部だけでなく，全体としての肉体も教会や墓地の汚れの原因になった。破門された者，司祭を殺害した者，不信心者，洗礼を受けていない者，これらの埋葬の場合である。この点については，後に触れる。

12. 性的禁止事項の序列とその意味については，P. Legendre, *L'Amour du censeur. Essai sur l'ordre dogmatique,* Paris, Le Seuil, 1974, p. 151.
13. ユスティニアヌス法典「学説彙纂」(第15巻第1章第9法文第7節)。
14. Thomas d'Aquin, *Somme théologique,* IIa IIac, q. 64, a. 5〔トマス・アクィナス『神学大全』稲垣良典訳，第18冊，創文社，1985年〕.
15. 「グラティアヌス教令集」(第1部，55文節，4，5)。
16. Thomas d'Aquin, *Somme théologique,* IIa IIac, q. 65, a. 1.
17. E. Kantorowicz, «Mourir pour la patrie (*Pro Patria Mori*) dans la pensée politique médiévale», in *Mourir pour la patrie, op. cit.,* p. 105-141.
18. A. Rava, *I trapianti di organi da individuo a individuo nel diritto canonico,* Milan, Giuffrè, 1956.
19. Moines de Solesmes, *Les Enseignements pontificaux,* Paris, Desclée, 1960, p. 37, p. 186 et p. 596-597.
20. この欠落をとりわけ象徴しているものとして，つぎの文献をあげることができる。Jean-Paul II, «La sainteté du corps selon saint Paul», in *Documentation catholique,* LXXVIII (1981), p. 214-216.
21. Bertachinus de Firmo, *Repertorium,* art. «Corpus». 15世紀から16世紀にかけてなんども再版されたこの事典のなかで，さまざまな史料や権威ある文献を調べあげた著者は，「肉体は『物』よりも優先されるべきである」こと，そして「魂は肉体より優先されるべきである」ことを確言している。

10――肉体の教会法的定義――手当ての対象

1. Platon, *Le politique,* 266e-267c〔プラトン『ポリティコス（政治家)』水野有庸訳，プラトン全集3，岩波書店，1976年〕.「人間飼養術 *ανθροπονμικον*」とは，人間の統治という観念と人間の食糧補給の観念を統合するものである。
2. ユスティニアヌス法典「法学提要」(第2巻第1法文第1節)。
3. J. Tonneau in *Dictionnaire de théologie catholique,* t. XIII, 1936, art. «Propriété».

4. たとえば，所有の不正を立証しようとして抜き差しならなくなったプルードンが，労働者は社会から生活のための恩義を受けており，労働によりそれに報いているのだから，自分の給料の所有者ではないと，苦しまぎれに説明していることと比べてみよう。P.-J. Proudhon, *Qu'est-ce que la propriété ?,* chap. 3, §8〔ピエール＝ジョゼフ・プルードン『所有とは何か』長谷川進訳，アナキズム叢書（プルードンIII），三一書房，1971年，所収〕.
5. 繰り返しになるが，G. Couvreur, *Les pauvres ont-ils des droits ?, op. cit.* 参照。
6. G. de Lagarde, *La Naissance de l'esprit laïque au déclin du Moyen Age,* t. III, Louvain-Paris, 1970（1ère éd. 1942-1946), p. 170 *sq.*
7. M. Villey, *Seize Essais de philosophie du droit..., op. cit.,* p. 158-178 ; *id., La Formation de la pensée juridique moderne, op. cit.,* p. 190-252.
8. M.-F. Renoux-Zagamé, *op. cit.,* p. 106-107, p. 124-125 et p. 188-189.
9. J. Coleman, *loc. cit.*
10. このような態度は，現実に，法哲学の世界では無縁のものではない。
11. J.-P. Baud, *Le Système doctrinal du partage,* thèse（dactyl.), Paris X, 1971, p. 405-423.
12. 医学と外科技術の進歩にもかかわらず，医学の世界と治癒の世界は依然として別の世界である。本当に人は治癒したのか，という治癒の観念そのものになんら触れようともしないのは，医学の世界が学問の世界だからである。他方，説明のつかない治癒の例はあいかわらず多くみられ，その多さは，あるがままの事実として，医学とは無関係の現象という統計上の区分を立てなければならないほどになっている。
13. 長老とは何か。言語学者と民族学者は，よく知られた一群の旧家がそれにあたると考えている。また一部の言語学者やキリスト教史研究者は，現在のキリスト教の司祭や牧師の先祖がそうであるとしている。この２つの考え方の中間あたりが本当のところといえるのだろう。
14. Thomas d'Aquinas, *Summa contra gentiles,* t. IV, p. 73.
15. A.-M. Roguet, *Les Sacrements,* Paris, Cerf, 1952, p. 117-129.
16. この傾向はルスティゲがみごとに論証している。J.-M. Lustiger, *Le Sacrement de l'onction des malades,* Paris, Cerf, 1990.
17. 東方教会の塗油について，J. Dauvillier, in *Dictionnaire de droit canonique,* art. «Extrême-onction dans les Églises orientales».
18. ランプ！ 一晩中，油を切らさないように見張っていなければならなかった乙女たちにまつわるキリスト教の寓話を思い起こせば，その存在の意味が理解できるはずである。また，東洋には魔法のランプという物語があ

る。しかし，西洋の人びとは，ランプに抱く東洋の人びとの想い入れをまったく理解することができなくなった。アラブ人の進出によって古代からの必需品であった油が調達できなくなり，西洋は，7世紀に大型ろうそくとキャンドルの文明，ついで小型ろうそくの文明に入ったからである。西洋の人びとが石油，後には電気によってふたたびランプを使いはじめたのは，19世紀以降のことにすぎない。

19. 中世キリスト教社会では，ときとして，油が奇跡的にしみでる絵，像，墓，あるいは肉体が話題にのぼっている。

20. N. Alexander, *Theologia dogmatica et moralis secundum ordinem Catechismi concilii tridentini,* Paris, 1714 (1ère éd. 1693), p. 716.

21. これが「欠損にもとづく聖職不適格」理論であり，身体障害者に司祭職を委ねることを認めず，あるいは叙階を受けた司祭が他の職業に従事することを許さない。G. Oesterle, in *Dictionnaire de droit canonique,* art. «Irrégurarités».

22. A. Tanquerey, *Précis de théologie ascétique et mystique,* Paris-Tournai-Rome, Desclée, 1923.

23. G. Reynes, *Couvents de femmes. La vie des religieuse contemplatives dans la France des XVIIe et XVIIIe siècles,* Paris, Fayard, 1987, p. 121-138.

24. Migne, *Encyclopédie théologique,* t. IX, *Droit canon,* Paris, vol. I, 1846, art. «Exorcisme»; t. XXXIV, *Dictionnaire de théologie dogmatique,* vol. II, Paris, 1850, art. «Exorcisme».

25. J. Forget, in *Dictionnaire de théologie catholique,* art. «Exorcisme».

11――公衆衛生の起源にさかのぼって

1. ふたたび，A. Rousselle, *Croire et Guérir..., op. cit.*

2. B. Caulier, *L'Eau et le Sacré. Les cultes thérapeutiques autour des fontaines en France du Moyen Age à nos jours,* Paris-Québec, Beauchesne-Université Laval, 1990.

3. A. Rousselle, *op. cit.,* p. 36.

4. B. Caulier, *op. cit.,* p. 142-146.

5. S.-A. Tissot, *De la santé des gens de lettres,* Lausanne, 1770, p. 35 *sq.* 医学の普及に貢献した有名な医者ティソは，教養ある人が襲われた狂気の実例を多くあげているが，そのなかに，キリストを想うあまり「私の優しい子羊」とひたすら繰り返した若い女性の例がある。教会からみれば，狂気どころか，このうえなく幸福な状態と考えられたことだろう。魔術と悪魔憑きに関しては，つぎの文献を参照。R. Mandrou, *Magistrats et Sor-*

ciers en France au XVIIe *siècle. Une analyse de psychologie historique,* Paris, Plon, 1968.

6. B. Caulier, *op. cit.,* p. 24 et p. 149-162.

7. J. Léonard, *La Médecine entre les pouvoirs et les savoirs,* Paris, Aubier-Montaigne, 1981, p. 68-79.

8. 治療僧の活動については，J.-F. Hirsch, «Sur les confins de Viadène-Aubrac, un prêtre radiesthésiste—La magie des hommes en noir»; M.-F. Morel, «Les curés, les paysans : un même langage», in *Autrement,* XV (1978), p. 35-72. 彼らは「苦悩と苦痛の手当て役」であった。

9. 19世紀まで，治療僧は都市に住まない限り，医者から攻撃されることはなかった。フランスにおいて，農村部の医学化は，まず衛生役人の制度化(1803年から1892年にかけて)，ついで医学博士の大量生産によって進められた。

10. E. Mersch, *loc. cit.,* art. «Corps mystique et spiritualité», et M.-F. Lacan, *Petite Encyclopédie religieuse,* Paris, Fayard, 1973, art. «Corps du Christ».

11. 国王によるるいれき治療については，M. Bloch, *Les Rois thaumaturges. Étude sur le caractère surnaturel attribué à la puissance royale particulièrement en France et en Angleterre,* Paris-Oxford, 1924〔マルク・ブロック『王の奇跡——王権の超自然的性格に関する研究。特にフランスとイギリスの場合』井上泰男・渡辺昌美共訳，刀水書房，1998年〕.

12. N. Delamare, *Traité de la police,* t. II, Amsterdam, 1729, p. 564.

13. R. Jay Lifton, *op. cit.,* p. 48-51.

14. C. Ambroselli, *op. cit.,* p. 81-116.

15. A. Boulenger, *La Doctrine catholique,* t. III, Lyon-Paris, 1933, p. 82 *sq.*

16. «Allocution de S. S. Pie XII aux donneurs de sang», in *Documentation catholique,* XLVI (1949), p. 51. 10年後，同じ状況において，教皇ヨハンネス23世は「慈愛に根を下ろした（中略）聖なる使命」という表現を使っている。*Documentation catholique,* LVI (1959), p. 842.

17. A. Rousselle, *op. cit.,* p. 238.

18. J.-P. Roux, *op. cit.,* p. 310-318.

19. すでに触れたように，この慣行については，エルマン＝マスカルの著作で知ることができる。N. Hermann-Mascard, *loc. cit.*

20. キリストの血の奇跡については，M. D. Chenu, in *Dictionnaire de théologie catholique,* art. «Sang du Christ».

21. Benoît XIV, *De servorum Dei beatificatione et beatorum canonizatione,* t. II, Prati, 1839, cap. XXX, p. 282-288.

22. Petrus Albinianus Tretii, *«Tractatus aureus de pontificia potestate»*, in *Tractatus universi iuris,* t. XIII, 1, Venise, 1584, f° 134 v°
23. ふたたび，E. Kantorowicz, «Mourir pour la patrie (*Pro Patria Mori*) dans la pensée politique médiévale» in *Mourir pour la patrie, op. cit.,* p. 105-141.
24.「創世記」(9，6)，「申命記」(12，23)。
25. M. Servet, *Christianismi restitutio,* Nuremberg, 1790 (reproduction de l'édition de 1553), p. 169-179. 参照文献として，P. Flourens, *Histoire de la découverte de la circulation du sang,* Paris, 1857, p. 23-29, p. 156-163 et p. 265-279.
26. たとえば，J. Bernard, *Le Sang et l'Histoire,* Paris, Buchet-Chastel, 1983参照。

12——労働者の肉体という新しい法的事実

1. N. Delamare, *op. cit.*
2. L. F. Lélut, *Le Démon de Socrate,* Paris, 1836 ; *id., L'Amulette de Pascal,* Paris, 1846 ; J. Moreau de Tours, *La Psychologie morbide dans ses rapports avec la philosophie de l'histoire,* Paris, 1859. レルーに対しては，進歩的政治思想家ペルタンの反論が『ラ・プレス』紙（1846年12月21日）に掲載された。「死体解剖を行なうのなら，われわれはパスカルの体を喜んで医者に提供するが，パスカルの知性を彼らに委ねることはしない」。
3.「19世紀，性に関する医学文献は，しりごみするような心理状態とは無縁であった。性的な関係について真実を語っているのであり，したがって規則としてそれを命じる権限があると信じこんでいた」。L. Adler, *Secrets d'alcôve. Histoire du couple (1830-1930)*, Paris, Hachette, 1983, p. 79 *sq.*
4. 労働者住宅は，夫婦の親密さを保つためのものでなければならなかった。したがって，子供は両親と同じ部屋で寝てはならなかった。そして住宅を改修し，賃貸規則を整備することによって，下宿人を置くという習慣と戦おうとした（下宿人がいれば，妻が夫婦の義務に背く恐れがあり，また，子供が悪事を覚える危険性があった）。この点について，L. Murard et P. Zylberman, «Le petit travailleur infatigable ou le prolétaire régénéré», in *Recherches,* XXV (1976), p. 231-275.
5.「精液が流れる下水道」という表現は，フランス衛生学のリーダーであるパラン゠デュシャトレが実際に使ったものである。この表現そのままに，売春は「社会を病気から守るために欠かせない排泄現象」であると考えら

れていた。A. Corbin, *Les Filles de noce. Misère sexuelle et prostitution aux XIXe et XXe siècles,* Paris, Aubier, 1978, p. 16〔アラン・コルバン『娼婦』杉村和子監訳，藤原書店，1991年〕.

6. N. Delamare, *op. cit.,* t. II, p. 484.

7. J.-P. Baud, «Les hygiénistes face aux nuisances industrielles dans la première moitié du XIXe siècle», in *Revue juridique de l'environnement,* 3/1981, p. 205-220.

8. A. Reiffenstuel, *loc. cit.*

9. B. Latour, *Les Microbes. Guerre et paix,* Paris, Métailié, 1984, p. 60.

10. P. Darmon, «Jeanne Weber, l' "ogresse de la Goute-d'Or"», in *L'Histoire,* CXIX (1989), p. 48-53.

11. 労働法における人間の肉体の重要性については，F. Meyer, *Le Corps humain en droit du travail,* thèse (dactyl.), Strasbourg, 1985.

12. 犯罪は「結果から考えれば，病理学上の状態が表現されたものである」とか，労働者は「場末が呼吸している」とみなされていた。L. Chevalier, *Classes laborieuses et Classes dangereuses,* Paris, LGF, 1978, livre III : «Le crime, expression d'un état pathologique considéré dans ses effets»〔ルイ・シュヴァリエ『労働階級と危険な階級——19世紀前半のパリ』喜安朗・木下賢一・相良匡俊共訳，みすず書房，1993年〕; A. Faure, «Classe malpropre, classe dangereuse?», in *Recherches,* XXIX (1977), p. 79-102 ; J.-P. Baud, «Le voisin, protecteur de l'environnement», in *Revue juridique de l'environnement,* 1/1978, p. 29 *sq* ; *id.,* «Les maladies exotiques», in *Sida et Libertés. La régulation d'une épidémie dans un État de droit,* Arles, Actes Sud, 1991, p. 25.

13. 1946年10月30日の法律以降，責任の観念は完全に消滅した。労働災害に対する制度は，責任ではなく，連帯の国家システム（社会保障）にもとづいていた。

14. *Annales d'hygiène publique et de médecine légale,* XXIX (1843), p. 465.

15. Braconnot et Simonin, «Note sur les émanations des fabriques de produits chimiques», in *Annales d'hygiène publique et de médecine légale,* XL (1848), p. 128-136. 参照文献として，J.-P. Baud, «Les hygiènistes face aux nuisances...», *loc. cit.*

16. それに反して，パリの病院事業はあいかわらず「公的扶助」を名乗り，「衛生行政」あるいは「社会行政」の推進は，貧困状態の管理という意味合いを強くもちつづけた。

13――暴力がシヴィリテを脅かすところ

1．つぎの文章は新自由主義の文献から取りだしたものだが，ここには歴史的事実を詭弁でごまかそうとする実例をみることができる。「ついでにいっておきたいのだが，鶏小屋に放たれた狐の法則（ジャングルの法則）と自由主義を同一視するほど愚かなことはない。(中略) ジャングル，それは力が支配する場である。ところで，力の支配とはまさしく政治による独占にほかならない。ジャングルの法則へと立ち帰らせるものは，国家の介入の拡大によって経済関係が政治化することである」。H. Lepage, *op. cit.,* p. 435 *sq.*

2．R. Holt, «L'introduction des sports anglais et la disparition du gentleman athlète», in *Recherches,* XLIII (1980), «Aimez-vous les stades?», p. 254.

3．アンシャン・レジーム期の合法的防衛については，J.-M. Carbasse, *op. cit.,* p. 191-194.

4．J.-P. Yahi, «Duel, savate et boxe française: une nouvelle destinée des coups», in *Recherches,* XLIII (1980), «Aimez-vous les stades?», p. 113-132. イギリス式ボクシングは技術的には古代の拳闘に似ているが，その歴史をみると，フランスよりも1世紀早く，大衆の暴力を貴族化しようという強い意志が働いていたことがわかる。「スポーツ・アカデミー」では，グローブが考案され，自分の拳を守るという「高貴な技」がいち早く実践されていた。

5．Thouvenin, «L'influence que l'industrie exerce sur la santé des populations dans les grands centres manufacturiers», in *Annales d'hygiène publique,* XXXVI (1846), p. 16-46 et p. 277-296 ; XXXVII (1847), p. 83-111.

6．アマチュアであることが作りだすこの雰囲気は，ド・ラ・トムベルがみごとに描写している。H. de La Tombelle, *Un demi-siècle de vélo. Souvenirs d'un cyclotouriste,* Lyon, La Belle Cordière, 1945, p. 7-27.

7．「アマチュアでなければ，いかなる者も連盟所属の協会のメンバーとして認められない。アマチュアとは，公道での競走や，希望者すべてに開かれた競技会や大会に決して参加したことのない者をさしている」。Archives départementales de la Haute-Savoie, série 4 M, paquet 205, *Union sportive annécienne. Statuts du 27 décembre 1898.*

8．美しさを追求する情熱の全体像については，つぎの文献を参照。T. Zeldin, *Histoire des passions françaises,* Paris, Le Seuil (coll. «Points Actuels»), t. III, *Goût et Corruption,* p. 98-112.

9．1872年から1875年にかけて，フランスでは鉄道事故によって死者が出る

確率が4500万人の乗客に１人にすぎなかった。鉄道以前の輸送機関では，35万5000人に１人の確率で死者が出ていた。G. Humbert, in *La Grande Encyclopédie,* t. X, art. «Chemin de fer», p. 1044参照。

10. A. Tunc, *La Sécurité routière. Esquisse d'une loi sur les accidents de la circulation,* Paris, Dalloz, 1966.

11. L. Josserand, «La personne humaine dans le commerce juridique», in *Dalloz,* 1932, chronique, p. 1-4.

14——ある日，血が

1．「法人」に体をあたえることになる集団的存在という幻想があり，そのもっとも注目すべき実例がキリスト教徒の「神秘的体」であったこと，そしてその幻想は国家という枠組みにおいてももちつづけられたこと，ホッブスの『リヴァイアサン』（1651年）のいくつかの版は，多数の人間の肉体からなる巨人という形で国家を表現しており，この幻想の印象的な実例であること，これらを思い起こしてもらいたい。

2．D. Borillo, *L'Homme propriétaire de lui-même. Le droit face aux représentations populaires et savantes du corps,* thèse (dactyl.), Strasbourg, t. 1, 1991, p. 94-118. サヴィニーによれば，人格と肉体の関係は法的分類すべてに先行するとされることに注目したい。人格と肉体の関係は一種の敷居であり，それを超えると法の領域に入るという考え方がここには表明されている。中世のフランチェスコ修道会士は，生命に関わるものを人間が手にすることができないことなどあってはならず，そういったものは法の領域には入らないと主張した。同様に，サヴィニーは，自分の肉体に対する権利は本質的なものであり，それゆえ，保証されてはいるが制限されたり，あるいは抑えられることもある法的領域に，その権利を入れてはならないと考えた。

3．パリ控訴院判決（1945年４月25日）。*Dalloz,* 1946, note Tunc.

4．R. Savatier, *«De sanguine jus», Dalloz,* 1954, chronique XXV, p. 141-146.

5．F. Terré, *L'Influence de la volonté individuelle sur les qualifications,* Paris, Librairie générale de droit et de jurisprudence, 1957, p. 471.

6．A. Bernard, «Le corps humain, objet du contrat», in *Bioéthique et Droit,* Paris, PUF, 1988, p. 148-193.

15——血の事業

1．本文からは少し離れるが，自由主義のもっとも優れた理論家であるケネー〔1694-1774〕は医者であり，『経済表』（1758年）で行なったことは，

人体の血液循環を，社会という体における財産の循環に置きかえようとしたものと考えることができる。

2．M. Migliore, *Guide des conseils et dēmarches pour crēer votre activitē libērale 1990,* Paris, Chotard & associēs, 1989, p. 31-32.

3．*Journal officiel,* Dēbats parlementaires, Assemblēe nationale, 15 mars 1952, p. 1321.

4．「スコラ学が描きだした人間は，魂との関係において特権的な器官を何ももたないが，邪悪な器官，すなわち男根だけは例外であった。これはすべての人間にとってまったく特別な器官であり，同じ人間であるという点で，女性にとってもそうであった」。P. Legendre, *La Passion d'être un autre..., op. cit.,* p. 178-179.

5．糞便と金の同一視については，E. Borneman, *Psychanalyse de l'argent,* Paris, PUF, 1978.

6．人体の価値の即物的基準については，M. Harichaux, «Le corps objet», in *Bioēthique et Droit, op. cit.,* p. 130-147.

7．「テントの入り口，支柱の下で，商人はこもった声で歌を口ずさんでいた。聞き取れたのは髪という言葉だけであった。探るような彼の目は群衆を見据え，食い物にできそうな女を選り分けていた。貧しい女房や娘たちの多くは身元がわからないように遠いところからきており，売春でもやるかのようにテントの中に身をすべらせる。彼女たちは手で帽子を押さえ，前掛けの下に犠牲の代償を隠し，涙を流しながら外に出た」。P.-J. Hēlias, *Le Cheval d'orgueil. Mēmoires d'un Breton du pays bigouden,* Paris, Plon, 1975, p. 325. しかし，1988年のコンセイユ・デタの報告（前出，p. 43）には，「人格を攻撃から守るために取らなければならない措置は，自分の髪の毛や血液を処理することについて考えなければならないものと同一ではない。これらの産物は契約の対象になるだけではなく，商取引も可能である。この考え方は，何の問題もなく認めることができるだろう」とある。

8．F. Terrē, *L'Enfant de l'esclave..., op. cit.,* p. 51-53.

9．クレテイユ大審裁判所第一法廷判決（1984年8月1日）。*Gazette du palais,* 1984, t. II, *Jurisprudence,* p. 560.

10．M.-L. Rassat, «Le statut juridique du placenta humain», *Juris-classeur pēriodique,* 1976, Doctrine, n° 2777.

11．Ph. Alfonsi, *Au nom de la science,* Paris, Barrault-Taxi, 1989, p. 181-184.

12．「マタイによる福音書」(27，3-10)。

13．「薬局に保管される血液製品と，輸血センターと支部において譲渡され

る血液からの派生物の料金を定めた1984年８月８日の省令」(*Journal officiel* du 14 août 1984)。

16――人間にとっての肉体，そして別の「物」

1．「血液の成分すべて，汚らわしい分泌物すべて，死者から流れでるものすべて，かつては墓の奥底に秘められていたものすべてが，今日では光が当てられ，称えられ，集められ，人体に注入され，飲みくだされている」。L. Bloy, *Exégèse des lieux communs,* Paris, Gallimard, 1968 (1ère éd. 1901), p. 200.

2．ここにもまた，人間の生みだしたものが人体の外部で保存されることによって法的な存在になったものがある。しかし，腕から腕への輸血が血の贈与ではなく，性行為が精液の贈与ではないのと同様に，乳母による授乳も贈与とはみなされなかった。それは育児の手助けであった。母乳の採取は1954年８月９日の省令で規制されたが，報酬を受け取ることが禁止されることはなかった。1991年，パリの母乳提供者の半数は，１リットルあたり28フランの報酬を受けていた。

3．Moines de Solesmes, *op. cit.,* p. 382.

4．A. David, *Structure de la personne humaine, op. cit.,* p. 382.

5．J. Carbonnier, *Droit civil, op. cit.,* nº 52.

6．ダヴィドの理論を取りあげている例としては，N. Mazen, «Réflexions juridiques sur le matériel génétique de l'homme», in *Bioéthique et Droit, op. cit.,* p. 194-208.

7．1991年，血友病患者が HIV に感染するというスキャンダルが起きた。この事件は目を覚まさせるに十分な，手厳しい事件であったが，文明の光を掲げる「フランスの夢」に，それでもなお浸ることを妨げるものではなかった。

8．X. Labbée, *op. cit.,* p. 251-269.

9．細かくいえば，ローマ人は，より高度な神性に捧げられたもの（寺院と礼拝物）を「神聖物」とし，神性が低いとされた家の守り神（墓と付属品）である「宗教物」から区別していた。そして，公的あるいは私的所有地の境界を示すという特殊な神聖さのあるもの（城壁，港，境界石，その他）を「聖護物」とし，この３つのカテゴリーを「神の法」によって「取引されない物」とした。

10．Pothier, *Traité du droit de propriété,* Paris-Orléans, 1776, p. 24-26.

11．M. Eliade, *op. cit.,* とくに p. 31 et p. 56（前掲訳書，20頁と51-52頁）参照。

12．「(いくつかの物は）『宗教物』あるいは『神聖物』と呼ばれているが，

それには精神的要素はなく，本当の意味での神聖さがあるわけでもない。このような呼び方は，人間がこの種の物を利用するにあたって，特別な方法をとらなければならないということを意味しているにすぎない」。Pufendorf, *Droit de la nature et des gens* (trad. Barbeyrac), Lyon, 1771, p. 16 *sq.*

13. クレテイユ大審裁判所第一法廷判決（1984年8月1日，前出）。大審裁判所検事正ルセクの結語。
14. A.-J. Arnaud, *Les Origines doctrinales du Code civil français,* Paris, Librairie générale de droit et de jurisprudence, 1969, p. 133.
15. Ferraris, *Bibliotheca canonica, juridica, moralis...,* Rome, 1886 (1ère éd., 1746), t. III, art. «Dominium».
16. D. Borillo, *L'Homme propriëtaire de lui-même, op. cit.,* p. 293-297.
17. 心理学者なら，「用途による人格」という考え方が「物」に対して自分の人格を投影しようという願望を写しだしていると主張するだろう。それに対して，法律家は，「物」の所有権とはまさにこのような願望に法的保証をあたえるものであると答えるだろう。
18. 肉体に対する権利と環境に対する権利の間にはつながりがあることがすでに認識されており，エデルマンとエルミットはその論考を一冊の本にまとめた。B. Edelman et M.-A. Hermitte, *L'Homme, la Nature et le Droit,* Paris, Christian Bourgois, 1988.
19. 義務の遂行としての施しという考え方は，中世の教会においてきわめて強く，それに背いた者は，「貧者の殺害者」と呼ばれるのが常であった。M. Mollat, *Les Pauvres au Moyen Age,* Bruxelles, Éditions Complexe, 1984, p. 54.

日本語版へのあとがき

1. ストラスブール大学の研究グループ，GERSULP (Groupe d'étude et de recherche sur la science de l'Université Louis Pasteur) のことである。
2. Y. Thomas, «Fictio legis. L'empire de la fiction romaine et ses limites médiévales», in *Droits,* XXI (1995), p. 17-63 ; *id.,* «Le sujet de droit, la personne et la nature. Sur la critique contemporaine du sujet de droit», in *Le Débat,* Paris, Gallimard, (mai-août 1998), p. 85-107.
3. 「胎児は……」の原則は，子供の利益になるときにその法人格をさかのぼらせて認めるものであり（ローマでは，子供の法人格は「父親」が承認してはじめて出現し，フランス法では，無事に生まれ，かつ生命力がある新生児に対してのみ認められる），生物学的には生きていると認められな

い存在を法的存在とするものである。実際に，フランス民法典は，出生に先立つ180日から300日の間を受胎時期とし，相続が開始される180日前に受胎した子供は，両親が妊娠に気がついていないとしても，その相続に参加する権利が付与された。さらに，中世の医師組合は，堕胎行為に対して胎児が抗議の声を上げていると強く主張したのだが，これも「人格」と人間存在がいかに異なるかを鮮やかに示しているということを指摘しておきたい。この問題については，O. Cayla et Y. Thomas, «Du droit de ne pas naître. A propos de l'affaire Perruche», in *Le Débat,* 2002, Paris, Gallimard 参照。「いかなる者も，出生という事実を損なわせることから利益を得てはならない」と規定している2002年３月４日の法律第１条は，医師会の圧力によって立法化されたものだが，驚くべき法的無知を表わしている。堕胎行為の実行責任者を訴える胎児は，出生という事実を損なわれたことに対して抗議しているのではない。なぜなら，その胎児に「人格」という地位をあたえ，裁判に訴えることを可能にするものは，出生という事実だからである（いうまでもなく，法的代理人を通してであるが）。

4．私の書物，*Le Droit de vie et de mort. Archéologie de la bioéthique,* Paris, Aubier, 2001では，この考え方を詳述している。

訳　　　註

1．**フランス刑法典**——1810年，ナポレオンの5法典のひとつとして制定された刑法典は，犯罪を「公共の利益に対する重罪と軽罪」と「個人に対する重罪と軽罪」に大別し，ついで，「人」と「物」の二分法に則した形で，後者を「人に対する重罪と軽罪」と「財産に対する重罪と軽罪」に分けた。なお，310条は「故殺に当たらない故意の障害および殴打」を罰しているが，原始規定に「四肢の切断」はなく，後に追加されたものである。

この刑法典は，本書が刊行される前年の1992年に全面的に改正され，新しい刑法典が1994年に施行された。当時，世界でもっとも古いものになっていた刑法典は，その役割を終えた。新しい刑法典では，犯罪は「人に対する重罪と軽罪」「財産に対する重罪と軽罪」「国民，国家および公共の平和に対する重罪と軽罪」に三分され，身体の切断を引き起こす暴行は，第2編「人に対する侵害」第2章「人の身体的精神的完全性に対する侵害」のなかの第222-9条によって，10年の拘禁刑および100万フラン（現行では，15万ユーロ）の罰金が科せられる。

2．**急速審理**——大審裁判所（ほぼ日本の地方裁判所に該当する）所長などに認められた権限であり，差し迫った損害を予防し，あるいは明らかに違法な侵害をやめさせるために，当事者の申し立てにより，即時に必要な処分を単独で命じることができる。

3．**コンセイユ・デタ**——行政裁判を担う機関として，1791年にパリに設置された単一の国家機関であるが，行政事件の判例を積み重ねてフランス行政法を発展させただけではなく，政府の諮問機関としての役割を果たしてきた。現在，コンセイユ・デタの構成員は，高級官僚と政治家の養成機関である超エリート校，国立行政学院の成績優秀者が採用され，ほとんどのキャリアをここで過ごすため，均質性に優れ，実務的にも学問的にも高い権威を保持している。

4．**デモクリトスの原子論**——ギリシャの哲学者デモクリトス〔前460頃 - 前370頃〕が確立した宇宙観。真に存在するものは，不変で永遠の存在である極微の「原子」と，その場である「空虚」だけであり，「原子」の結合と分離によって個体が生じたり，滅びたりすると考えた。この「原子」は形態と大きさが違うだけであり，本質はすべて同一であるとされる。

5．**オレル・ダヴィド**——理論物理学から法学まで百科全書的な知識を身に

つけた学際的な学者であり，グルノーブル政治学研究所教授，国立科学研究センター研究主任を歴任した。真の人格理論を模索し，新しい生物学，サイバネティックス，情報科学，近代論理学，そして法学へと歩みを進めた。1955年に出版した法学博士論文『人格の構造』はパリ大学法学部最優秀賞を受賞し，1965年の『サイバネティックスと人類』はフランス・アカデミーと道徳学・政治学アカデミーから賞を受け，5ヵ国語に翻訳された。1973年には『素材，機械，人格』を出版し，1978年にオタワ大学で行なった講義「財産の望ましい分割」は8巻のビデオに収録されている。

6．**ニュルンベルク綱領**——第二次世界大戦後，ナチスの指導者を裁いたニュルンベルク国際軍事法廷とは別に，米英仏ソの4ヵ国軍はそれぞれの占領地で，ナチスの犯罪を裁くための軍事法廷を設けた。そのうち，同じニュルンベルクで1946年に開かれたアメリカの軍事法廷の被告は184名にのぼったが，そのなかに20名の医者が含まれていた。

翌年，アメリカ軍事法廷は人体への医学実験を裁くにあたって，医の倫理の基本原則を明らかにしておくことが望ましいと判断し，その原則を10ヵ条にまとめた。これがニュルンベルク綱領であり，被験者の自由意思による同意，実験の社会的必要性，動物実験の先行，苦痛と損傷の回避，死亡や廃疾の危険性のある実験の禁止（医師本人が実験台になる場合を除く），問題解決の重要性を超えた危険性の回避，すべての偶発事から被験者を守る義務，有資格者による実験，被験者側での実験中断の自由，実験者側での中断の準備，これらがその内容である。なお，この法廷では7名の医者を含む24名に死刑判決が下された。

7．**フランス民法典1128条**——この条文は「民法典のなかにあるタブーの残存物」とも呼ばれるが，「取引されない物」の具体的な内容は歴史的状況に応じてさまざまに変化している。19世紀前期の解説書では，官吏任命権，貨幣鋳造権などの主権に属するもの，鉄道や港などの公的財産，投票権を含む人権があげられている。王政期には，国王に由来するもの，たとえば世襲貴族財産もそのひとつに数えられた。その後，経済の発展にともない，日常的な取引のなかで問題になる事例が現われてくる。危険物は技術的理由によるわかりやすい例であるが，保護のために取引から排除されるものとして，患者など顧客の地位，墓地などがある。しかし，このカテゴリーは市場に足かせをはめるものであり，経済が優先される結果，それを狭めようとする動きが強くなっている。

8．**ユスティニアヌス法典の復活**——東ローマで編纂されたユスティニアヌス法典のなかで，「法学提要」は少なくともイタリアでは知られており，「勅法彙纂」も西ヨーロッパに伝わっていたが，もっとも大部な「学説彙纂」は7世紀以降知られていなかった。しかし，6世紀に作成された写本

が11世紀にピサで発見されると，このピサ写本（1411年，フィレンツェに移され，以後はフィレンツェ写本と呼ばれる）などをもとにして，やがて普及版がつくられ，それを教える者と学ぼうとする者が現われた。こうして，ユスティニアヌス法典はまず学問の対象としてイタリアで復活した。そして，それを学ぶためにヨーロッパ中から集まった学生がその知識を故郷にもち帰り，ユスティニアヌス法典は，それぞれの国で，現実の法生活に影響を及ぼすようになる。

9．**フランスにおける死の判定**——1950年代まで，フランスでは動脈切開などの直接的検査により死の判定が行なわれていたが，移植技術と生命維持装置の進歩によって，それに見合った新しい死の定義が必要とされるようになった。とくに1967年の南アフリカでの心臓移植手術の成功は，世界中で死の定義が再検討されるきっかけになり，フランスでも1968年，他の欧米諸国と歩調を合わせるように，病理学的状態の不可逆性を死の基準にし，脳死を個体の死とする定義が通達で定められた。呼吸停止，反応停止，瞳孔散大，筋肉の完全な弛緩，脳波の消滅，これらの兆候でもって死の判定が行なわれるようになった。ちなみに，日本の脳死論議にみられるような，死の判定の対立はフランスにはなかった。

10．**嫁資**——フランス革命以前，ローマ法の影響の強かった南部フランスの夫婦財産関係は別産制であり，夫婦はそれぞれに財産を所有した。ただし妻の財産のなかには，家事費用分担のために夫に管理と用益が委ねられる財産があり，それが嫁資と呼ばれた。嫁資は独立した家庭運営のための不可欠な財源であったが，所有権は妻に属したままであり，譲渡できないなどの厳重な保護に服した。フランス民法典は夫婦共有財産を制度化したが，嫁資制度も残し，夫婦財産契約によって選択できる制度にした。嫁資制度が完全に廃止されたのは，1965年のことである。

11．**ジャン・カルボニエ**——ポワティエ大学，パリ大学で教授を勤めた市民法学者。フランス民法学・法社会学の重鎮であり，その研究は学問研究にとどまることなく，1960年代と1970年代の家族法改正において「頭脳」の役割を果たし，社会学的調査にもとづく全面的な改正を実現させた。20世紀フランスの代表的な民法概説書『*Droit civil*』（全４巻）の著者である。

12．**ミルチァ・エリアーデ**——ルーマニア生まれの宗教学者。21歳から３年間インドに滞在し，ヨガに関する博士論文を作成する。ブカレスト大学で哲学を教えた後，ロンドン，リスボンに文化担当官として赴任し，第二次世界大戦後はパリで教育と著作にあたり，最後はシカゴ大学の宗教史講座の主任教授であった。世界の宗教に関する広範な知識を駆使した比較方法論と，宗教現象の象徴的意味を明らかにする解釈学的方法による宗教学の著作が数多くあるが，それと並んで，自伝的小説『マイトレーイ』などの

作品も書いている。

13. **註釈学派**――ユスティニアヌス法典を矛盾や過不足のない完全な法，すなわち「書かれた理性」であり，神意の発現である法真理そのものとみなし，法文の一言一句も逃さない細密な註釈に専念するボローニャ大学での法学をさす。1100年頃，ボローニャで法学教育をはじめ，「法の燈台」と呼ばれたイルネリウスが創始者であり，13世紀のアックルシウスの『標準註釈』で完成を迎える。

14. **ダローズ判例集**――1801年に創刊された判例集であり，1821年に破毀院弁護士デジレ・ダローズ〔1795-1869〕が弟とともに編集に参加し，全面的に受け継いだ後，1824年から「ダローズ判例集」という名で呼ばれるようになった。以後，フランスの代表的判例集としての地位を確かなものにし，1965年，同じく革命期にはじまる「シレー判例集」と統合し，「ダローズ・シレー法令・判例集」となり，現在にいたっている。

15. **ピエール・ルジャンドル**――1930年生まれの法史学者。1998年に退官し，現在はパリ第一大学名誉教授，高等研究所（第5部門－宗教学）名誉研究主任であり，ヨーロッパ系譜研究所を主宰している。パリ第十大学（ナンテール）教授時代，本書の著者ボーは助手であり，ルジャンドルの指導下で博士論文を作成している。元来オーソドックスな法制史研究者であったが，ジャック・ラカンの精神分析を取りいれ，その活動はきわめて多面的である。最近では，映像製作にも携わり，競作したドキュメント番組「西洋人をつくる製作所」(1996年),「国民を写しだす鏡：国立行政学院」(2000年）が放映されている。

16. **十二表法**――ローマ共和制の初期，貴族と平民の身分闘争の結果，紀元前451－450年に制定されたローマで最初の成文法であり，12枚の銅板に書かれたとされることから，この名がある。その原本は前4世紀初めの戦争で焼失したが，ローマ人は詩文のように暗記し，子供には愛唱歌として歌わせ，法文を伝えつづけたといわれる。ローマ人はその後包括的な立法を行なわず，形式的には，ユスティニアヌス法典ができるまでの1000年近くの間,「全公法私法の源泉」でありつづけた。

17. **有責判決を受けた債務者**――ローマでは，十二表法以来，通常手続きの判決は執行力をもたないため,「判決を受けた者」が支払わない場合，拿捕による執行手続きを取るか，あるいは判決履行訴訟をあらためて提起する必要があった。

18. **ガイウス**――その生涯はほとんど不明であり，かつ，当時の法学者としては例外的に要職につかず，法を創造する力である解答権もあたえられていなかったが,『法学提要』は当時，広く用いられた教科書であり，権威のある学者であったと推測される。

ローマの法律家の著作は，「学説彙纂」などを通して間接的に断片が伝わっているにすぎないが，ガイウスの『法学提要』は，19世紀前期のヴェロナでの発見以来，数種の写本が見つかっており，ほぼ完全な形で現在まで伝わっている唯一のものである。

19. **十二表法における現行盗**——十二表法は窃盗を現行盗と非現行盗に分け，前者の場合，夜盗と武装した盗人の場合はその場で殺してもよく，それ以外も奴隷として売却されたが，後者は盗品の2倍額の賠償ですんだ。この差について，モンテスキューは『法の精神』のなかで，この制度がスパルタからくるものであり，盗みに入って現場で捕まるような，不器用で情けないドジには容赦のない仕打ちをしたことにはじまると説明している。

20. **アンティノウス**——五賢帝の一人，ハドリアヌス帝が愛したギリシャ系の美少年。130年にアンティノウスがナイル川で溺死すると，帝は人目をはばからず泣き悲しみ，ナイル河畔に彼を祀る神殿を建て，祭司団を置き，事故の場所の対岸にアンティノポリスという追憶のための町までつくった。皇帝お仕着せの祭儀であったが，その後もつづき，この美少年は古代異教のなかで最後に生まれた神になり，バッカスやアポロンと並ぶ存在になった。ハドリアヌスはアンティノウスの胸像を大量につくらせたが，それにとどまらず，その姿は古代彫刻に新しいタイプのモデルを提供した。

21. **ミシェル・ヴィレー**——フランスの法思想史研究者。サイゴン大学（ヴェトナム），ストラスブール大学，そしてパリ第二大学教授を歴任した。フランスでは法哲学が独立した学問として認知されることが遅れたが，ヴィレーは外国で高い評価を受け，その開拓者となった学者である。彼の教えを受けた者には，フランス民法典研究者アンドレ＝ジャン・アルノー，革命前のフランス知識社会の研究者ブランディヌ・バレ＝クリーゲル，法史学者ステファン・リアルスがいる。

22. **ウイリアム・オッカムと唯名論**——ロンドンの南，オッカム生まれのフランチェスコ修道会士。神学教授就任にあたってオックスフォード大学当局から異端の嫌疑をかけられたオッカムは，1324年，それに答えるためアヴィニョン教皇庁の召還に応じた。審問のために4年間滞在するなかで，彼は清貧論争における教皇の誤りを確信するにいたる。その後，異端と審判されたが，ピサ，ついでミュンヘンに逃れ，そこを拠点にして活動をつづけた。

唯名論とは，普遍は実在するという実在論に反対し，普遍は名称にすぎないとする立場である。オッカムによれば，個別的なものの直感的な認識があらゆる認識の基礎となるものであり，普遍はこの感覚的に捉えられたものを抽象した第二段階の認識であり，言語として表わされたものにすぎないとされる。そして，個別的事項を表わす絶対的概念（たとえば，人物

を表わす固有名詞）と，知性による人為的で普遍的な内包的概念（たとえば，人類という普通名詞）を区別し，後者の概念は，定義されたものの単一性が存在せず（たとえば，人類とは，具体的な言葉である「人間たち」の総体をせいぜい意味するにすぎない），したがって実在しないと考えた。オッカムは，後期スコラ学の唯名論の建設者であると同時に，近代の経験論に道をひらく存在でもあった。

23. **エルンスト・カントーロヴィチ**――かつてのドイツ領ポーゼン（現在はポーランドのポズナニ）生まれの中世史研究者。フランクフルト大学で教えた後，ナチス時代にアメリカに亡命し，カリフォルニア大学，プリンストン高等研究所で研究をつづけた。ヨーロッパ中世から近世にかけて，人びとが抱いた王権のイメージを分析した主著『王の二つの身体』は，学術的な研究でありながら，多くのヨーロッパ言語に翻訳され，研究者の枠を越えた広範な読者を獲得した。

24. **王の触手によるるいれき（瘰癧）治療**――るいれきとは，医学的には結核菌による頸部リンパ節炎であり，放置すれば化膿し顔が冒される病気だが，これ以外にも，顔面に不快な症状を引き起こす病気すべてがこの病名で呼ばれていたと考えられる。

王の触手によるるいれき治療は1000年頃，カペー朝フランスにはじまる。聖なる力を病気の治癒に結びつける信仰と，正統性の弱い王朝を聖化するという政治的意思が結びつき，個々人の聖なる力を超越して，王たる存在には普遍的に聖なる力があるという伝説を作りあげていった。治療の対象としては，治癒の錯覚を起こしやすいるいれきに特化されていったものと思われる。この奇跡話はイギリスに模倣され，やがて他の国に広がっていった。その後，俗人である王に聖なる力を否定するグレゴリウス改革や，宗教改革に影響されることなく治療はつづけられ，フランス絶対王政期の17世紀，るいれき治療が荘厳な儀式として執り行なわれる最盛期を迎えた。ルイ14世は，祭日ごとに，ときには1,000人を越える患者に触れた。一回とりやめになると，次回の祭日に押し寄せる患者は3,000人に達したという。18世紀になると少し翳りがみられるが，この儀式はフランス革命までつづけられた。

25. **若年成人の法的保護**――紀元前2世紀以降，ローマ法は，肉体的には成熟期にいたったが年齢が25歳未満の者について，詐欺の被害から守るために償金訴権などの特別な保護をあたえた。現在でも，通常の成人年齢（フランスでは18歳）では，生理的心理的あるいは社会的にいまだ十分に成熟していないとする立場から，25歳未満の犯罪者に対し，未成年者に準じた責任を考えるべきであるとする考え方がある。実際にフランス法では，前科簿から一定の記載が削除され，特別な行刑制度が定められている。

26. **カティリナの陰謀**──紀元前63年，覇権をめぐって有力者が争うローマ共和制末期の時代，3度目の執政官選挙に打ってでたカティリナは，債務の消滅という選挙公約が受け，借財に苦しむ大衆の人気を呼んだ。しかし元老院の策略によって野心を砕かれるや，カティリナは不満分子や若者を集めクーデタによる権力奪取を企て，ローマは緊迫した空気につつまれた。この事件は，執政官キケロの有名な「カティリナ弾劾」の演説によって現在にまで伝わっているが，陰謀そのものは杜撰であり，キケロ暗殺も計画倒れに終わり，実力行動になんら移らないまま，翌年，ローマの軍隊に攻められたカティリナは，現在のトスカナの地で3,000名の同志とともに討ち死にした。

父親が息子を処刑するという話は，カティリナの仲間を擁護したカエサルを非難する小カトーの演説のなかで，命令に反して攻撃を強行した息子を処罰した総司令官マンリウス・トルクワトゥスを例に出して語られている。

27. **握取行為**──物に対する所有権，あるいは人に対する支配権を譲り渡す場合に行なわれた儀式的行為。当事者双方が5人の証人と，秤を持つ計量係（銅片が貨幣として用いられ，その重さを量る）の前で，目的物（たとえば，奴隷とその対価）を交換する取引方式である。目的物を手で握り取ることからその名がきているが，文書を使わずに決まり文句を述べ，定められた手振りで意思を表わす口頭主義・形式主義は取引の公示性を保証し，かつ，有償による即時・現実売買だけを認めることによって，取引に起こりがちな市民間の紛争を予防しようとするものである。

28. **ウルピアヌス**──3世紀初頭のローマの法律家。政治家としては，皇帝につぐ地位にあたる近衛兵団長にまでのぼり，法律家としてはローマ法学最盛期の掉尾を飾る存在になった。4世紀にはじまる引用法（特定の法律家の著作をそのまま裁判で用いること許す勅法）には必ず名をあげられ，また「学説彙纂」では彼の著作がもっとも多く引用され，全体の3分の1を占めている。

29. **フランソワ・ラブレー**──16世紀フランスの作家。フランス西部，ロワール川沿いの町シノンの弁護士の家に生まれる。修道院生活を送る一方で，法律家や俗人知識人とも交わる青年期を過ごした後，僧服を脱ぎ，モンペリエの医学部に入り，32歳でリヨンの医者になる。リヨンは当時，出版の都であり，ラブレーは民間伝承を極限までにふくらませた巨人の荒唐無稽な物語『パンタグリュエル』（1532年），『ガルガンチュア』（1534年）をあいついで発表した。『第三の書』（1546年）は教会の迫害をまねき，リヨンを離れ亡命生活を送った。後に，パリでの司祭職に就き，『第四の書』（1552年完成）を発表したが，ほどなく死去した。彼の著作は散文芸術の

傑作であるとともに，健康奔放な生命賛美から哲人的な明朗快活に達する人生哲学の書であり，ルネサンスの歓喜と知恵を代表し，人間性を歪める一切のものに抵抗するユマニストの自由検討精神があふれているとされる。

30. **審判人**——古来，ゲルマンには，全員参加による定期的な民衆集会の場で，自身と同じ身分の人びとによって裁判されるという原則があった。しかし，この原則は封建時代になると徐々にすたれ，同輩裁判という形は封に関する封建的訴訟を除いて例外的なものになり，日常的には，審判人と呼ばれる貴族，あるいは領主の代行者によって裁判が行なわれた。この地位はやがて世襲化し，「参審自由人」という独立の身分になる。

31. **ボローニャ大学**——北部イタリアの交通の要衝，ボローニャに12世紀に出現した，パリ大学と並ぶヨーロッパ最古の大学である。パリが神学の大学であるのに対し，ボローニャは法学の大学であった。ラテン語を共通言語にした国際的な学問の場であり，ヨーロッパ中から学生を集め，最盛期には１万人の学生がいたとされる。彼らはボローニャで取得した学位（教授資格）とともに，故郷にボローニャ式の法学教育をもち帰った。ヨーロッパに共通する法学教育の方式はこうして生まれた。

32. **封建的臣従礼**——封の授与には，臣従礼と忠誠契約が必要であった。封臣となる者が封主の館におもむき，何も被らず，剣を帯びず，拍車もつけず，跪いて封主の手のなかに両手を置き，臣下の誓いを述べる。封主はその誓いを受けいれ，封臣として認めることを言明し，彼を起こして接吻するという儀礼である。封建社会の臣従礼はこのように様式化された儀礼になっているが，もともとはコンメンダーティオと呼ばれる「託身礼」であり，自由人の間で「自由人としての資質と両立する奉仕と義務」を負担し，相手方から保護を求めるフランク時代の慣行に由来し，その際の保証が「手の交わり」という身振りであった。

33. **アンヴェスティチュール**——フランク時代，不動産所有権を移転させるためは公開の儀式が必要であった。この儀式がアンヴェスティチュールと呼ばれ，それには現実的なものと象徴的なものがあった。前者の場合，当事者と証人が実際に現地に行って，譲渡人は土地の上に財産を「脱ぐ」身振りを行ない，それによって権利を放棄する意思を表示し，ついで譲受人に「着せる」身振りを行なう。これによって，不動産はただちに，かつ公然と譲渡された。後者の場合，対象を象徴する物，土地については一塊りの芝草，森については木の枝，葡萄畑については葡萄の株，家については門とか蝶番の受金を手渡す場合と，物に対する支配を表わし，権利を象徴する手袋を渡す場合があり，ともに証人の面前で行なわれた。また，意味は明確ではないが，剣，棒が用いられることもあった。封建社会になり，自有地についてはアンヴェスティチュールの方式がそのまま維持され，封

については，忠誠契約と臣従礼に引きつづいて，これらの象徴物に対する「脱衣」あるいは「手放」，そして「着衣」あるいは「擱握」という儀式によって行なわれた。

34. **神判**——犯罪の被疑者（あるいは代理人）が受ける肉体的査問であり，被疑者が単独で受ける一方的神判と，争う当事者がともに受ける双方的神判がある。戦って決着をつける裁判決闘は，もっとも重要で，かつ長くつづいた双方的神判である。

ゲルマンの裁判は，罪を認め贖罪するか，罪を否定し雪冤の宣誓をするかの二者択一を求めるものであり，神判は，雪冤宣誓が不十分であるとみなされたときに行なわれた。つまり，神判の直接の目的は，疑われている事実が本当にあったのかどうかを明らかにすることではなく，宣誓が汚れのないものであったかどうか，嘘の宣誓をしなかったかどうかについて，神の判断を仰ぐものである。この試罪法は古代ゲルマンの時代から存在したものと考えられるが，一般化したのは8世紀であり，キリスト教会はそれをキリスト教的な儀礼で包みこむことによって，神の真の判断であるとした。

一方的神判には，熱湯神判，熱鉄神判，冷水神判がある。熱湯神判はもっとも頻繁に行なわれたものであり，被疑者は沸騰した湯の入った鍋のなかに手を入れ，指輪か小石を取りだす。その手には封印された包帯が巻かれ，3日後，包帯を解き，火傷が悪化していればその者は汚れている，すなわち偽証者であると判断された。熱鉄神判も同様であり，被疑者は熱した鉄を握って9歩進み，その後，包帯が巻かれた。熱した鍬の上を素足で歩くという方法もあった。冷水神判は，胸の前で腕と膝を縛り，あらかじめ清められた水のなかに浸すというものである。清められた水は，汚れなき者であれば受けいれるはずであり，汚れていれば拒み，その者は浮きあがると考えられた。冷水神判では痛みは少ないが，冷水に受けいれられる場合はきわめてまれであった。

双方的神判には，決闘以外に十字架神判があり，2人の当事者が腕を十字架の形にして立ち，先に腕を下げた者が神判に敗れたものとみなされた。しかし，これはキリストの受難に対して払うべき敬意に反するとして9世紀前期に禁止された。キリスト教的な神判としては，パンを飲みこめるかどうかで判定する聖餐神判というものもあった。

やがて，教会は神の判断を安易に用いることを非難するようになり，1215年の第4回ラテラノ公会議は，聖職者が神判に立ち会うことを禁止した。この会議は，同時に告解を義務化したが，これは肉体に現われる客観的な印によって罪を判断するのではなく，罪を内面の問題とする転機であり，責任という主観的要素が重視され，やがて法廷が被疑者の弁明の場と

なる流れの原点になった。

ただし実際には，決闘が近代まで存続したように，刑事裁判の合理化は容易に進むものではなく，犯罪はつねに神聖さの問題であり，汚れであり，神への攻撃であるという考えが消え去ることはなかった。したがって，神は神判という形で表だって頼まれてはいない場合でも，いつでも奇跡を通して介入することができた。犯人を名指しするために出血する死体がそれであり，絞首刑の際に切れるひも（第4章参照）もそれにあたる。

35. **動物裁判**——12世紀から18世紀まで，とくに14世紀から16世紀にかけてのヨーロッパでは，動物が人間に損害をあたえた場合，その動物は法廷に引きだされ，人間と同じような方法で裁かれ，処罰された。もっとも多い例は，幼児をかみ殺した豚であり，牛，犬，猫，さらには小動物や昆虫も裁かれた。この不思議な光景について，動物を擬人化したパロディーとする説，動物の行ないの背後に悪霊の存在をみるアニミズム，あるいは動物を見せしめにして人間を威嚇しているとする説など，さまざまな説明が試みられたが，より広く，自然に対する捉え方の変化，すなわち自然に対する恐怖から解放され，自然を支配しようとする人間中心主義が生まれ，動物の行ないも人間が判定できる守備範囲に入ったという感性の変化から理解しようとする考え方が示されている。

本書では話題の進行上当然ながら，肉体との関係でこの裁判をみているが，肉体のないもの，たとえば氷河や異常気象が裁かれた例もあり，それもまた動物裁判の変種として考えられているということを付記しておく。

36. **ナポレオンの法典編纂**——1800年，革命後の混乱を収拾し，権力を握ったナポレオンは法の整備の作業に入った。そして，1804年の民法典をはじめ，民事訴訟法典（1806年），商法典（1807年），治罪法典（1808年），刑法典（1810年）が編纂された。ナポレオンの法典編纂とは広義ではこの5つの法典をさしている。ただし，現在「コード・シヴィル」と呼ばれている民法典は，帝政期には「コード・ナポレオン」と呼ばれ，「ナポレオン法典」といえば一般的には民法典だけをさしている。実は，正式名称としては，いまでも「ナポレオン法典」であると考えられている。ちなみに，ナポレオンはセント・ヘレナに流された後，「余の真の栄光は40回の戦闘で勝ったことではない。ワーテルローは多くの勝利の思い出を消し去ってしまう。何によっても消し去られないもの，永遠に生きるもの，それは余の民法典である」と語ったと伝えられる。

37. **姦生子と乱倫子**——1804年の民法典は非嫡出の子を「自然子」と呼び，さらに，婚姻していない両親から生まれた単純私生子，少なくともその一方が他の第三者と婚姻関係にある両親から生まれた姦生子，婚姻を禁止された近親関係にある両親から生まれた乱倫子に区別し，それぞれに相続権

あるいは親子関係確認において差別的扱いを行なった。1972年の家族法改正によって姦生，乱倫という用語は廃止されたが，実質的区別は維持されたままである。

38. **錬金術と「大いなる作業」**——デカルト的な機械論的自然観が登場する以前，天空，自然界，人間，すべてが照応し感応するという神秘主義的な一元論の自然哲学がヨーロッパにあった。錬金術は，この自然哲学が生みだした知的探究の技である。金が求められたのは経済的価値によるのではなく，金は酸化せず化学変化を受けず，したがって揺るぐことのない不動の完全性を意味していた。「大いなる作業」とは，不完全な卑金属をこの金に変えるための「賢者の石」を手に入れる作業であり，これが錬金術師にとっての最終目標であったが，現われるべきものは，物質的次元だけでなく，精神的次元のものでもあり，己のなかに，神の似姿としての本来の姿を復活させるための営みでもあった。

39. **大学での序列**——中世の大学はドクトルとかマギステルと呼ばれる学位制度をもち，それは「全国共通の教授ライセンス」の意味をもつようになるが，学位は単に大学内での職能のランクを表わすだけではなく，特権を認められた社会的地位でもあった。そして学位のなかには序列があり，神学の学位は上級貴族，法学の学位は中級貴族と同格であり，医学の学位はもっとも低く，下級貴族に相当するものとされた。

40. **肉体の分離**——キリスト教の婚姻観のもと，婚姻は解消できないとする原則が固まり，どちらかの死亡のみが婚姻を終わらせるものになるが，13世紀になると，夫か妻が宗教的生活に入るために夫婦そろって貞節を誓い，夫婦生活が不可能になった場合，あるいは姦通とか，どちらかの背教や異端によって夫婦生活が耐えがたいものになった場合，教会裁判所は「枕と食卓の分離」，すなわち別居を言い渡すことができるようになった。

その後，フランス革命によって離婚が認められ，1804年のフランス民法典も離婚を制度化したが，「肉体の分離」すなわち別居の制度はそのまま維持された。復古王政期の1816年に離婚が禁止されたときも同様であった。民法典の規定によれば，夫婦はどちらも，離婚の場合と同様に，権力濫用，虐待，重大な侮辱，姦通，不名誉刑を理由にして，「肉体の分離」を要求することができた。ただし，夫の姦通は，夫婦の住居に愛人を住まわせた場合に限られた。「肉体の分離」によって財産も分離され，別々の住居をもつことができたが，婚姻そのものは解消されず，再婚は許されなかった。したがって「肉体の分離」後も妻は無能力のままであり，姦通の罪で訴えられることもあったのに対し，夫婦の住居がもはや存在しないがゆえに，夫の愛人関係は完全に自由であった。この不平等が「肉体の分離」を一般化させない一因になったともいわれている。19世紀前半では「肉体の分

離」は年間に1,000件を下回っていたが，1851年の裁判扶助の制度化によって，19世紀後半には申請数が徐々に増えはじめた。

41. **フランチェスコ修道会とフランチェスコ論争**――イタリアのアッシジの裕福な織物商人の子として生まれたフランチェスコ〔1182-1226〕は放縦な生活を送っていたが，やがて乞食の群に加わったり，らい病患者に接触するようになり，さらに父親と対立すると，1206年，すべてを捨てた敬虔な清貧生活に入った。フランチェスコ修道会は彼が創立し，1223年に正式に認可された托鉢修道会である。「まったき清貧のうちにキリストに従い，神の国と悔い改めを説く」ために，清貧・愛・勤労を旨とし，私財をもたず，土地・建物を一切所有しなかった。

しかし内部では，フランチェスコの存命中から，絶対の清貧を守るべきとする厳格派（後の心霊派）と穏健派の対立が生まれていた。歴代の教皇はこの内紛の仲裁に乗りだすが，14世紀になると，当初の理想を緩和しようとする主流派に対して，無所有の理想を掲げる急進派が力を伸ばし，対立はさらに激化した。ヨハンネス22世は，1317年，教勅を発して心霊派を異端と認定し，異端審問，そして処刑を行なうなどして急進派を抑圧した。心霊派はそれでも抵抗し，フランチェスコ修道会と教皇庁は緊張関係をつづけることになる。

42. **ルーダンの悪魔事件**――1632年，フランス西部ロワール地方の小都市ルーダンで，美貌の主任司祭グランディエに拒まれたウルスラ会女子修道院長ジャンヌの想いは，やがて他の修道女17名を巻きこんだ集団ヒステリー状態へと発展した。彼女たちは悪魔払いを受けるなかで，グランディエが悪魔であり，自分たちはそれに取りつかれていると告白した。恋愛問題でとかく噂のあったグランディエは逮捕され，過酷な拷問を受けた後，1634年，火刑に処せられた。修道女たちの悪魔を払う儀式はその後も繰り返しつづけられ，狂躁状態におちいった彼女たちのエロティックな姿態は格好の見世物になり，フランスの内外から見物客が押し寄せる事態になった。

43. **ルルドの泉**――1858年2月11日，フランスとスペインの国境に近いルルドの町外れ，マッサビエールの洞窟近くの森で薪拾いをしていた14歳の少女ベルナデットは，岩の窪みに立つ白衣の婦人をみた。聖母マリア出現の噂はたちまち広がり，8,000人にまで膨れあがった群衆の前に，7月までに18回，その姿が出現したとされる。3月25日には，自分が「汚れなしに宿した者」であるとベルナデットに伝えている。県都タルブの司教は宗教査問を行ない，1862年，聖母の出現が事実であるという結論に達し，公式に崇拝を認めた。1876年には，洞窟の上に張りだした聖堂が建設された。ルルドはフランス司教会議が毎年開かれる場所であると同時に，国際的な巡礼地となり，現在，訪れる人は年間600万人を越えている。

2月25日，9回目の出現のとき，白衣の婦人にいわれるままにベルナデットが指で地面を掻くと，微かな水の流れがわきだした。3月になると，この水によって腕の麻痺が治った女性，20年来の眼病が治った男性など，後に奇跡と認定された治癒例が早くも現われた。1882年には医務局が設けられ，教会による奇跡の認定がはじまった。現在まで，医務局に登録された治癒例は6,800件を越えているが，奇跡と認定されたのは66件であり，その最後の例は，1987年，多発性硬化症の男性に起こっている。

44. **モンテーニュの『旅行記』**——1580年夏から翌年11月末までの451日間，モンテーニュは，温泉治療以外に療法がないとされていた持病の腎石症治療のため，スイス，ドイツ，イタリアを旅行した。まずパリに上り，国王アンリ3世に拝謁していることから，外交的使命を帯びていたという説もある。その旅行記は，死後200年近くたってから発見され，1774年に刊行された。モンテーニュが滞在した温泉はフランスのプロンビエール，ドイツのバーデン，イタリアのデラ・ヴィラであり，それぞれについて，症状の変化，温泉の泉質や色合い，あるは温泉街の規模について詳細に記録している。その記述によれば，プロンビエールはドイツとフランスの湯治客が多く訪れ，1ヵ月ほど滞在するという。バーデンでのモンテーニュの旅館は，寝台が170台，食堂が17，料理場が11という壮大なものであり，隣の旅館には家具付きの部屋が50あった。デラ・ヴィラには，入浴のための家が30から40軒あった。モンテーニュは薬剤師が経営する宿に宿泊し，食堂1つ，寝室3つ，台所，そして供の者のために寝台が8つある小屋を借りている。プロンビエールには11日，バーデンには5日だが，デラ・ヴィラには前後2回，合わせて2ヵ月半ほど逗留している。

45. **キナの木論争とアンチモン論争**——神学が支配する中世ヨーロッパの学問的合法性の序列は，16世紀から18世紀にかけて大きく動揺し，その影響はとくに医学に強く表われた。そして古代以来の医学にこだわる多数派に対し，理性と経験則によって新しい医療理論を構築しようとする医者が現われ，17世紀にはその間で激しい論争が繰り広げられた。キナの木とアンチモンを用いた治療法は，血液循環理論と並んで，この時代の論争の中心点であった。

キナの木は，南アメリカのアンデス地方で古くから「熱の木」として知られた熱病の特効薬であった。17世紀，スペイン総督夫人のマラリアに効力を見せつけるや，イエズス会士はこの薬を「公爵夫人の粉末」と名づけ，スペインそしてフランスにもちこみ，ヨーロッパでたちまち有名になった。その後，イエズス会士の悪評もあって，その使用は急速にすたれたが，やがてイギリスで復活し，フランスでは反対派が最後まで抵抗したものの，ルイ14世の治癒によって決着がついた。

アンチモンは11世紀から12世紀にかけて，化粧品としてアラビアから伝えられた金属であり，塩化アンチモンはやがて医薬品として用いられた。そもそも，医学に化学を用いることは16世紀前半のドイツの医者パラケルススとその弟子たちにはじまるが，化学物質による治療法は，単にガレノス学説の医薬と張り合うというだけではなく，経験だけに頼った多分に偶然的な方法を理性的な方法に向けようとする意思の表われであった。16世紀にはじまるアンチモン論争では，新しい医薬への敵対者であるパリ医学部と，宮廷の顕職を独占していたモンペリエ派の医者が対立し，ほぼ100年の間，悪意に満ちた激しい戦いがつづけられた。この論争もキナの木論争と同様に，アンチモンの入ったワインによりルイ14世が治癒したことによって終息し，パリ高等法院はモンペリエ派の医薬の力を裁決でもって確認した。

国王の治癒によって即座に論争が決着したことからもわかるように，キナの木とアンチモン論争の時代，医学の水準はいまだ経験の域を出なかった。たとえば，このルイ14世が死を前にして壊疽に苦しんだとき，行なわれた治療は，熱布による脚部のマッサージ，熱したワインに脚部をひたすこと，下剤の投与，アルコールと山羊の乳の飲用であった。

46. **聖ジェンナーロの血**――ナポリでは，14世紀以来，町の守護聖人である聖ジェンナーロが涙を流すという奇跡を祝っており，現在でもナポリのもっとも重要な祭りになっている。5月の第一土曜日と9月19日の2回，ナポリの大聖堂でアンプルのなかに保存された固体状態の血が液化するのを人びとは待つ。この液化によって町の生命力が確かなものになるとされるのだが，この奇跡が起こらないときもあり，その年，ナポリの人びとは苛ついた日々を送ることになる。

47. **ボン・パストゥール修道会**――サン・ジャン・ウドが1641年に創立した修道会だが，その後すたれ，1829年，マリー・ド・サント＝ウフラジー・ペルティエが，非行を犯した若い女性の再教育を目的にしてフランス西部の都市アンジェに再建して以来，急速に広まったものである。彼女が亡くなった1868年，ボン・パストゥール修道会は世界中で110を数えた。

48. **チェザーレ・ロンブローゾ**――パヴィア大学とトリノ大学で精神病と法医学の教授を勤めたイタリアの医者。犯罪者を，「生来的犯罪人」「精神病による犯罪人」「出来心による犯罪人」「常習的犯罪人」「衝動的犯罪人」に分類し，応報的刑罰ではなく，それぞれにつき罰の態様を区別することを主張した。「生来的犯罪人」とは「未開人や下等動物のもつ諸属性」が隔世遺伝によって伝えられ，それによって罪を犯した人間のことである。それは身体的特徴で判別でき，頭蓋骨の容積が小さく，額が扁平で，左右非対称な顔面の人物がそうであるとされた。そのなかでも，殺人犯は「目

つきがすわり，ときには血走り，鼻は大きく，鷲鼻，顎は張り，髪はちぢれ，唇は薄く，犬歯が大きく」，窃盗犯は「眼が小さく，キョロキョロし，しばしば斜視，鼻は曲がっているか低く，髭は少なく，額が狭い」。詐欺犯は，「一見善良そうで，眼が小さく，鼻が曲がり，しばしば若白髪」であるとされる。

49. **行刑判事**——大審裁判所裁判官が3年の任期で任命され，刑事制裁の執行を調整する。施設内での執行については，刑の軽減，外出許可，半自由の決定権限を有し，他方，社会復帰の準備のために，保護監察官の協力を得て保護監察付き執行猶予処分の執行を監督する。

50. **「グット・ドールの女食人鬼」**——1905年4月，パリの北駅に近い労働者街，グット・ドール地区で生後10ヵ月の男の子が窒息状態で病院に担ぎこまれた。治療をほどこした医者は，子守りを頼まれた叔母のジャンヌ・ウェバーがその子の胸を押さえつけていたこと，さらに彼女の幼い姪3人と彼女自身の息子がここ1ヵ月の間に同じような状況で死んでいることを知った。いずれの場合も，彼女は人工呼吸をしていたと弁明した。通報を受けたグット・ドールの警察は，彼女の最初の子供2人も幼いときに死んでおり，別の幼女が前年に彼女の腕のなかで亡くなったという事実も知らされた。ジャンヌは逮捕された。しかし証拠はなく，この地区では子供の死亡は日常的な出来事であった。そこで，事件を担当した予審判事レイデは4人の幼児の死体を掘り起こし，パリ医学部法医学教室の実力者で，「医学の王」と呼ばれていたレオン・トワノに鑑定を依頼した。「グット・ドールの女食人鬼」の噂は広まり，鑑定はこの噂を裏づけるものと思われた。しかしトワノは，喉の収縮，昏睡をともなう痙攣，ジフテリアによる喉頭炎が幼児の死因であり，いずれも自然死であるという結論を出した。そして精神科医もジャンヌの精神が正常であると鑑定した。

レイデはそれでも起訴の手続きを進めたが，翌年1月，ジャンヌは無罪となって釈放された。法医学が法廷を支配したのである。ジャンヌは迫害された悲劇の女性となった。釈放後，セーヌ川に投身自殺をはかったことでさらに同情が集まり，彼女のもとには宿舎や仕事の申し出，さらには結婚の申し込みまで届いた。

世論と新聞は法医学を称讃した。これは新しい魔女裁判であり，予審判事は女房連中の憶測や作り話に動かされた時代遅れの存在でしかなかった。そして法医学は，かつての啓蒙哲学そのままに，この無知蒙昧と戦う時代の星として輝いた。「司法官と医者の戦い」は，一方的な医者の勝利で幕を開けた。

1907年3月，ジャンヌはフランス西部の町シャトールー近くの村に現われ，彼女に何通もの手紙を送った農夫の家に住みついた。翌月，その農夫

の幼い息子が死んだ。医者はひきつけによる死亡と判断したが，彼女の荷物から新聞記事の切り抜きを見つけた娘の通報によって，この女性がジャンヌであることが明らかになると，予審判事ベローは死体鑑定に示された小さな可能性に賭け，彼女を投獄した。そして事件のニュースがパリに届いた。死体鑑定書をみたトワノは愚劣な作文であるとこき下ろし，前年のシナリオをそのまま再現する口火を切った。医学部と人権同盟，新聞はこぞってジャンヌを擁護し，ベローは拷問者，冷血漢と罵倒された。10月になると，『ル・マタン』紙はこのヒロインを連載小説の主人公にまで仕立てあげた。

1908年1月6日，控訴院弾劾部は不起訴の決定を下し，彼女は自由になった。ふたたび勝利したトワノは法廷の支配を完成させるべく，鑑定権の独占を急いだ。

その後，ジャンヌは人権団体を主宰する庇護者の口利きで慈善施設に雇われた。そこで起こした絞殺未遂事件は，世論を恐れるあまり公にされることはなく，彼女は解雇されただけであった。3月，放浪するジャンヌは空腹のあまり警察に出頭したが，事件に手をつける者はもはや誰もいなかった。そして，最後の事件が起こった。

その年の5月，フランス東部の都市ナンシー近くのコメルシーという町で鉄道員と同居をはじめたジャンヌは，宿屋主人の6歳の息子を絞殺し，現行犯逮捕された。予審判事ローランは，こんどこそトワノの神託を排除すべく，ナンシーの専門家に鑑定を依頼し，絞首による死亡と断定した鑑定書を手に入れた。

世論は，一転して首締め女と「医学の王」への攻撃を開始した。レイデ判事とベロー判事に称讃が集まる一方で，トワノと医学部はそれでもなお，迫害されたジャンヌが犯罪の暗示にとらわれ，無意識の妄想のなかで，かつて罪を着せられた殺人のシーンを再現したのであり，罪を問われるべきは，レイデ，ベロー，田舎の医者連中であると強弁した。

法医学は敗北した。トワノはその後，いかなる鑑定も依頼されることなく，1915年に亡くなった。精神科病棟に収監されたジャンヌは，1918年，腎疝痛で死亡した。

51. **予審判事**——フランスでは，重罪については必ず予審が行なわれる。まず，大審裁判所裁判官が任期3年で予審判事に選任され，証拠調べと被疑者の尋問を行ない，容疑なしと判断した場合には免訴を言い渡す。容疑ありと判断した場合には，控訴院弾劾部に事件を移送し，そこでの3名の裁判官による書面審査によって，ふたたび起訴か不起訴かが決定され，起訴の場合には重罪院に送られる。

重罪については控訴が認められず，第一審がそのまま最終審（陪審制で

あり，主権者である陪審の決定を上回るものは存在しない）になるが，この２段階の予審の存在がそれに対する批判に答えるものになっている。ただし，予審判事は単独で審査と決定を行ない，さらに経験の浅い裁判官が選任される場合が多く，複雑な事件の場合，その決定は憶測を呼び，社会の耳目を集めることになる。

52. **ジャンドール判決**——道路横断中にトラックにはねられ重傷を負った未成年者の母親が，トラックを所有する会社を相手にして2,000フランの損害賠償を請求した事件に対し，「人は自己の管理下にある物が引き起こした損害に対して責任を負う」とする民法典1384条を適用した，1930年２月13日の破毀院連合部の判決である。

自動車による事故は「物」の行為ではなく，「人」の行為であるという理由から，あるいは，自動車に固有の瑕疵によって生じたという証拠のない事故は人が保管する「物」によって生じた事故とはいえないとして，1384条の適用を否定した控訴院判決に対し，「損害を発生させた物が人の手によって動かされていたかどうか」，あるいは「その物が損害を生じさせる内在的瑕疵を有していたかどうか」に関係なくこの条文が適用できるものと解釈し，この条文に新しい射程をあたえた判決である。

53. **ゲルマン法の贖罪金**——伝わっている法典のなかで，ゲルマン法の初期の状態をもっとも純粋に表わしているとされるサリカ法典（507年ないしは508年から511年の間に成立）は，規定の大部分が贖罪金の一覧表であった。たとえば，「身体切損について」の章はつぎのようになっている。まさに，現在の保険の傷害等級表を髣髴とさせる。なお，ソリヅスは金貨，デナリウスは銀貨であり，この頃，「角があり，目のみえる健康な牡牛」１頭分が２ソリヅスに該当し，200ソリヅスが一般的な自由人の全財産であったとされる。

1. 誰かが他人の手または足を切断し，あるいは眼または鼻を切り取りたる場合，彼は4,000デナリウス，すなわち100ソリヅス責あるものと判決されるべし。
2. しかるに，その手が不具にされ，そこに吊り下がりたる場合には，彼は2,500デナリウス，すなわち62ソリヅス半責あるものと判決されるべし。
3. 誰かが手または足から親指を切り落としたる場合には，彼は2,000デナリウス，すなわち50ソリヅス責あるものと判決されるべし。
4. その場合，その親指が不具にされ，吊り下がりたるときは，彼は1,200デナリウス，すなわち30ソリヅス責あるものと判決されるべし。
5. しかるに，第二指，すなわちそれをもって矢が射られるものを彼が切り落としたる場合には，彼は1,400デナリウス，すなわち35ソリヅ

ス責あるものと判決されるべし。

6．しかるに，彼がそれ以下の指を，すなわち3本同時に一撃にて打ち落としたる場合には，彼は50ソリヅス責あるものと判決されるべし。

7．彼が2本切り落としたる場合には，35ソリヅス責あるものと判決されるべし。

8．しかるに，彼が1本切り落としたる場合には，30ソリヅス責あるものと判決されるべし。

9．誰かが自由人を去勢したる場合には，8,000デナリウス，すなわち200ソリヅス責あるものと判決されるべし。

54. **デナリウス**――紀元前3世紀にはじまるローマの銀貨であり，西ローマ帝国滅亡後もフランク王国で長く使われた（訳註53参照）。貨幣価値は変動するが，キリストの時代，農園に働く労働者の賃金が1日1デナリウスであった。

55. **「用途による人格」理論**――フランス財産法には，「用途による不動産」という観念がある。不動産の所有者が，土地や建物に常設的に付着させ，またはその地役や経営のためにそこに設置した動産物件を不動産とみなす考え方であり，たとえば，農業施設や器具，鳩小屋の鳩，巣箱の蜂，池の魚がそれにあたる。「用途による人格」は，この考え方を人格に応用したものであり，「従物は主物に従う」という原則を適用し，人体の一部となった「物」を人格に包みこませようとするものである。

この観念は，義歯を入れる治療を受けた患者が未払いのまま，その調整のために来院した場合，歯科医が義歯を取りあげ，支払いがあるまで保管することができるのか，そもそも未払いの義歯を差し押さえることができるのかという問題について，判例として確認された。

第一審裁判所が差し押さえ可能であると判断したのに対し，破毀院は，人工補綴は人格の一部であり，差し押さえできないとし，はじめて「用途による人格」の観念を採用した（1985年12月11日の判決）。学説もこの立場を支持した。

また，刑事判例でも，患者の人工補綴を「暴力的に取りあげた」医者の行為は，窃盗犯あるいは財産権の侵害としてではなく，「殴打と傷害」すなわち人格に対する犯罪として扱われた（1983年7月26日の『ガゼット・デュ・パレ』紙の評論参照）。立法においても，事故被害者の補償に関する1985年7月5日の法律は，「医者の処方に従って装着された装置と器具は，人格への攻撃に対して適用される規則に従って補償されるものとする」（5条）と規定し，肉体と人工補綴を同一視している。